王阳明
心学智慧

于立志◎著

浙江人民出版社

图书在版编目（CIP）数据

王阳明心学智慧 / 于立志著. -- 杭州 ： 浙江人民
出版社，2025. 4. -- ISBN 978-7-213-11813-5

Ⅰ. B248.2

中国国家版本馆CIP数据核字第2025LH2322号

王阳明心学智慧

于立志　著

出版发行：浙江人民出版社（杭州市环城北路177号　邮编　310006）
　　　　　市场部电话：(0571)85061682　85176516

责任编辑：陶辰悦

责任校对：姚建国

责任印务：程　琳

封面设计：张合涛

电脑制版：杭州敬恒文化传媒有限公司

印　　刷：杭州长命印刷有限公司

开　　本：710毫米×1000毫米　1/16　　印　张：20.25

字　　数：241千字　　　　　　　　　　插　数：1

版　　次：2025年4月第1版　　　　　　印　次：2025年4月第1次印刷

书　　号：ISBN 978-7-213-11813-5

定　　价：78.00元

如发现印装质量问题，影响阅读，请与市场部联系调换。

前　言

　　王阳明11岁时便能当众赋诗，被誉为"神童"，名震金山。他12岁时，向老师表明，"我以为人生第一等事，应是通过读书修身养性，成为一代圣贤"。从少时的立志"读书求圣贤""正心修身平治天下"，到后来生命遇到威胁时的坚守自我、身处逆境时的永不放弃，他的那颗初心始终未变，把许多不可能变成可能，给我们带来诸多的人生智慧。王阳明官至兵部尚书、都察院左佥都御史，一生跌宕起伏，充满传奇色彩，有着非凡人格魅力，是中国历史上罕见的立德、立功、立言三不朽的伟人，是伟大的思想家、政治家、军事家、文学家。他有传奇的一生，研究其一生所经历的坎坷与磨难，对后人而言是一笔宝贵的精神财富。

　　心学是永恒的话题，因为人永远要面对自己，认识自己，提升自己，实现自我，需要通过了解外部世界来更好地呈现自己。王阳明是影响后世的心学的集大成者，他开创儒学新天地，与孔子、孟子、朱熹并称为"孔孟朱王"。在中国哲学的发展史上，独具一格的王阳明心学是从传统精华和实践经验中总结出来的适应社会现实的人生修养和经世致用之学，是一颗璀璨的明珠。王阳明广泛布道，接纳弟子，传播心学。每到一地，他就普及文化，兴办学校，用文化和德政来教化当地百姓。他说过很多真知灼见。如"知是行的主意，行是知的功夫；

知是行之始，行是知之成""破山中贼易，破心中贼难"等观点。王阳明心学继承和发展了儒家学说，贯穿了儒家"讲仁爱、重民本、守诚信、崇正义、尚和合、求大同"的主流思想，又自成体系，是以"心即理""知行合一""致良知"三个命题为核心而展开的，其思想是中华优秀传统文化一个新的高峰，使中华民族在其后五百年间，积聚了厚重的民族精神、民族信仰，为中华民族融通世界奠定了文化自信的思想精神基础，配享孔庙，具有"震霆启寐、烈耀破迷"之功。

王阳明的心学以"致良知"为基本目标，追本溯源，精准论证，融入人心，人人加以磨炼，皆可以成为尧舜。在王阳明看来，坚持修身立德，战胜内心的私欲杂念，抵御贪欲萌发，修养到"内圣"境界，德性自高、智慧必达，内心强大，"外王"事业便水到渠成。阅读本书，有助于汲取前人思想精华来指导自己，高扬主体意识，强调内心的力量，有益于固化美好初心，增强意志品质，提升修齐治平能力，成就壮美人生。

王阳明借鉴孟子的"良知"学说，汲取陆九渊"心学"观点而构建的新的"心学"，指明每个人通过不断的修养，能够开发出蕴藏的巨大潜力，并指出致良知这种可能实现的方法，把儒家的内圣之道发展到了极致，使儒学简明精准。门人阳克慎称王阳明"有濂溪之学而能自强，有武侯之忠而能自将，有子仪之功而能自忘，有良平之智而能自藏"。500年来，他的思想对中国、日本等国有着深远影响。习近平总书记指出："王阳明的心学正是中国传统文化的精华，也是增强中国人文化自信的切入点之一。"

王阳明善于用兵布阵，屡屡出奇制胜，是旷世罕见的文武全能的大儒，立下不世之功。纵观王阳明跌宕起伏的一生，他高扬伟大的创造能力，创造了太多奇迹，其在东征西讨的平叛战争中用兵善出奇谋，高潮迭起，往往率领极少部队与数量庞大的对手相抗，却能大败对手。他在地方基层社会的军事胜利、地方治理与社会教化活动，充分验证了"心学"思想的正确性。在明代人们就称颂他"在事业有佐命之功，在学问有革命之功"。其战无不胜之事功，成为中国历史上极为罕见的三不朽伟人之一。

王阳明著作颇丰，有文集传世，鸿篇佳作被《古文观止》收录。1988年出版的《中国大百科全书》对王阳明的诗、赋有这样的评述："他自成一体，独抒胸臆，形成秀逸自然的诗风。"当代作家徐梵澄说："阳明收集了古泉币，重铸出了一批新泉币，出自他自己的炉冶，流布天下，人人使用。"

这部《王阳明心学智慧》，是拙著《常修共产党人的心学》（2020年版）姊妹篇，对于广大党员干部道德实践具有导向功能，是一部修心的行动指南。我们今天讲弘扬王阳明思想，其中一个重要目的，就在于从中汲取治国理政的思想智慧和理论资源。全书分为9章、76个专题，以立志成圣、心外无理、知行合一、致其良知、亲民等阳明心学重要命题为焦点，详而不繁地阐述王阳明心学的核心、理念和运用，阐发王阳明主要思想的形成过程，举重若轻地叙述王阳明传奇一生的精彩故事，穿插王阳明几起几落的人生经历，旨在让广大读者在最短的时间厘清王阳明学说的脉络，轻松领悟王阳明心学的精髓，借此推动优秀传统文化融入现代人的精神生活，指导人们的实践活动。

目　录

第三章 | 致其良知 重在育德 ——论良知之心

第四章 | 持纯粹心 做至诚人 ——论亲民之心

第五章 | 破心中贼 不纵贪念 ——论清廉之心

第六章 | 兵儒融合 用兵如神 ——论谋略之心

第七章 | 人须事上磨 方能立得住 ——论强韧之心

第八章 ｜ 反省吾心　察觉己过 ——论自省之心

第九章 ｜ 淡泊明志　畅达不狂 ——论淡定之心

立志由心 踔厉奋发

第一章

——论进取之心

人的一生蓝图怎样描绘，事业怎样开创，钢铁怎样炼成？首先要树立理想。这种理想有着永不过时的价值，能产生不竭的奋斗动力，踔厉奋发，笃行不怠，让人度过最艰难的岁月，在苦难中不屈服，承受失败，经受打击，百折不回，使人生不在平庸中度过，卓有成效地实现并提高人生价值。

如果没有坚定的志向，就没有成事的基石。王阳明少年时期就立下读书做圣贤的远大志向。他始终不忘乎这一志向，久则自然心中凝聚，犹如道家所言"结圣胎"也，战胜了诸多艰、难、险、阻，终成为继孔子、孟子、朱熹之后儒家第四位圣人。他在《教条示龙场诸生》中讲道："立志而圣则圣矣，立志而贤则贤矣。"他认为一些人荒废学业、懒散贪玩、一事无成的原因，归根结底都是没有树立志向，专注于志向。只有用远大志向这一良药，才能治愈现实中遇到挫折而逃避的心态。

翻开一部恢宏的中国共产党历史就可以看到，从诞生的那天起，"为共产主义真理而献身"，就成了中国共产党人最崇高、最神圣的理想和信念。无数先烈正是靠崇高理想的指引，靠坚定信念的鼓舞，为了中国人民的翻身解放，为了实现社会主义、共产主义理想，心甘情愿地为之英勇斗争，前仆后继，不惜抛头颅、洒热血，战胜了种种艰难险阻，创造了惊天动地的伟业。

2015年11月19日，习近平在亚太经合组织第二十三次领导人非正式会议第一阶段会议上的讲话中，援引了王阳明《教条示龙场诸生》中的名言："志不立，天下无可成之事。"借此来说明理想和方向的重要性，"人不能没有理想，合作不能缺少方向"。2016年1月12日，习近平总书记在十八届中央纪委六次全会上的讲话中，再次引用了《传习录》中的语录："身之主宰便是心"，指出"本"在人心，内心净化、志向高远便力量无穷。

名震金山的神童

王阳明，名守仁，字伯安，明朝成化八年（1472）九月三十日，出生在浙江余姚。由于曾在余姚四明山阳明洞隐居养病，爱其地景致，故又自号"阳明"。

据说王阳明乃晋朝大书法家王羲之的宗亲。由王阳明上溯其入浙初祖，有可靠资料依据可考的，当始于他的六世祖王纲（1302—1372）。王纲文武兼擅，洪武四年（1371）曾受刘伯温的推荐，历任广东参议等职。一百多年后，王阳明受命安抚广西，在归途中特意绕道增城，拜谒了其先祖的祠庙，并留下了他一生中最后一首诗："我祖死国事，肇禋在增城。荒祠幸新复，适来奉初蒸……落落千百载，人生几知音？道通著形迹，期无负初心。"

王阳明出身于书香门第，有一位和蔼可鞠、颇有创见的祖父王伦，还有一位品德高尚、学问精深的父亲王华（中了状元，在北京当了翰林学士），这无疑构成了王阳明成长的重要背景。王氏家族的发达，当始于王华。

祖父王伦给孩子取名"王云"。王阳明到了5岁时，还不会说话，家里人急得团团转。有一天，王阳明在门口跟着一群孩子玩，一位高僧经过，无意中听到奶娘喊王云，一眼便看到"天生异相"的王阳明，摸着王阳明的头，感慨地说："好个孩儿，可惜道破。"这时候王伦恰好出来，仔细琢磨僧人这句话，恍然大悟，于是给孙子改名为"王守仁"，寄予了孙子将来济世救人的美好意愿，或许可以像初唐重臣、余姚名人虞世南那样，能以德行、忠直、博学、文词、书翰"五绝"闻世。没过多久，这孩子居然会说话了。王阳明开口说话之后，很快表现出天才的一面，他不仅涉猎广泛，而且学什么会什么，干什么上手都很快。

父亲王华十分希望儿子能和他一样在学业上有所成就。不过少年王阳明难免有好玩之心，尤喜下棋，父亲见他常常因为下棋耽搁了学业，一怒之下便将棋子扔进了河里，王阳明因此下定决心好好读书，学习成绩扶摇直上，并很快崭露头角。

王阳明11岁时，王华决定把他带到北京求学。路过镇江时，王华与几位朋友在金山寺妙高台聚会。在酒宴上有人提议作诗咏金山寺，于是大家闷头苦思打腹稿，准备写出佳作。只见王阳明先写出一首七言绝句：

金山一点大如拳，打破维扬水底天。

醉倚妙高台上月，玉箫吹彻洞龙眠。

这首诗竟然出自一位不惹眼的孺子之口，可以看出王阳明天赋非常高，显露出与一般孩子的不同气质——眼界高远气度不凡，众人大为惊诧，拍手叫好。此诗颇有想象力，有高远宏达的气象，以山喻拳、以动衬静，意境弘远。"山大如拳"的比喻新奇而富有动感，他说自上往下看，金山在烟波长江中"不过一拳头耳"。"醉倚妙高台上月"，暗指妙高台之高，都可以倚到明月了。

居高方能望远，望远还须登高。"不畏浮云遮望眼，只缘身在最高层"。登临者屹立峰顶塔上，居高临下，极目眺望，四周一切景物尽收眼底，浮云在我的脚下，显示出了"一览众山小"的气概，这是因为站得高，浮云迷雾脚下踩。站在这绝胜高妙之处，吹一段箫曲，可以让那神仙洞府中的真龙陶醉，别有仙风道骨之韵味。众人纷纷称赞：

好诗，真是好诗啊！王阳明从儿童时代起，就善于用心观察，作诗不仅构思巧妙，充满想象的观物奇趣，而且气势如雷，已显现出他的俊敏之才和"强很自用""张惶震耀"（李退溪语）的苗头。

众人大点赞之际，也有人心中不信服。有位客人对王阳明说："确实是好诗，我等有幸听到此诗，大有乃父风采，不愧是状元郎的小公子，才华堪比乃父，现在依旧回味无穷。接下来，我以妙高台的蔽月山房命题，可否请小神童再赋一首啊？"初露头角、天真无邪的王阳明略微思索一下，又一首诗脱口诵出：

山近月远觉月小，便道此山大于月。

若人有眼大如天，还见山小月更阔。

这首诗又一次语惊四座，可贵之处在于它与众不同的视角，妙想联翩，富有哲理，意境高远。诗中说蔽月山房，抬头看山和月，为什么山比较大，月比较小呢？因为视角是自下而上的。一个人在地上眺望高山和明月，自然得出山比月大的结论："山近月远觉月小，便道此山大于月。"如果换一个视角，"若人有眼大如天"的眼界来向下俯瞰，就可得出不同的结论，高山也不过是沧海一粟，只有夜色下的千古明月，才是真正阔大的明月；其"山小月更阔"的阔大境界，更显示出思维视角的不同凡响，体现了少年王阳明才思敏捷、胸襟开阔、想象丰富的气质。

这首诗理顺词畅，表现出这个十岁出头的孩子非凡的想象力和识见超拔，懂得要从不同角度看问题，表达了要挣脱事物常识的束缚，实现事物真理的洞察。年少才捷已令人称异，而诗中所蕴之哲学思辨、高耸气象比上一首有过之而无不及，众人交口称赞他小小年纪便知道不同视角下对于不同的物象会有不同的认识结果，令大人们都望尘莫及。

当地人赞誉少年王阳明是"神童",名震金山,一方面得益于其天生聪慧、领悟力超强,一方面则是王家王伦、王华两代大文化人的精心培养。王阳明一生酷爱诗歌创作,他说:"诗也者,志吾心之歌咏性情者也。"(《稽山书院尊经阁记》,第254页)他的诗歌抒写自己人生的独特感悟和情怀,表现的是其精神境界,"秀逸有致"。对王阳明诗歌,论者多谓其"秀逸""异香",有着"唐人风韵""仙气"等风格特点。他的文集中收录600多首诗,其中仅以写月命名的诗作就逾50首,题中无月但诗中有月的诗作更不下百首。面对人生的大困顿,诗人寄情山水与明月,明月成为他天涯苦旅中的知己,成为其精神人格的化身,成为他丰富的精神心态的生动写照,给他的心灵以诸多慰藉。

王阳明11岁就能够写出相当不错的诗歌,这无论如何都是在书香门第里耳濡目染的结果。王阳明生于官宦之家,家境优越,却无安于享乐的纨绔之心,"敢于突破平庸,超脱俗染"。他深受祖父王伦影响,其高尚人格、进取精神常流露于他的诗文,如"却惭幽竹节逾劲,始信寒梅骨自真"。他的父亲对他的要求特别严格,还送了两句古诗鼓励儿子:"枯木逢春犹再发,人无两度再少年。""少年辛苦终身事,莫向光阴惰寸功。"因而王阳明的学风以勤恳、刻苦而著称。

阳明先生说)))

世之所以因循苟且,随俗习非,而卒归于污下者,凡以志之弗立也。

立志是人生第一等大事

　　人的一生中，立志是第一等大事，是一件根本性的事情。没有志向的人是绝对不能成功的，天下许多事情的成功离不开树立志向。从秦末陈胜的鸿鹄之志到杜甫的"致君尧舜上、再使风俗淳"，从陶渊明描述的没有贫富差别的"世外桃源"到孙中山"驱除鞑虏，恢复中华"，都反映了他们立改造天地、创造历史的第一等大志，展现了至善至美、兼济天下的理想抱负，即便后来受到种种挫折也没有放弃，坚信崇高的志向终会有实现的一天。

　　少年王阳明写下《资圣寺杏花楼》诗："东风日日杏花开，春雪多情故换胎。素质翻疑同苦李，淡妆新解学寒梅。心成铁石还谁赋？冻合青枝亦任猜。迷却晚来沽酒处，午桥真讶灞桥回。"这首诗遣词造句比《金山寺》《蔽月山房》成熟，很符合一个少年的眼光。他早期诗歌有放旷的特点，极富灵气，表现了诗人诗性的情趣和审美，确立良知境界后的诗歌呈现的是洒落风格，萌含着"心体广大、能含万物"的心学气象。

　　王阳明小小年纪便对人生的意义有了诸多思考。1483年，12岁的王阳明在京城私塾读书已有两年了。《阳明先生年谱》记载，有一天，王阳明向老师发问："请问先生，天下何为第一等事？"老师吃了一惊，因为从来没有学生问过他这样的问题。他回答说："当然是好好读书，然后考科举登第啊！"王阳明却摇了摇头，略带质疑的口气说："科举登第难道是人生第一重要的事情吗？"他一脸郑重地继续说道："我以为人生第一等事，应是通过读书修身养性，成为一代圣贤。"这件事显示了少年王阳明志向的不凡与高远，的确有圣人的气概，这与北宋程颐所言"圣人可学而至"的思想是一致的，这是少年王阳明朝着终极目标迈进的开始，具有不同寻常的意义！

这件事不胫而走，传到了他家中。父亲王华问王阳明："听说你想做圣人啊，还在学校里问老师？"王阳明点点头说："是的，我否定了先生的读书登第，提出了读书做圣贤，是人生第一等大事。"王华就问儿子："什么是圣人，你知道吗？"王阳明当即回答："圣人就是'为天地立心，为生民立命，为往圣继绝学，为万世开太平'的人。""我觉得考上状元，不过光耀一代而已；天天在那'之乎者也'，能让国泰民安吗？能不能建功立业才是最重要的，因为建功立业，为万世开太平，可以光耀千秋呢。"

王阳明觉得自己说得入情入理，没想到父亲说："北宋张载'四为说'，不过是理想主义的呓语，你怎么就当真了呢？"王阳明认真地说："孔子不就是这样的圣人吗？"王华笑道："你能与孔子比吗？"王阳明辩解道："孔夫子是人，我也是人；他能做圣人，我凭什么不能做圣人？"一位不到12岁的少年就以"读书成为圣贤"为人生第一等事，这在中国历史上是极为罕见的。

王阳明在少年时代便立志要做圣贤，这是一种强大的原动力。从此要做圣人的最美初心，尽管没能得到中过状元的父亲的认同，却在他的心中扎下了根。不忘乎这一志向，久则自然在心中凝聚，为王阳明今后成长打下基础。此时这位状元父亲不会想到，若干年后，他的儿子王阳明成了中国第一流的圣贤：不仅独善其身，通过悟道，成为心学的集大成者，拥有"兼济天下"的胸怀，而且在平定宁王的叛乱中发挥了军事家的卓越指挥才能，成为中国历史上的全能大儒。

有什么样的选择，就有什么样的人生。通过选择才能如实彰显存在的本质，按照自我的人生设计充分实现生命的价值与意义。有一天，少年王阳明读《后汉书·马援列传》，看到其中的伏波将军马援的名言："大丈夫立志，穷当益坚，老当益壮"，"男儿当死于边野，以马革裹尸而还"，不禁热血沸腾。他回家后便问祖父王伦："人生最大的志向到底是什么？"王伦极为了解王阳明的性格，深知他将来必大有作为。王伦笑道："当然是立德、立功、立言'三不朽'，这可是儒家最高的人生理想呢。"

王阳明又问："历史上实现最高理想的先人有谁呢？"王伦答道："首推孔子，他开创儒家学派，创立了以'仁'为核心的道德学说，极力提倡仁、义、礼、智、信；壮心不已修竹简，埋首却成大圣贤，为至圣先师、万世师表。还有诸葛亮，慨然有澄清寰宇、拯世济民之志，常常自比管仲（名相）、乐毅（名将），为匡扶蜀汉政权，呕心沥血，鞠躬尽瘁，死而后已，成为后世忠臣楷模、智慧化身，让后人尊崇有加。"

前贤楷模早在少年王阳明的生命中成为无形的引路人。从王阳明一生的行履看，他从小就有着高远的理想和抱负，12岁立志学圣贤，标志着他圣贤情结的觉醒，学圣贤也是他人生的最高追求，贯穿王阳明的一生，连父亲高中状元的荣耀。他都不稀罕。他要成为一个惊天动地的人物，而且认真地为之付出过、奋斗过。37岁经历"龙场悟道"后，他坚定地选择儒家圣贤道路作为毕生的追求。

弘治十六年（1503），王阳明作《次韵毕方伯写怀之作》："公自平生怀真气，谁能晚节负初心。"可知，王阳明之初心，就是实践儒家"成圣之道"，包括气节功业思想文章，与其所倡导的以良知为核心的心学一脉相承。

王阳明还特地去信叮嘱其弟，强调立志的重要性："夫学，莫先于立志……世之所以因循苟且，随俗习非，而卒归于污下者，凡以志未立也。"王阳明立下人生立德、立功、立言这一宏大志向，注定了他日后成就非凡而神奇的一生。他长大后的历史告诉世人，王阳明摆脱了明朝中期思想的束缚，掀起了"心学"的骇浪惊涛，给华夏带来光明。

习近平同志提出"不忘初心，方得始终"，其中蕴含了对王阳明心学之初心、良知的创造性转化和创新性发展，赋予了丰富的内涵。在庆祝中国共产党成立95周年大会上的讲话中，他明确提出了坚持八个"不忘初心、继续前进"，既有中华优秀传统文化中心学的精神，也充溢着时代赋予的鲜明内涵。党的十九大报告开宗明义，提出不忘初心、牢记使命，对当代共产党人"从哪里来、到哪里去、为谁奋斗、怎么担当"作出了响亮回答。

征途漫漫，唯有奋斗。从1921年的一叶红船到现如今巍然壮哉的百年大党，变的是时间，不变的是初心和使命。习近平总书记在多个场合进一步强调"不忘初心、牢记使命"，指出"一个人也好，一个政党也好，最难得的就是历经沧桑而初心不改、饱经风霜而本色依旧"。中国共产党人的初心和使命，就是为中国人民谋幸福，为中华民族谋复兴。这个初心和使命是激励中国共产党人不断前进的根本动力。"不忘初心，方得始终"是激励，也是提醒。走得远了，容易忘记出发地。初心是宝贵人生最初的志向，是美好人生开端的追求，是从事事业之承诺。

阳明先生说)))

> 我此论学是无中生有的工夫，诸公须要信得及只是立志。
>
> 夫学，莫先于立志。志之不立，犹不种其根而徒事培拥灌溉，劳苦无成矣。

志不立，天下无可成之事

"志"是人内心对于美好理想的向往，"立志"则是对此种向往的确立和坚守，体现了对于某种终极目标的信念之坚定。有了高远的志向，是人生成功的不二法门。立志是我们从小做到大的事。古往今来，许多有非凡成就的人都为自己树下远大志向，不隅居于自己的狭小天地之中。心存天理，不懈奋斗，向着胜利的彼岸踔厉奋发、笃行不怠。"大丈夫四海为家""好男儿志在四方"，都说明了人们对于志向的一种追求。"志立而学问之功已过半矣。"由此观之，王阳明将"志"提到了本源性的高度，"志"与良知直接相关。

"立志"不仅是归属于精神活动的层面，而且是精神活动付诸实践的实际行为。孔子说："三军可夺帅也，匹夫不可夺志也。""岁寒，然后知松柏之后凋也。""临大节而不可夺也。"班超是我国西汉时期杰出的军事家和外交家，他从小胸怀大志，没有满足于抄抄写写、安稳度日，投笔从戎。后来他率领军队在对匈奴的战争中取得了胜利。接着，朝廷采纳他的建议，派他带着数十人出使西域，重新打通了丝绸之路。可见，志向对一个人的人生是何等重要。

能够真切立志，则良知自明，从事的事业就有了成功的基础。王阳明从小立志做圣贤，后来果然成为圣贤，则为此作出了最好的诠释和证明。王阳明作为一代大儒，对立志与人生的关系有着独到的见解。在37岁"龙场大悟"之前，他为应对处境而多次转变自己的兴趣，游弋于各种思想之中，含英咀华。《阳明先生墓志铭》强调王守仁经过了"五溺"才最后找到圣贤之路:"初溺于任侠之习,再溺于骑射之习,三溺于辞章之习,四溺于神仙之习,五溺于佛事之习。正德丙寅,始归正于圣贤之学。"

一个人若是想做出一番事业,首先要立志。如果志向不确定、不坚定,则人生就没有方向,奋斗就没有目标,努力就会因为吃不了苦而坚持不下去,最后什么事情也干不成功,蹉跎岁月,碌碌无为。"立志"作为王阳明心学的首要环节,实为阳明所喜言。谪居龙场后,王阳明讲学授徒,多次向他的众弟子宣讲"立志"之于成就一切事业的重要性。

王阳明在贵州龙场讲学订立学规的时候,写下了著名的《教条示龙场诸生》,以四事相规,首言"立志"。"志不立,天下无可成之事,虽百工技艺,未有不本于志者。今学者旷废隳惰,玩岁愒时,而百无所成,皆由于志之未立耳。故立志而圣,则圣矣;立志而贤,则贤矣。"如果不立志,天下就没有办法做成事。即便是雕刻、刺绣等各种工匠的技艺,也都是以志向为根本的,唯此才能有所造诣。现在有些所谓"求学"的人,不思学业,懈怠懒惰,或是只顾享乐,没有追求,任凭时间流逝,最终一事无成,都是由于没有为自己立定志向的缘故。所以,一个人立志成为圣人,最后果真就会成为圣人;一个人立志成为贤人,最后果真就会成为贤人。

王阳明认为立志的首要条件是涤除私欲,有一毫私欲则志不立,私欲之气除则志立,反之则不立。如果志向不确定,则什么事情也干不成功。可见,志向对一个人的生活至关重要,它决定了一个人一生的发展和方向。

志不立,就好像没有舵的航船失去方向、没有马嚼子的马狂乱奔逃一样,最终的结局肯定是一事无成。天下事虽各种各样,但都本于志,人只有立志成事才能将事做成，尽管"有志而无成者有之"；相反，人若不立志，就不会将事做成，正所谓"志之不立而能成者，吾未之见也"，因而常立志，不如立常志，恪守初心，格物致知，专注到底，功夫方有着落，所立之志方能竟成。

王阳明在《示弟立志说》中谓"夫立志亦不易矣。孔子，圣人也，犹曰：'吾十有五而志于学，三十而立。'立者，志立也。虽至于'不逾矩'，亦志之不逾矩也。志岂可易而视哉！"王阳明把孔子的"三十而立"解释成为"立志而成"，即从十五志于学到三十岁才立定，并借以说明立志的重要和艰难。要是立志以圣人为榜样，则会成为圣人一样的人；如果立志做贤士，则会成为贤士。

许多事实说明，有了崇高志向表征一个人的发展方向，就会使人的具体行为在这一志向统帅下乾乾精进。经过不懈奋斗成就美好人生，成就高尚人格。王阳明在讲学中多次强调立志。他说："我此论学是无中生有的工夫，诸公须要信得及只是立志。"他认为，士人为学，首先必须立志、持志并专一地贯彻下去。他努力将"读书学圣贤"作为自己的人生志向，同时也希望当时的士人能有如此理想。

作为万物之灵，每个人都有较大的潜能，但如果没有树立志向的话，潜能或许只会沉睡。因此，要成就一番事业，首先看你的志向是否坚定。王阳明无论是早年在龙场的授徒讲学，还是晚岁在家乡绍兴的聚徒弘道，反复教导门人弟子："为学"必须首先"立志"。写于嘉靖三年（1524）的《书朱守谐卷》文，就详细记录了王阳明与朱守谐之间就"为学"与"立志"关联的师生问答语：朱守谐问为学之方，王阳明答道："立志而已。"朱守谐又问如何立志，王阳明答曰："为学而已。"正如钱穆所言："阳明是一个多方面有趣味的人，在他内心，充满着一种不可言喻的热烈的追求，一直毫不放松地往前赶着。"

立志就立"三不朽"之志，做人就做千古第一等人。人的志向能成为推动人生实践以创造美好生活的力量，就是由于它具有实践性。实践不停留于人的主观领域，而是人们改造世界的活动。立志是人们行动的热情和意志，是一种实践的力量。有了坚定的志向，才有可能成为命运的主宰者，就会多一份自信，多一点笃行不息，不论走向多远，始终不改初心，不变原则，不至于在追梦路上走偏或走散，不至于在沿途的诱惑或陷阱里迷失自我。

郭沫若曾写《王阳明礼赞》一文，称王阳明思想有两大特色，就是"不断地使自我扩充"与"不断地和环境搏斗"。郭沫若曾说："王阳明是伟大的精神生活者，也是儒家精神的复活者。"王阳明形成了独具一格的"心学"智慧，不仅对当时的社会产生了巨大的影响，而且对现在的社会也具有深刻的意义。每个人都可以从中获得养分，获得强大的内心。

如果没有坚定的志向，就没有成事的基石。2015年11月19日，习近平总书记在亚太经合组织第二十三次领导人非正式会议第一阶段会议上的讲话中，便援引了王阳明《教条示龙场诸生》中的这句名言："志不立，天下无可成之事。"借此来说明理想和方向的重要性，"人不能没有理想，合作不能缺少方向"。2016年7月1日，习近平总书记在《在庆祝中国共产党成立95周年大会上的讲话》中，引用王阳明的名言"志不立，天下无可成之事"，意在阐发"理想因其远大而为理想，信念因其执着而为信念"。实现中华民族伟大复兴，是中华民族最伟大的梦想。实现伟大梦想，必须进行伟大斗争，必须建设伟大工程，必须推进伟大事业。只有不尚空谈、踔厉奋发、躬身实践，苦干实干，才能到达理想之彼岸。

阳明先生说)))

> 志不立，天下无可成之事，虽百工技艺，未有不本于志者。

男儿当展风云志

诸葛亮在青年时代就树立了远大理想，刻苦读书10年，自比名相管仲、名将乐毅，27岁出山，矢志不渝，鞠躬尽瘁，54岁病逝于五丈原，"长使英雄泪满襟"，成为后人景仰的伟大人物。

明代文学家冯梦龙曾曰："男人不展风云志，空负天生八尺身躯。"燕雀能够触及榆树和枋树就已经心满意足了，而鸿鹄是要像大鹏那样展翅翱翔于九天之高。由此观之，成大事者都十分推崇志向对人生的引导作用。

王阳明"立德、立功、立言"成就卓然，后人往往把他当圣贤来顶礼膜拜，尤其关注他创立的心学。王阳明一生都在讲立志，立志说是王阳明学说的有机组成部分，而且是非常重要的部分。把握王阳明的心学不能脱离立志。从人生的角度来说，立志也是一件根本性的事情，"盖终身问学之功，只是立得志而已"。王阳明在朋友之中常常强调立志，"每以立志为说"。他常教导弟子为学须立志："我此论学是无中生有的工夫，诸公须要信得及只是立志。"王阳明的志存高远对于他的一生有着极其重要的影响，在一定的意义上可以说，他的一生都是围绕着实现这一志向而不断展开的。

王阳明的良知学说也是圣学，立志和致良知都是要成圣成贤，立志具有统摄性。"中间字字句句，莫非立志"，立志对于学问来说，具有开端性和初始性，因而规定了学问的结果以及学问整体的性质。

写于平定江西叛乱之后的《杨邃庵待隐园次韵其二》一诗在表露志向的同时，更蕴含着王阳明的人生智慧，因而我们更能从中感受到良知之志对于现实的卓越指导意义。"大隐真廛市，名园陋给孤。留侯先谢病，范老竟归湖。种竹非医俗，移山不是愚。对时存燮理，经济自成谟。"燮理，即协和治理；经济，指治理国家。王阳明在诗中既表达了自己治理朝政、报效国家的志向，蕴含着复杂的情感和理性的思考。

对王阳明来说，"立志"是他心学的重要组成部分。他认为登第当状元光宗耀祖只是外在的成功，而读书成圣贤追求的是内在修养之境界。这样的话语和崇高的志向，成为王阳明毕生的座右铭。王阳明如此强调"必为圣人之志"，这与他"百死千难"的人生经历息息相关，也同他四方求索的为学历程密不可分。"立志成圣"是贯穿王阳明一生的根本问题和终极追求。他以这个标准来要求自己、付诸行动，回答和解决生活当中出现的问题，几十年如一日。

如果单纯讲"致良知"，而不讲"立志"，就容易忽略王阳明"心学"本质上是圣学。体会自己的天理、自己良知的觉醒是要自己拥有圣人气象。王阳明的立志说直面成圣的问题，有助于突出良知之学的价值归宿。立志成圣而"必欲此心纯乎天理"的过程也就是知行并进、动静结合、内外合一的过程，同样也就是"必欲此心纯乎天理"的立志成圣的过程。

王阳明以立志为起点，将志与行结合，从50岁提出"致良知"到57岁离世，在身处逆境、物资匮乏时，亦不改坚守成圣之志，在"巅峰逆浪"中升华自己的心学思想，在个人的生命历程中始终追求所立之志，在不断为善去恶的道德实践中追求内心的纯粹、境界的超越，最终完成了自己的内圣外王之理想，彰显其志之难能可贵。王阳明心学中，"心即理""知行合一""致良知"这几大核心命题，直透大义，直指人心，没有烦琐的训诂，没有抽象的思辨。王阳明以"心学"体系指导军事实践，后来果真成为立德、立言、立功的"三不朽"的历史人物，是"皆居绝顶"（王士禛语）的"儒家第一流人物"（冯梦龙语）。

王阳明的"心学"思想主要体现在《传习录》一书。这是他的门人弟子所记录他的讲学言论。此书涵盖了王阳明的全部思想及主张，体裁、文笔与孔门的《论语》相似，世人称之为"王门之圣书，心学之经典"。《传习录》堪称"心学"第一书，它不仅影响了中国人500年来的思想，而且享誉海外，对日本及东亚都有较大影响。日本学者高濑武次郎在《日本之阳明学》中说："我邦阳明学之特色，在其有活动的事业家，乃至维新诸豪杰震天动地之伟业，殆无一不由于王学所赐予。"

有志气、有抱负的人不仅活在物质生活中，更是活在精神生活中，其理想决定了他的人生高度。北宋思想家程颢有言："治天下者，必先立其志。"作为万物之灵，人的一生是宝贵的，无法复制，不会重来，如果你不想虚度年华，而希望自己的人生取得成功，富有不同寻常的意义，就必须立志。人若有志，万事可为。立志就是确定一个目标，从我心做起，从"克己"做起，起码要做个善良的人。

明朝爱国名将、民族英雄戚继光，与王阳明有着太多的相似。戚继光七岁时笃志读书。他的军旅诗，多在马背上吟成，风格豪放刚健。《马上作》饱含着戚继光以身许国的爱国情怀和英雄气概：

南北驱驰报主情，江花边草笑平生。

一年三百六十日，都是横戈马上行。

诗中回顾自己策马奔驰、抵抗侵略的戎马生涯，表现了他的壮志豪情。为了国家的安宁，为了百姓的安定，倘若能用一个人的辛苦，换得天下百姓的幸福，一个人的万里奔波又算得了什么呢？为了抗倭事业，戚继光一生中到过许多地方，却无暇看一眼周围的美好。那江南的野花、北方边境的野草，那雪花如席的北国，那江心皎洁的明月，看到自己戎马倥偬，仿佛在嘲笑自己是一个不懂风月的人呢。

"顶天立地奇男子，要把乾坤扭转来。"孙中山具有愈挫愈奋的毅力。他历经无数坎坷，屡败屡战，百折不挠，艰苦卓绝地奋斗了40余年，领导民众推翻了统治中国几千年的封建专制制度。他在总结十落十起的奋斗经历时说："有志竟成。"毛泽东对孙中山十分推崇，称其为伟大的革命先行者。

阳明先生说

夫学，莫先于立志……世之所以因循苟且，随俗习非，而卒归于污下者，凡以志未立也。

我此论学是无中生有的工夫，诸公须要信得及只是立志。

把好人生志向之舵

立志是一种目标、一种方向，有方向才知道往哪儿走。有一个把手抓住方向盘，则知道在走偏之时，会提起来重新调整回到原来轨迹上，如果没有志向，人生就像在大海中遗失了罗盘，不知去向。没有志向的人犹如没有舵的船，在茫茫大海中航行，搞不清方向，到不了彼岸。"立志"不仅是安身立命之本，还是事业成功的根本。

在王阳明的修养工夫中，立志是他反复申论的第一环节，也可以说是前提条件。王阳明强调："志不立，如无舵之舟，无衔之马，漂荡奔逸，终亦何所底乎？"——所谓立志，即确立行为的目标，赋予主体活动以方向性。志不立则如同无舵之船、无衔之马，四处漂荡奔逸，茫无所适，最终到不了目的地。没有志向，人生犹如在大海中失去罗盘，不知去向，势必一事无成。

王阳明在《示弟立志说》中有言："夫学，莫先于立志。"王阳明指出："夫志，气之帅也，人之命也，木之根也，水之源也。"只要坚定立志，所做之事就成功了一半，因为航向明确不会偏移，即使不能达到纯熟无间，也可以自我提示、自我把握。如同朱熹所言："如此而心必之焉，则所适者正，而无他歧之惑矣。"（朱熹《论语集注·述而》）

如果说王阳明是明朝时代的另类青年，那么他的"另类"只是向着一个目标进发，那就是做圣人。王阳明少年时就对军事充满兴趣，热心骑射，研习兵法，喜欢舞枪弄棒，演习排兵布阵，崇拜英雄豪杰，他最崇拜明朝的奇才于谦。

当年宦官王振当道，蒙蔽皇帝，导致明军处处陷于被动，困于土木堡，最终明英宗被俘，天下震动。瓦剌也先大兵长驱直入，一直打到北京城下。于谦毅然担起拯救国家的重任，请立新君，整备军务，保卫京师，使明朝渡过劫难。

王阳明曾在于谦祠怀着崇敬的心情瞻仰偶像，写下了对联："赤手挽银河，公自大名垂宇宙；青山埋忠骨，我来何处吊英贤！"

有了独特的志向，就有独特的做法。王阳明15岁那年，血气方刚，志向高远，性情豪迈，不受传统私塾教育的束缚。当时盗贼蜂起，边患迭生。《明史·王守仁》记载，王阳明把去边关考察敌情当作一场旅行。当时正值明朝灭了元朝，但是蒙古一些势力多次骚扰明朝边界，明朝有的将领还在对战中丧生。王阳明觉得做圣人就应该保卫国家、经略四方，不让人民受到外敌的欺负，所以一个人索性去了边关，在居庸关（今北京昌平境内，是明朝抵御北方入侵最关键的边塞）考察一个月有余。

王阳明登上巍峨的居庸关，看到连绵的长城雄奇壮美，犹如横卧于天地之间的巨龙蜿蜒伸展，顿时豪情万丈。他去边关了解驻防情况，实地考察边塞地势地貌、风土人情，与那里的少数民族少年们一起骑马射箭，并与人结为好朋友。少年王阳明溺于任侠与骑射，彰显其高远之志，他要像古代圣贤一样立下不朽功业。

一天，王阳明骑马在两山之间的小道上行走，突然有两个蒙古骑士骑马迎面而来。王阳明拈弓搭箭，大叫一声朝他们冲了过去。这两人见到一个举着弓箭的中原人冲过来，勒马扭头就跑。王阳明一人一马，敢在蒙古人经常出没的塞外驰骋，还敢追逐蒙古人，这胆量何人及得？少年王阳明的这一次居庸关内外的游历，被认为是"慨然有经略四方之志"。

王阳明从居庸关回北京途中的一天夜里，梦见自己拜谒东汉名将马援的庙，激动不已。当年马援立下了很多战功。王阳明从小就对马援极为敬慕。建武十七年（41），光武帝封马援为伏波将军。此后，马援南征越南，大获全胜。他回都以后，匈奴正在边境为患。这位英雄又请求出征。建武二十四年，马援听说汉军深入蛮夷很久不得平定，又跃跃欲试，请求出征。光武帝不禁赞叹说："好硬朗的老人家！"于是派他带领马武、耿舒两名将军和四万人马去攻打五溪。他冲锋陷阵，战绩辉煌。

"老当益壮""穷当益坚"，是马援发出的豪言壮语——人到老年不能意志消沉，而应当朝气蓬勃，雄心依旧，怎能因为头发白就改变自己的雄心壮志呢？处境艰难时，意志依然坚定，决不放弃高远的志向。这掷地有声的话语，是马援一生的生动写照，一直激励着后人为国家的强盛奋发进取。

王阳明后来告诉别人，他那天晚上梦见自己来到马援庙拜谒，有感而发，赋《梦中绝句》一首，表达少年王阳明对这位军事家的深情向往，展现大丈夫志在"经略四方"的理想，也是他立志做圣人的具体实践。

卷甲归来马伏波，早年兵法鬓毛皤。

云埋铜柱雷轰折，六字题文尚不磨。

王阳明一身侠客打扮回到京城，王华看到儿子平安回来，一颗悬着的心终于放了下来。还没等他发火，王阳明先声夺人，主动向父亲汇报去边防考察的结果，表达了以几万人马讨伐鞑靼的志向，并恳求父亲将他征战御边的方案上报朝廷。

王华没有采纳王阳明的意见。他认为，这个自以为志向远大、一心要学为圣贤的儿子，过于想入非非、好高骛远，而缺乏面对现实、脚踏实地的精神。必须让他先静下心来，认认真真读圣贤书，老老实实先把科举作为"第一等事"，只有进入官场，才说得上报效国家、建功立业。

然而，王阳明并没有就此灰心，而是经常寻求兵书、钻研阵法，想办法进行兵法实践。家中每次宴客，他则将杯盘碗盏、橘皮果核排成阵势，又勤于练习骑射，痴迷于其中。冯梦龙在《王阳明先生出身靖乱录》中有这样的记载：守仁在私塾上学期间，不肯专心诵读，常常偷偷跑出来与伙伴们儿戏，制大小旗居中调度，左右来回摆动，如同排兵布阵一般。

向往成为圣贤，是造就日后"王阳明"的原动力。立志是为学成圣的第一要义，更是成就一切事业之关键。立志立的是道德之志、圣人之志、良知之志，而非功利之志。有了大志向，从心开始，由内而外，气象就不一样，人生的格局就不一样。王阳明从小就钦佩霍去病、马援、班超，这就决定了他日后所走的道路、所行进的轨迹和从小对"礼"感兴趣的孔子、勤于笔耕的朱熹不同。越是在困顿非常之时，王阳明在诗中便越是反复提到立志，且他的志向越发清晰坚定。良知之志指导他在人生逆旅中效仿前哲，披荆斩棘，奋发前进。坚守志向、不改本心的举动，正是良知之志的体现。

阳明先生说)))

故立志而圣则圣矣，立志而贤则贤矣。志不立，如无舵之舟，无衔之马，漂荡奔逸，终亦何所底乎？

把志向根植于本心

王阳明写于被贬龙场途中《溪水》一诗，感慨自己内心仍有着追寻圣贤之道的执着志向："溪石何落落，溪水何泠泠。坐石弄溪水，欣然濯我缨。溪水清见底，照我白发生。年华若流水，一去无回停。悠悠百年内，吾道终何成！"他在诗中自喻为"溪石"，以"落落"两字写孤独，以"泠泠"一词与之呼应。"悠悠百年内，吾道终何成"一句，由衷地感叹时不我待、年华老去而不知何时能成就自己的志向，这种情感是欣然向上、积极进取的，还糅合了叹息与坚定，隐含着奋进的复杂情感。其中立良知之志，显示了超越之境。

"龙场悟道"标志着王阳明心学的建立，此后王阳明的人生开始了全新的转折，舍弃了向事事物物去求理的路径，开启了回归自我、回归身心的学术方向。他受邀主讲贵阳书院，从"始悟格物致知"进而"始论知行合一"，大多是在良知学说的基础上展开，视角也更多地从"外王"转向侧重于了"内圣"。他与师友暇余讲学不辍，强调"人惟患无志，不患无功"与"纤翳不留，真性始见"的心地用功。立志是道德修养、自我完善的功夫。"通过立志而确立价值目标，自我才能真正由迎合于外转而挺立自我，而为己、克己、成己的过程亦可由此获得内在的依归。"由此也可以看出良知对于常人来说不是一蹴而就的，而是通过道德修养来完善和回归。

立志不过是"致良知"，"致良知"规定了立志的本质。如果单纯讲"致良知"，而不讲"立志"，容易忽略王阳明"心学"本质上是圣学。对于王阳明的哲学来说，体会自己的天理、自己良知的觉醒是要自己拥有圣人气象。"致良知"理论则有助于解决立志的疑难。所谓"志立得时，良知千事万为只是一事"，便是强调志作为内在于本真之我（良知）的行为定势，而将人引向为善"一事"。王阳明的立志说直面成圣的问题，有助于突出良知之学的价值归宿，这既有理论的意义，也有实践的意义。立志说和"致良知"的有机结合，使得成圣这一问题有了较为坚实的理论支持，也体现了王阳明延续儒家道统的努力。

在心学中，良知是立志的前提与基础，而立志则是致良知的开始，也是圣人之路的开始。王阳明将"一念发动"视作为行，而立志正是心念之动，"意识或思想是行为过程的第一阶段，在这个意义上它是行为过程的一部分"，因而立志是实践的。同时，立志必须出于自身良知的自觉，符合道德法则的内在必然性。换句话说，立志立的是道德之志、圣人之志、良知之志，而非功利之志。在王阳明提出"知行合一""致良知"等学说以后，立志说不但没有被放弃，而且还得以丰富和发展。在王阳明的思想中，立志是一个包含本根、功夫、结果三合一的问题。良知之志指导他在人生逆旅中效仿前哲，披荆斩棘，奋发前进，不改本心，体现出鲜明的实践性品格。

王阳明《白野公像赞公讳哀》诗中"有凤凰翔乎千仞之志，具鲲鹏摇乎九万之翼"的诗句，气势磅礴，境界开阔，蕴含其圣人之志的气象。正如钱穆所说："阳明是一个多方面有趣味的人，在他内心，充满着一种不可言喻的热烈的追求，一直毫不放松地往前赶着。"（钱穆：《阳明学述要》，九州出版社2010年版，第40页）

把志向植根在本心上，踔厉奋发，坚定不移，不仅是一个思想认识问题，更是一个实践问题。要通过实践来检验，用实际行动来证明。王阳明将"一念发动"视作为行，而立志正是心念之动，出于自身良知的自觉，"意识或思想是行为过程的第一阶段，在这个意义上它是行为过程的一部分"。

王阳明所说的"志"，就相当于我们现代人所讲的"理想"。理想是一个人成功的目标，即便是为官从政，也要从树立远大的政治理想开始。宋代思想家程颢说："治天下者必先立其志。"没有志向，人生就像在荒漠中丢失了指南针，就会迷失方向。孙中山先生也讲过"要立志做大事，不要做大官"的名言。成功需要一份坚持不懈的动力，需要意志品质。要在相信"天生我材必有用"的同时，努力使自己成为有用之材，恪守誓言，踔厉奋发，知行合一，敢于面对矛盾和问题，矢志不渝地为崇高的事业奋力前行。

阳明先生说)))

　　志于道德者，功名不足以累其心；志于功名者，富贵不足以累其心。

先有根固，才有枝繁叶茂

　　崇尚立志，儒家古已有之，可以说是孔门的传家密钥。孔子、孟子率先倡导，有金石之言，周敦颐、朱熹、曾国藩也曾论及。读书学圣贤，是王阳明对自己的要求，他还希望能够通过自己的寻找，树立成圣贤的目标，成为医治当时知行不一的道德危机的第一步药方。至此，王阳明探索多向度的成圣贤路径。

　　王阳明明确了立志的本根地位。他认为立志在人的修养中，犹如栽种庄稼下种一样，是培植根基的功夫，没有根基也就没有花叶果实的收获。王阳明将立志比作种树，认为种树的人必须对树根十分下工夫，才能确保一棵树健康成长。譬如无根之木，移栽水边，虽暂时鲜好，终究要憔悴。王阳明说："夫志，犹木之根也；讲学者，犹栽培灌溉之也。根之未植，而徒以栽培灌溉，其所滋者，皆萧艾也。"（《赠郭善甫归省序》）他认为立志于为学首先是定向与植根，所谓"植根"就是播种，它是心灵纯化的方向和起点。讲学，则好比是对树苗栽培、灌溉的过程。树根尚未培植，只是一味地对树干进行栽培、灌溉，最终只会使得树干像枯萎的艾草一样。

《示弟立志说》开篇也将"立志"比作"种树"："夫学，莫先于立志。志之不立，犹不种其根而徒事培拥灌溉，劳苦无成矣。"他认为，栽树者先培其根，树根深植于土壤之中，风吹沙打不迷。如果志不能立，就仿佛不栽培树根而徒劳地对树木培土灌溉，尽管很辛苦却不会把树栽活。这就把立志的重要地位一下子点明了：立志是为学之根本。这段记叙描述了王阳明悟道的过程，人生逆境反倒成就了王阳明的成圣贤之路。在王阳明看来，志之于人犹如"树之根"，是人的命根子，人无志则会生命枯萎，昏昏沉沉，做起事来无精打采、漫无目的、随波逐流，最终必将岁月蹉跎、一无所成。

人心是涵养德性的发始处和归结处，从根基一直到枝繁叶茂，立志无非就是它的萌发和奠基，也就是陆九渊的"先立乎其大"。王阳明热衷于运用这一比喻，在《寄张世文信》《示弟立志说》等文章中也曾提到过这种说法，以勉励他人立志。他的诚子诗《书扇示正宪》谈及立志："汝自冬春来，颇解学文义。吾心岂不喜，顾此枝叶事。如树不植根，暂荣终必瘁。植根可如何，愿汝且立志。"诗中将立志比作种树须先植根，须先有根固，才有枝繁叶茂，形象生动地说明了没有比先立下志向更重要的，立志必须在专注的过程中脚踏实地、笃行不怠。

为实现志向，勤勤恳恳地做一切应当做的事，好结果一定会来到。但若不曾立志，就像树没有根，无论如何用功都是不会有结果的。当你一旦立志，就开始了心灵的纯化过程，可以说是"致良知"的开始。王阳明有言："学者一念为善之志，如树之种，但勿助勿忘，只管培植将去，自然日夜滋长，生气日完，枝叶日茂……故立志贵专一。"有一点立志为善的念头，就像种下一棵树的树根，只要不拔苗助长，一直培植它，它自然会一天天生长，一天天旺盛，一天天枝繁叶茂……所以树立根本志向贵在专一。

王阳明指出："源不浚则流息，根不植则木枯，命不续则人死，志不立则气昏。是以君子之学，无时无处而不以立志为事。"水的源头不疏通，川流就会停息；树根不予培植，树木就会枯萎；性命不延续，人就会去世；人不立定志向，就会气质浑浊。所以君子作学问，无时无处不以立志作为最重要的事情。

王阳明认为，求学的人要有一心向善的志向，一如树的组织，只要不忘记、不助长，一直栽培下去，它自然就会生长、发育，枝繁叶茂。小树刚长出来时，有了分枝，应该剪掉，然后主干才能长高长壮。初学者也是这个道理。所以说立志贵在专一，不分神过杂，一以贯之在根上、源头上，凡与圣学无关之闲技能，皆应废去。

王阳明常以"立志"来训诫教导弟子。他说："志之不立，尤不种其根而徒事培拥灌溉，劳苦无成矣。世之所以因循苟且，随俗习非，而卒归于污下者，凡以志之弗立也。"王阳明确立"必为圣人之志"，包含当下的抉择，更重要的是在一切行为中实行"立志"。正如阳明所言："盖无一息而非立志责志之时，无一事而非立志责志之地。"在王阳明看来，立志既是为学之本，同时又是为学之工夫，在为学的过程中遇到的种种阻碍，如勇力之不足与私欲夹杂，都可以归结为无志或者"立志不切"。

立志需坚定守志，为所立之志执着奋斗。王阳明那不同于常人的思维方式，特别是汲汲于建功立业、以天下事为己任的要求，决定了他的志向，不仅做学问家，而且做政治家；不仅要做孔子那样的"述者"，而且要做马援、诸葛亮那样的"行者"。如同王阳明所言，立志是"一念存养扩充"，亦即精神的存养扩张，道德主体性的外在展开，最终达到个体人格的真善，知情意行之浑然，精神境界之卓然。如果没有"持志"作为主宰，则会导致心迷意乱，思想行为就会被私欲侵扰而走向歧路。

许多人的智力不比别人差，其意志不比别人弱，之所以在若干年后，没有成就一番事业，首要原因是没有确立远大的志向。曾国藩年少时喜欢读书，以科举之志约束自己，借钱买下"二十三史"，坚持每日批注十页。他也曾失意挫败，也曾匍匐惊惶，但他进取的意志坚定如初，后来成为晚清重臣，著述甚丰。

曾国藩说："坚其志，苦其心，劳其力，事无大小，必有所成。"他说："人苟能自立志，则圣贤豪杰何事不可为？何必借助于人！"人若能真正立定志向，那么就可以做圣人了，做豪杰了，还有什么事情不能做到，又何必借助别人的力量呢？曾国藩诗云："莫言儒生终龌龊，万一雏卵变蛟龙。"不要说书生永远没有出息，没孵出的卵谁知道会变成什么，也许会变成龙呢！他相信自己终有一天，犹如孤凤在云中展翅翱翔一样，引来九州的震动；如同巨材有朝一日成为国家的栋梁。

曾国藩以古代先贤为楷模，遵循严格的做人准则。他曾在其家书中教导后辈："人之气质本难改受，欲求变之法，须先立坚卓之志……古称金丹换骨，余谓即丹也。"他是一个深谙中国传统智慧权谋的人，"学有本源，器成远大，忠诚体国，节劲凌霜"，成为晚清"中兴第一名臣"，为当时人奉为"立德、立言、立功"之楷模，被誉为中国封建统治阶级的最后一尊精神偶像，并集"圣贤"（修养）、"豪杰"（事功）于一身。

阳明先生说))))

夫志，气之帅也，人之命也，木之根也，水之源也。源
不浚则流息，根不植则木枯，命不续则人死，志不立则气昏。

志向高远贵专一

一个人的"立志"具有统帅性的作用，引领着思想投向、价值取
向、奋斗方向。立志贵在专一，专于天理，在专心主一的过程中涵养
精神，调理气机，使理气通达，上达天道。王阳明认为有些人之所以
百无所成、昏昏度日，都是因为"志"之不"立"。作为"心学"的集
大成者，王阳明强调个人的主体意识和自主精神。"立志"既是一个方
向上的选择——"立必为圣人之志"，也是"念念要存天理"的工夫。

立志不是空言口号，不是时髦标签，而是着于事务，即心事相合，
心之所之，专注于某一事物而不分心旁骛。这个"志"就是理想，是
源自内心的不竭动力。理想是路，引导我们走向黎明；理想是灯，照
亮前行的路；理想是火，点亮希望的灯。只有坚定志向，坚定的信念，
不懈追求、不懈努力，始终专一，再长的路，一步一步总能走完；再
短的路，不去迈开双脚将永远无法到达。古语说得好："志不强者智不
达。"《诫子书》有言：不努力学习就不能增长才智，不立志就无法成
就学业。要取得成功就要坚持不懈地努力，很多人饱尝了多次失败才
取得了成功。

　　王国维的《人间词话》第二十六条以几句词重新排列组合，喻"治学三境界"，倾注哲学思想，熠熠生辉，影响很大，后人"续貂"者不少，却难有能与王氏比肩者。第一要勤于求索，寻求目标——"昨夜西风凋碧树。独上高楼，望尽天涯路"。第二要立志进取，追求目标——"衣带渐宽终不悔，为伊消得人憔悴"。第三要全神贯注，豁然顿悟——"众里寻他千百度，蓦然回首，那人却在灯火阑珊处"。具备这三境界才能求得真知，获得良知，如同有"观千剑然后识器，操千曲然后晓声"的体验，有"千淘万漉虽辛苦，吹尽狂沙始到金"的成就。

　　在世间做任何事情，都要持之以恒、笃行不怠。王阳明沿着儒家正途追求圣贤之路也不是一帆风顺的，可以说是呕心沥血。1489年12月，王阳明告别了岳父，携夫人诸氏从南昌回浙江余姚老家，途经广信（今江西上饶）时，他拜访了68岁的学者娄谅。

　　王阳明感觉到，娄谅身上有一股豪爽之气、强大的气场。娄谅深深地理解理学三昧。王阳明向娄谅请教朱熹理学，其实是想得到成为圣人的真正答案。娄谅听后自信地回答："圣人必可学而至。"王阳明表示认同，圣人是可以通过努力学习来成就。王阳明表示自己一直在努力学习兵法，希望将来能"为万世开太平"，这是不是通往圣贤之路？

　　娄谅不以为然。他告诉王阳明，"为万世开太平是'外王'，只有先'内圣'才能做到'外王'，所谓'内圣而外王'也。你还没有走通内圣的路，就想外王，那岂不是痴心妄想？想成为圣人，必须先锻炼自己，苦其心志，饿其体肤，然后才去做圣人想做的事情。""格物致知，是弄明白一切事情存在和发展的道理后，你就是圣人了。"

　　这次拜访娄谅，对于王阳明的思想有着深远的影响。娄谅实为王阳明的启蒙老师，使王阳明的高远志向找到了正确的方向。回到浙江余姚之后，为了实现自己的志向，如同当日娄谅从崇仁回到上饶一样，变成了一个端坐省言、不苟言笑的谦谦君子，开始用心读书，苦读朱熹注解的"四书"，还钻研各种理学大师的著作。他的从弟、妹婿觉得奇怪。他说："吾昔日放逸，今知过矣。"

志立而不移就是从"致良知"到"良知致"。立志要立圣人之志而非其他志向，必须从良知入手，良知纯静无所挂带便有圣人之志。《传习录》载，弟子问立志，王阳明把存天理、良知与立志联系起来，说："只念念要存天理，即是立志。能不忘乎此，久则自然心中凝聚，犹道家所谓'结圣胎'也。此天理之念常存，驯至于美大圣神，亦只从此一念存养扩充去耳。"王阳明认为，只要心中念念不忘存养天理，就是立志。不忘记这一点，久而久之，心自然会凝聚在天理上，就像道家说的"把凡胎修炼成圣胎"一样。如此持续不断地将天理凝聚积蓄，时刻铭记于心，就会逐渐达到精美、宏大、神圣之境界，也就是从这一意念不断保存、弘扬的结果。作为集儒、释、道三家之大成的"心学"大师，王阳明正是在自己志向的带动下一步一步走向成功。

立圣贤之志，并不是对圣贤的简单模仿，而是将心中为善去恶落到实处，求得本心的功夫。亦即格其心之不正以归于正的功夫，扩充善念，遏制恶念，并非外求，能够避免支离烦琐。王阳明说："今焉既知至善之在吾心，而不假于外求，则志有定向，而无支离决裂、错杂纷纭之患矣。"又说："各位近来看见我很少有问题要问，这是为什么呢？如果不用功，却满以为已知怎样做学问了，只要循着已知的方法去做就行了。却不知道私欲日见增长，像地面上的灰尘，一日不打扫便又多一层。"真正着实用功，往深里探究，一定要到透彻为止。

"心之所想"，需要不断地提醒自己，掌控住自己的内心，排除外界的干扰。世界如此纷扰而浮躁，能扰乱我们心神的事情多多。鬼谷子有言："心散则志衰，志衰则思不达，思不达则事难成。"想都不敢想的事情，未必就是我们无法做到的事情。胸中只装天下事，眼中唯有圣贤书。西汉时贤相陈平，少时家贫，胸怀大志，专心研习黄帝老子学说，探求治世之术。陈平后来投奔刘邦麾下，纵论天下大事，两人十分投契。陈平被拜为护军中尉，六出奇计，为建立汉朝立下了汗马功劳，善始善终。

陈平功成名就以后，有人说起他少年时所受的委屈。陈平微笑着说，有的人只在意脚下的泥淖，久而久之就忘了他立志所要实现的目标，而有的人看到的永远是远方的目标，脚下一时的泥淖根本不放在眼里。

"想"成功是必不可少的前提条件。将精力集中在一个点上，驱除杂念，不断地想着朝目标前进。儒家之立志当是事事专注于效仿圣贤，所谓"持志如心痛。一心在痛上，岂有工夫说闲话、管闲事"。（《朱子语类·卷十七》）王阳明所言"念念存天理"，就是用意念影响我们的思维。只有时刻保持这种"想要"的念头，大胆地坚持心之所想，才能抛开所阻挠的因素，将"我想"变成"我要""我一定"，发挥潜在的能力，超越自我。

立志不单单是一种抉择，不是简单的"有志"，而是指有所树立，持志贵在专一，"神气精明，义理昭著"，需要切实践履实行的实践工夫。蚂蚁遇到了挫折，它还要向前爬，无论如何都向前爬，多么重的物也不放下，人更应当有这个劲头，志向要坚定。立志为善，决不旁骛。日久天长，"必有事焉"，修而不辍，勿忘勿助，日夜培植，立志贵专，专则能中，中而不迁。惟患夺志，人怕的就是志向被销蚀了。没有志向，精气神全无，什么事都是所谓的看破红尘，这不应该是人类思想主流。

在阳明对于立志的诸多言说之中，更多地强调了立志彰显出的践履的意义，需要用巨大的勇气与毅力将其贯彻到生活中的每一个行为之中，不容有一刻的放纵与松懈。做什么事情都要有一种执着的精神，一股打破砂锅问到底的劲头。阳明寻他千百度，坚信定在灯火阑珊处。王阳明认为，每天都要把今天所得的知识扩充到底、研究到底，这样才能做成学问，才是"精一功夫"。专注使人走向成功，使人生活快乐。当我们用心去做一件事时，就会产生很大的能量。

2016年1月12日，习近平总书记在十八届中央纪委六次全会上的讲话中，再次引用了《传习录》中的语录"身之主宰便是心"，指出"本"在人心，内心净化、志向高远便力量无穷；并提出："对共产党人来讲，动摇了信仰，背离了党性，丢掉了宗旨，就可能在'围猎'中被人捕获。只有在立根固本上下功夫，才能防止歪风邪气近身附体。"

阳明先生说)))

> 若不用克己工夫，终日只是说话而已，天理终不自见，私欲亦终不自见。如人走路一般，走得一段，方认得一段。走到歧路处，有疑便问，问了又走，方渐能到得欲到之处。

惟患夺志，成就自心

"志"指的是人心对于某种理想的向往，即朱熹所谓"心之所之"。"立志"则是对此种"所之"的确立和真切坚守。立了志而不为志去努力，也终将一事无成，这当中守志便是一个关键的因素。一个人立下志向，并为志向去努力，往往决定了他的人生高度。有何种志向就会成就何种人生，它表征着一个人的发展所要依归的方向，并使人的具体行为在这一终极意义的牵引、统帅下乾乾精进。

确立远大志向是成就人生至关重要的一环，有了好的目标才能有好的收获。把自己的志向和国家、民族连在一起，才称得上大志。志向是未来行为举止的驱动力，没有志向的人如同旋转的陀螺，不知道停下的位置在哪里。孔子有言："志于道，据于德，依于仁，游于艺。""志于道"，此"道"既是一种宇宙的真理，也是一种高尚的道德、理想的追求，但同时也是道路的"道"，需要我们起身行之，步步踏实。

人生的努力方向，源于我们确立的理想。将天地道义的实现作为自己一生奋斗的目标，用道德的标尺来约束自己，以仁义作为处世原则，学习六艺来丰富生活内容。孔子的一生，"志于道"，陈蔡绝粮，弦歌不绝；匡地被围，弹剑而歌。王阳明认为，志于道是根本、基础，后面的"据于德，依于仁，游于艺"全赖于此。一旦定下为圣人之志，就会一步步谋划前进的道路方式方法。道德之性、仁爱之心、六艺之才，是实现人生目标必不可少的重要条件。而其中最重要的前提便是树立高远的志向，以志向来引导前进的方向。

李斯年少时在家乡上蔡县衙门里做一名小官吏。看到仓库中的大老鼠，以满仓的粮食为食物，以高大的库房为住处，养得肥头大耳，悠闲自得，见人不避，与茅厕中又瘦又小的老鼠有天壤之别，感叹道："人的好与不好，就如同老鼠一样，完全在于你自己所处的地位。"李斯早年为官的目的，不是"达而兼济天下"，而是用声名狼藉的老鼠作比喻，不愿做厕中之鼠，把人生价值定位于做高官，想做仓中大鼠，千方百计为自己找一个安乐窝，享受荣华富贵。

秦王嬴政即位那年，李斯自楚国来到秦国，先在吕不韦门下充当门客。吕不韦很赏识李斯，不久就封他做郎官、侍从。李斯善于体察、逢迎秦始皇，能抓住秦王内心想法，替秦王说出来，并将理由讲得冠冕堂皇。后来为秦始皇提出"灭诸侯，成帝业，为天下一统"的宏大方略，成为秦始皇创建新帝国的股肱辅臣。

到了最关键时刻，李斯明知胡亥（始皇帝第十八子）不是当皇帝的料，只是个"置国家兴亡于度外"的纨绔子弟而已，但抵不住赵高的蛊惑，太在乎他本身"职位的安全性"，怕秦始皇长子扶苏继位和名将蒙恬掌权，自己的位子保不住。于是辜负了秦始皇的信任，参与"沙丘政变"。他贪恋高官，贪图富贵，怕丢掉官职，顾及身家私利，上了贼船，与魔鬼为伍，丧失了人格，结果一败涂地。在临刑之时，他对其子说："我多想和你一块儿牵着大黄狗，在咱老家东门外追兔子啊！"李斯临死时才醒悟，渴望返璞归真，过平民生活，但已不可能了，最后落得个"父子相哭，而夷三族"的悲惨结果。李斯极端自私，突破了一个政治家的道德底线，最终落得了身死名辱的可悲下场。正可谓："天作孽，犹可违。自作孽，不可活。"（《孟子·公孙丑上》）

立志是要除去与人之本性的善念相反的恶念，即"习气"。在王阳明的观念中，本性之所以会被习气"所汨"，主要就是没有立志。先生曰："以亲之故而业举为累于学，则治田以养其亲者，亦有累于学乎？先正云：'惟患夺志。'但恐为学之志不真切耳。"王阳明说，倘若为了父母参加科举考试会妨碍学习，那么，为了侍奉父母去种田，也会妨碍学习。程颐先生说："惟患夺志"，怕就怕学习的志向不坚定、不真切。王阳明又说："汝辈学问不得长进，只是未立志。"确立人生的目标与方向后唯有付诸行动，才是真正的立志，也就是要知行合一。无论受到多么大的打击，无论被罚还是被贬，王阳明都没有放弃自己的志向。

立志是强调回到内心，反求诸己，就是要让善念知行合一，这样的具体的行为才能被统一到善念上来。王阳明说："善念发而知之，而充之；恶念发而知之，而遏之。知与充与遏者，志也，天聪明也。圣人只有此，学者当存此。"这里对"志"的阐释，意味着立志要辨别善念和恶念，扩充善念，遏制恶念，这对于善念的发动具有重要的意义。

王阳明讲的立志是指"念念要存天理"，即时时刻刻立志做圣贤、致良知，要在心中真正立起来，不是仅仅停留在想一想和说一说的层面上，需要随时随地考之于物、验之于事。"今时学者大患，不能立恳切之志"，"须是一棒一条痕，一掴一掌血"，踔厉奋发，笃行不怠，成就事业。

阳明先生说)))

> 以亲之故而业举为累于学，则治田以养其亲者，亦有累于学乎？先正云，"惟患夺志"，但恐为学之志不真切耳。

点亮心灯，自我担当

一个人要想使自己达到一种很高的境界，必须思考人生的意义，让自己的心强大起来，敢于承担责任，才能获得别人的尊敬和信任。生命不仅在于拥有，更在于有用。责任就是一种使命，能激发人的潜能，也能唤醒人的良知，获得自己人生成就感和自豪感。

宁做毁弃之黄钟，不做雷鸣之瓦罐。诸葛亮六出祁山，七擒孟获，草船借箭，火烧曹营，鞠躬尽瘁，死而后已。范仲淹不避艰险、不怕诬谤、敢说真话、犯颜直谏、大胆改革。岳飞在国家危急存亡的关头，舍生忘死，杀敌报国，一首《满江红》气壮山河。封疆大吏袁崇焕刚强英烈，带出一支死战不屈的精锐之师，与侵略者殊死战斗。林则徐虎门壮举毁毒烟，"苟利国家生死以，岂因祸福避趋之"。孙中山总是踔厉奋发，愈挫愈奋，不屈不挠，以浩气赴事功，置死生于度外。这些经典事例都生动诠释了中华民族敢于责任担当的内在禀赋，让人永远铭心。

王阳明出身儒家思想熏陶的优越环境，曾反思自己几度访道问佛，幡然醒悟，认为佛、道不讲亲民，不亲民就不能治好国。于是他立志为国家、为人民尽一些担当责任。有担当的人就是有良知讲道义的人，不敢承担责任的人是脆弱的，没有责任的人生则是空虚的。明朝学者陈继儒《小窗幽记》有言："大事难事看担当，逆境顺境看襟度，临喜临怒看涵养，群行群止看识见。"

南京大学哲学系教授李承贵认为，王阳明心学格局的形成是多种元素聚合之果，这些元素至少包括接引弟子、刻印语录、修葺书院、处理事务、协调分歧、抵御毁谤、心灵陪伴、分化一方等。此八种元素各以其特殊功能为阳明心学输送有益血液，成为阳明心学成长的基础；而且，它们相互贯通、相互支援，从而构成以阳明心学为核心，对内可以激活自身、对外可以抵御威胁的学术共同体。

王阳明一生所经历的四个皇帝都很年轻，太监、大臣、后妃干政比较严重；天下出现的问题愈演愈烈，外族入侵日益猖獗，王阳明常对此心急如焚。而皇权被太监刘瑾把持时期，很多良臣忠吏被迫害，激起王阳明极大的义愤，他上疏揭发刘瑾被打入诏狱，又被发配到贵州龙场做驿丞，半路上又遇到锦衣卫的追杀……但是王阳明"致良知"的这种担当并没有被磨灭，反而随着他仕途的一步步转折和升迁变得越来越宽广。

王阳明被流放到荒远的贵州龙场后，艰苦的生活条件以及当地瘴疬之气弥漫，让跟随王阳明的众多随从都病倒了。王阳明没有气馁，亲自为随从们担水做饭，为他们吟唱诗歌，鼓励他们振作起来。自己则兴办书院，一边讲学，一边不断探究人生的真谛，努力不懈地完善和传播他的思想，最终成为一代"心学"宗师。阳明之学，不是玄妙之学，就像一把扇子，帮人驱汗，给人带来精神的愉悦。

人的一生，总是祸福相依。面对功劳和祸害要懂得礼让和承担。王阳明到45岁才得授去剿匪的实职，是因为眼光犀利的兵部尚书王琼的特别推荐。说起王琼，堪称王阳明的平生知己，可以说是对王阳明了解最深的人。王琼是太原人，常出入正德的"豹房"，密切联系掌权的太监，以敏练获宠，正德十年当兵部尚书。王琼很赏识王阳明的才能，于正德十一年（1516）九月，举荐他为左佥都御使，巡抚江西南部。王琼喜读王阳明给他的信，常常抱着孙子反复地看。在《明史》中，王琼被称作是任人唯贤的典型。明代历史上"三大政治贤才"之一，前有于谦于少保，后有张居正，中间就是王琼。

王琼曾说："国家有此等人，不予以权柄，还将有谁可用？"王阳明是个奇才，几百年才出一个，大明王朝幸亏有他。不完全信任他，还弄个监军去监视他、掣肘他，大明王朝就完了，还有谁可用啊？

强烈担当精神是王阳明成就"三不朽"伟业的重要原因。正德十四年（1519），王阳明本来是奉命前往福建平定士兵哗变，听到宁王朱宸濠叛乱的惊天事变。宁王准备了十年，是有可能成功的。王阳明让家眷在自己家门外环布柴草，说一旦事败，绝不肯俘，全家举火自焚。说明当时形势何其严迫。王阳明勇于担当，立刻前往平叛，毫不犹豫。

王阳明一心为民的担当精神，在后来平定南方匪乱时，得到了进一步显现。他因地制宜地提出《量刑法》，体现了勇于担当的责任感，也是"知行合一""致良知"的大胆实践。对大量流民惯盗先抚后剿，只杀了为首的顽抗者，南赣的战斗以詹师富的被擒而宣告结束。朝廷对南赣的捷报如久旱逢甘露，加之兵部尚书王琼的支持，王阳明用手中"便宜行事"的权力，减免了南赣四省很多不合理的税收项目，制定了一系列以百姓为根的惠民政策，带来了百姓休养生息和国家安定。

嘉靖六年（1527），王阳明年近暮年，"卧病久积，潮热痰嗽，日甚月深，每一发咳，必至顿绝，久始渐苏"，已经不允许再奔波于外，朝廷下旨，要他带兵到广西平定思恩、田州之乱，他毅然带病出征，在很短时间内平息了思恩、田州、八寨、断藤峡的叛乱，还在当地增设县治、增筑守镇城堡、设立书院，耗费心血、殚精竭虑，为西南边陲的长治久安做出了不朽的贡献。一年后，王阳明病逝在回乡的路上。

担当之人，挽狂澜于既倒，扶大厦之将倾。在王阳明看来，人生是一连串责任的累积。责任使落叶归根，责任使乌鸦反哺，责任促使英雄为了国家而拼尽全力，把全部的生命都献给了天下苍生和重振圣学，王阳明以经略四方为初衷而矢志不渝，经仕途踬踣而不辞重任，让天地为之动容。

为政本色在担当。王阳明将源于正义的事业、崇高的信念和凛然的正气的担当精神，蕴涵于心，外化于行。忠诚履责、尽心尽责、勇于担责、不畏风险、这种当仁不让的担当精神体现了从政为官的大德，展现了执政为民的情怀，展示了人生价值的取向。

习近平总书记曾说："我们做人一世，为官一任，要有肝胆，要有担当精神，应该对'为官不为'感到羞耻，应该予以严肃批评。"对于新时代党员干部而言，是否有肝胆、敢担当，是检验其党性和政德的试金石，也是判断其胸怀和勇气的标尺。要有舍我其谁的气魄，要有自强不息的品格，面对大是大非敢于担当，善于用改革的办法解决发展中的问题，面对失误敢于承担责任。在风险和危机来临时，有勇气站出来，敢于任事，勇于担当，勇挑重担，敢于负责，打破陈规，解决问题，争创一流，开创新局。

阳明先生说

圣人之所以为圣，只是其心纯乎天理而无人欲之杂，犹精金之所以为精，但以其成色足而无铜铅之杂也。

终年碌碌，至于老死，竟不知成就了个什么，可哀也已！

带着志向飞越荆棘

立志和苦干犹如鸟之两翼，缺一不可。有些人不是缺乏较高的智商，而是缺乏崇高的志向和脚踏实地的苦干。志不强者智不达，行不怠者事方成。朱熹自幼聪慧过人、勤奋好学，终其一生，唯著书立说、教育后学为务，为官不足八年。朱熹多次说自己"少而鲁钝，百事不及人"。因此，他学习时非常勤奋努力。

朱熹在看《论语》里讲子夏那一章时，遇到不理解的地方，三四夜不睡觉。正是凭借这样的努力，他才厚积薄发，点石成金，不遗余力地传道授业、宣扬理学，真可谓应了张载"为天地立心，为生民立命，为往圣继绝学，为万世开太平"之言，成就了"宗孔嗣孟，集诸儒之大成者"。

王阳明简而不疏地论述立志与勤学的关系。立志与勤学互为补充。

"凡学之不勤，必其志之尚未笃焉。"首先立定志向，有了勤学的动力和激情，才能勤学不怠。立志是根本、是基础、是前提，志不立则似树无根、水无源。"夫学，莫先于立志。志之不立，犹不种其根而徒事培壅灌溉，劳苦无成矣。世之所以因循苟且，随俗习非，而卒归于污下者，凡以志之弗立也。"立下志向之后，通过勤奋学习以实现自己的志向。只有专心致志、持之以恒的学习，才能看到胜利的曙光，获得成功的瑰宝。

正德元年（1506年），由于受到宦官刘瑾的排挤，王阳明被贬为贵州龙场驿驿丞。与繁华的京城相比，龙场这个蛮荒之地，在贵州的修文县，处万山丛棘之中，虽不能说是个动物世界，但毒蛇遍地，野兽蹿奔，用穷山恶水来形容也不为过，方圆几百里少有人烟。可是王阳明并没有因此士气不振，在他眼里："天下之大，何事不可为？"小地方也一样能有作为。小事情如果能够做到极致，就能积小胜为大胜，成就大事。就是在龙场任职期间，他悟出了"道"，也就是心学的核心内容。

王阳明有言："诸公在此，务要立个必为圣人之心，时时刻刻须是一棒一条痕，一掴一掌血，方能听吾说话，句句得力。若茫茫荡荡度日，譬如一块死肉，打也不知得痛痒，恐终不济事，回家只寻得旧时伎俩而已，岂不惜哉？"你们在这里学习，务必立下做圣人的志向，每时每刻都要有一棒打出一条伤痕、一掌打出一道血印的精神，这样听讲才能句句入心入脑，感知每一句的力量，加深印象。如果茫茫然地混日子，犹如一块死肉一般，打也不知道疼痛，恐怕最终也学不到学问的精髓，回家之后依旧用老办法面对生活，难道不可惜吗？"

王阳明立志思想深刻内涵，指的是在树立圣人之志的时候，确保在思想上能够对本身固有的良知进行积极发现、尊崇，要在行为上不逾规矩，对社会普遍认可的具体规范和道德进行坚贞不渝的遵从，真正做到德行一致，达到大爱无疆、大善无类的境界，成为顶天立地的圣人。

王阳明不是只懂读书的一介书生，不单是确立"必为圣人之志"的抉择，而且在践履上下真功夫。他高扬个体主观能动性，12岁作出了立志做圣贤的"承诺"，28岁考取功名，用巨大的勇气与惊人的毅力将其志向贯彻到每个行为之中，身体力行他的"知行合一"学说。他从没有将自己看作是官二代、富二代，从没有将自己置身于优越的家庭环境之中，从没有一刻的放纵与松懈，即使他遭受牢狱之灾，即便他后来发配到贵州龙场做驿丞，面对断粮、瘴疠、野兽，受到种种罕见的磨难，他依然不气馁，也没有放弃，在那恶劣条件下成为一位洞悉心灵奥秘的心学导师。

贬谪三年期满后，39岁的王阳明于正德五年（1510）升任庐陵知县。这是王阳明进入仕途以来，第一次任职为一个行政区的主官。由于直接和民众打交道，知县和知府、知州一道，被称为"亲民官"。在这一年，朝中局势突变，宦官刘瑾被捕下狱，处以死刑。王阳明仕途中的转机也随着刘瑾的倒台出现了。此后，王阳明被任命为南京刑部主事、吏部验封司主事、吏部文选司员外郎、南京太仆寺少卿（正四品）等职。从这个视角看，当时的明朝，还是"公道在人心"，朝廷没有亏待与刘瑾阉党邪恶势力做斗争并且付出极大代价的英雄。

正德十一年（1516）九月，经兵部尚书王琼举荐，擢升45岁的王阳明为都察院左佥都御史，巡抚南、赣、汀、漳地区，奉命征讨南赣等处贼寇，开启了书生卓荦军功的征程。在短短一年之内，王阳明平定了祸害东南四省长达几十年的寇乱，立下赫赫战功。这些经历和历练使得王阳明有机会践行自己的"心学"主张，学术影响与日俱增。

他用自己的军事功绩、地方治理与基层文教经济事业发展等实践活动，生动诠释了"心学"主张对国家、社会与个人的贡献与作用。

由此观之，一个人要活得精彩，就要有崇高志向和意志品质。唯有立志，是成圣成贤之学的首要一环和决定性因素。"已立志为君子，自当从事于学。凡学之不勤，必其志之尚未笃也。"立志需坚定守志，为所立之志执着奋斗。恪守初心，格物致知，工夫方有着落，所立之志方能竟成。

人生崇高的志向，就是奋斗的正确方向。毛泽东就是从小立志的典型。1910年，16岁的毛泽东在离开家乡的时候，曾给父亲留下一首小诗："孩儿立志出乡关，学不成名誓不还。埋骨何须桑梓地，人生何处不青山。"毛泽东以诗言志，表达自己立志求学和男儿志在四方的决心。

毛泽东看了《世界英雄豪杰传》之后，就给自己起了"子任"的笔名，决心以救国救民作为自己的崇高责任。有了高远的志向，成就事业才有了可能。《走近毛泽东》影片解说词说："他最大的目的是实现中华民族的伟大复兴；他最大的创造是把马克思主义中国化；他最艰辛的探索是中国式的社会主义；他最伟大的作品是中华人民共和国。"

常立志，不如立长志。若想不做精神上的贫穷者，若使人生不在平庸中度过，让生命放射出光辉，首先要把理想信念作为安身立命的主心骨，作为修身立业的压舱石，守住初心，在其志向的引领下励志到底，一步一步走向成功。

筚路蓝缕，坚定守志，吾心光明，蹈厉奋发，玉汝于成，人生才有不同寻常的意义。2011年5月9日，习近平同志在贵州大学中国文化书院与师生座谈时指出："王阳明一生真正做到了知行合一，他既是一个伟大的哲学家、思想家，又是一个伟大的政治家、军事家。他在龙场讲学时向学生提了立志、勤学、改过、责善四点基本要求，首要的就是立志。对今天的大学生来说，要成才，必先立志。立志就是要'养浩然之气'，要砥砺、磨炼自己的志向……希望大家在学校的时候就树立远大、正确、崇高的理想信念，并在实践中去考验、去磨炼，做到'虽九死而不悔'，这样才能有真正的坚定方向，今后才能有大的作为。"这些语重心长的教导，表明党和国家领导人对王阳明的教育思想的高度评价与现代诠释，对青年一代寄予了殷切的期望，催人奋进。

阳明先生说

> 只念念要存天理，即是立志。能不忘乎此，久则自然心中凝聚，犹道家所谓"结圣胎"也。此天理之念常存，驯至于美大圣神，亦只从此一念存养扩充去耳。

延伸阅读

望蓟门（节选）

祖咏

沙场烽火连胡月，海畔云山拥蓟城。

少小虽非投笔吏，论功还欲请长缨。

简析 "沙场"两句勾画了山川形胜，显示了边患未平，敌情紧张，防守严密。一个"拥"字，写出固若金汤的武备、坚不可摧的气势和稳如泰山的从容。"少小"两句因被望中所见的雄浑壮丽的战场风光所激励感奋，涌起一股报国立功的豪情，连用了两个典故，希望倾自己的才能去为国出力的抱负。

第二章

知行合一 重在实践

——论笃行之心

王阳明的心学在思想界经久不衰，根本原因在于它的实践品格，其重要表现便是知行合一思想。王阳明"知行合一说"的思想根源，主要来自对程朱"知先行后说"的扬弃，在中国哲学史上独树一帜。王阳明历经"百死千难"悟出真理，主张把格物致知的"知"落实到实际行动中，更多地强调"行"，强调实践。

王阳明多次论述知行之间的关系，比如他主张知是行之始，行是知之成，知行不可分割。"我今说个'知行合一'，正要人晓得一念发动处，即便是行。""行"才是真切笃实的"知"，王阳明予以特别强调。王阳明"知行合一"的思想有助于形成求真务实的作风，纠正纸上谈兵的陋习。在现实工作中，我们往往懂得的知识较多，却缺少笃行不怠的能力，工作很难落到实处。

"知行合一"学说在当下具有重要价值，这与毛泽东同志《实践论》中认识论的辩证法观点一致，即正确的理论只有实行了才有意义。"知行合一"是共产党人的党性之必然要求。只有党性的知行合一，才能使自己成为一名真正的共产党人。在纪念刘少奇同志诞辰 120 周年座谈会上的讲话中，习近平同志指出，党员干部"要善于把学到的本领运用到实际工作中去，努力做到知行合一、以知促行、以行求知"。2019 年 3 月 1 日，在中央党校（国家行政学院）中青年干部培训班开班式上，习近平同志再次强调，要在常学常新中加强理论修养，在知行合一中主动担当作为。

我们讲党性修养、讲坚定理想信念，最后的落脚点是要把"知"落到实处，这也就是共产党人的"心学"。作为新时代的党员干部，必须克服工作中不切实际、言行不一、表态多行动少等不良作风，从"知行合一"上下功夫。

天下哪有心外之理

王阳明12岁时，就明确表示自己要立志成为圣人，去探究宇宙人生的奥秘。为此，他习读百家书，曾遵从朱熹的"格物致知"去格万物，最后从南宋哲学家陆九渊那里找到了圣人之道。他领悟陆九渊"心即理"的观念，"心即理"是永恒不变的，"宇宙便是吾心，吾心即是宇宙"，还领悟出了"知行合一"的道理，形成了具有自己特色的学说。

在陆象山"心即理"基础上，王阳明提出"心外无理"的观点，"心即理也，天下又有心外之事、心外之理乎？""心即理"的命题是王阳明心学全部思想得以建立的基础，是阳明心学的逻辑起点。王阳明说："心之体，性也；性即理也。故有孝亲之心，即有孝亲之理，无孝亲之心，即无孝亲之理矣。有忠君之心，即有忠君之理，无忠君之心，即无忠君之理矣。理岂外于吾心邪？"心的本体是人的真实人性，真实人性就是天理。比如有真实孝顺父母的心就知孝顺父母的理，否则即无此知；有真实忠君的心就知忠君的理，否则也即无此知。天理难道可以存在于心外吗？这里的理就是道德原则，存在于行为者的心中，发之于服侍父亲便是孝，不会从父亲身上去追求孝之理；发之于侍从君主便是忠，不会从君主身上去追求忠之理；发之于交友治民便是信与仁，不会从友的身上、民的身上去追求信与仁的理。"心即理"就是阳明心学的世界观，它把人从外界的权威、教条乃至书本当中解放出来，呼唤人格独立、思想自由。

王阳明在龙场悟道之后，阐释了"心即理"的含义，并不是肤浅的"心"就是"理"的意思，而是认为心理合一，离心求理则无理，遗理求心则无心。王阳明提出"心外无物""心外无理""良知"即"天理"等思想，认为真实存在的世界乃是你所见、所闻、所思、所想的世界，不存在在你之外的另一个世界。心与物两个世界各自独立又相互融通，缺少了心的灵明灵知的世界只能是黑暗的世界。王阳明将心奉为至上，这是一颗空灵莹洁的心。良知的呼唤来自爱的情感涌动。

人既为宇宙所化生则自然包含在宇宙中。譬如鱼在海洋中，鱼本身也是海洋的一部分。鸟飞翔在天空中，鸟本身也是天空的一部分。我们生活在这个世界上，也都是宇宙的一部分。这一切何曾分开过？心和理也是如此，不过是同一物之两面罢了。所谓的另一个世界即使客观存在，于你而言并无任何意义。王阳明与朋友到会稽山游玩时的一段对话清晰地表明了这一思想。

"心"是一个表意词，盖指人心的意识、情感或自觉活动。王阳明认为，所谓"心"，不是构成血肉躯体的那颗心脏之心，也不仅仅是知痛知痒的感官知觉之心，自有其根本义，即本体意义上的道德之本心或良心，是使得视听言动之所以可能的依据，这便是存在于人心之中的本性或天理。

所谓天理，是指认识"是非邪正"的普遍道德原理，以仁、义、礼、智、信等传统伦理道德准则为基本内涵。所以，良知既是心体又是天理，是道德主体与道德法则的内在统一。王阳明提出了"良知者心之本体"的思想，认为心的本然状态即是良知，提出"吾心之良知，即所谓天理"，进而强调"致良知"，以发挥心本体的主观能动作用，丰富发展了陆九渊的心学思想。

"心即理"，意味着普遍之理与个体意识的融合。王阳明从对于程朱理学的批驳出发，进一步提出了自己的"心即理"的命题，认为"心外无理""心外无物"，规范人道德行为的人伦天理不必向外探求，因为理即存于人心之中。王阳明说："心即理也。且如事父，不成去父上求个孝的理；事君，不成去君上求个忠的理；交友治民，不成去友上、民上求个信与仁的理。都只在此心，心即理也。此心无私欲之蔽，即是天理，不须外面添一分。"且如服侍父亲，不会去父亲身上追求孝之理；侍从君主，不会去君主身上追求忠之理；交友治民，不会去友的身上、民的身上去追求信与仁的理。所谓的"心即理"，在这里实际上是将规范人们道德行为的天理理解为主体内心的意识，进一步规范人们的行为实践。

在王阳明看来，"天理"不是干巴巴地显示规律或规则的条文，而是与人的生命一起跃动，展现活泼泼的灵动情态。俗语说："心安而后理得。"反过来也能成立，"得理方可心安"。扩展开来，心指的是一个人的灵魂，思想、人格、精神、情感便是灵魂。当一个人的眼睛对美色恋恋不忘时，即是心想着美色。由此可见，心既是一个人肉体的知觉所在，又是行为的指导。眼睛里揉不得沙子，纯净的心体更承受不了金枷套颈。

人的言语、行为等外在表征，则多为其复杂内心的反映。古人云："相由心生。"意思是说人的心思会呈现在其外在表征之中。如此推敲，物是心中念头的外在呈现。"心即理"是阳明心学中的核心理念。王阳明认为，心即天理，要在心上做工夫，世界上哪还有存在于人心之外的事物和道理呢？"心即理"的意义在于强调人的价值，突出了人的主体性，正如他在《传习录》所言："天下之物本无可格者，其格物之功，只在身心上做。"这句话强调无须即物穷理，而是理在心上求。怎样理解"理"呢？"理"在这里是天理的意思。天理就是"真理、原理、规律"等在意识体的投射。虽然"心外无物"（本心之外没有事物）的看法与唯物主义观点相悖，但王阳明关于从人的内心去寻求真理的看法，有其道理。

他经过反复思索有了顿悟：心是感应万事万物的根本，由此提出"心即理"的命题。他用事实证明心与理合一，知与行合一，遇事时以沉着冷静应对，做到动静皆定。

阳明先生说)))

> 心即理也。且如事父，不成去父上求个孝的理；事君，不成去君上求个忠的理；交友治民，不成去友上、民上求个信与仁的理。都只在此心，心即理也。

此花不在你的心外

有一年春天，王阳明和学生、朋友一起去南镇游玩。他的弟子对于他的"心外无理，心外无物"的理论迷惑不解，指着从石头缝里长出来的花问道："先生你常说天下没有心外之物，那么这南山里的花在自开自落，与我心有何关系？"

王阳明微微一笑，回答生动形象，蕴含哲理：当你没见到这花的时候，花与你的心都是寂静的，花就如没存在过。你来看此花时，则花的形状、色彩、气味就在你的心中显现出来，一时明白起来，便知此花不在你的心外。花的状态是寂，"寂"不是没有，它是事物的一种存在状态。你来看这花的时候，这花的颜色就一下子彰显出来了，便知此花不在你心的外面了。花当然是自开自落的，可是能不能扰动你心，却是由你来决定。王阳明指出，当它（物）以一种纯粹的客观性存在的状态是寂。寂是包含着（分明起来）动的无限可能性。

王阳明这番经典话语，描述了情感、觉悟等内心感受，让人回味。最为紧要的一点是对于"心"的着眼。花和它的道理虽然是客观存在的，但如果没有主体看花的人和看花的心，它对于未看花的人又有什么意义？在王阳明看来，外物之所以存在是因为心的存在，世间万象，其实都在于你是否用一颗真诚之心去对待和体验。岩中花树对于心来说，其存在本身及其意义的被确认，在于花在人心中的显现。

区分出花的存在和花存在的意义这两个命题的不同，才能理解美的内涵。如果繁花朵朵没有成为你心中的思索对象，客观存在与人的内心没有产生互动，就无法或者说无须作出"花是美的"判断。当我们吟诵龚自珍的诗句"落红不是无情物，化作春泥更护花"时，花已在心内，我们所欣赏的不是花之娇美，而是投射在花朵之上的多情无私的人格品质和瑰丽的境界。当我们鉴赏杜甫的诗句"感时花溅泪，恨别鸟惊心"时，由于安史之乱，一家人流离分散，心中感伤，看见花瓣上沾着露珠，就觉得花在流泪；因为满心离愁别恨，鸟也会惊心。

王阳明的过人之处，他的大智慧，如果用一言概括之，就是时时用心，事事用心。王阳明向学生解释，何谓"心即理"？"此心在物即为理。"你心在物上，物就在你的心中，理也自然明白。"心即理"即认为心理合一，是不可以相互独立的存在。王阳明认为不带着诚意去格物，或只有诚意却不格物，是一种达不到至善的支离状态，导致内心无法了悟外物之理，实在是丢失了古人所讲格物致知的本来意义。王阳明针对程朱理学越来越脱离人的生命而知识化、外在化的倾向，尤其是其末流暴露出来的支离破碎的弊病，另辟蹊径，艰难求索，修身养性，终于大彻大悟，创立了与朱子不同的心学，提出"心即理""致良知""知行合一"三说，把一定的社会道德规范转化为人的自觉的意识和行为，强调道德行为是由道德意志生发而来，拓宽了主体自立自主的精神世界，重视意志和主观能动性，展示了道德自律与人格挺立的实践精义及具体路径。

心灵的一切问题，追到根子上，其实都只是心自己的问题。世间万事万物、种种险恶，你看则有，不看则无。只要你心不动，便奈何不得我一丝一毫。"不能胜寸心，安能胜苍穹。"圣人能坦然面对困境的根本原因，是因为他们内心能时刻以自己为主宰。王阳明的哲学始终聚焦于人的主观世界。在王阳明看来，人的好色、好利、好名之心平日里虽然潜而不显，但说明"心"有偏倚，便非天理。若要此"心"回到天理，就必须将私心彻底扫荡而无纤毫留滞，直至全体廓然。因而"心即理"表现为"需要时刻纯洁的'心'与至善之'理'合体"。

王阳明在龙场悟道中悟出"心即理"，强调人的主观意志和内心体悟，强调道德标准由心而生，内化于心。王阳明强调心外无理、心外无物，真正关注点在于把封建道德规范的根据归入到人心之中，强调道德自主自律是人心的内在本质。

阳明先生说)))

> 心之体，性也；性即理也。故有孝亲之心，即有孝亲之理，无孝亲之心，即无孝亲之理矣。有忠君之心，即有忠君之理，无忠君之心，即无忠君之理矣。理岂外于吾心邪？

可贵的"龙场悟道"

成功的机会总是留给那些有准备的人。陆九渊是宋明两代"心学"的开山鼻祖，与当时的理学家朱熹齐名，合称为"朱陆"。陆九渊提出一个石破天惊的观点："宇宙便是我心，我心便是宇宙。因为我的心与宇宙乃本同一。"强调人在宇宙中的主体性，虽然为彷徨中的王阳明指明了方向，却没有指明现实中的道路。

人须参与社会实践，在事功上磨炼，锻炼自己的心理素质，锻造"金刚不坏之身"。王阳明不尚空谈，他的大部分"功夫"放在了乡俗调查、散步、静坐、思考等方面。他在龙场那个昏暗寂寞的山洞中，在这艰难困苦的环境中仍然在苦苦追索圣人之道。他多次思考：若是圣人处在这种境况下，该怎么办？王阳明凿石为椁，昼夜端坐其中，勘破生死一念。

一天夜晚，周围静得出奇，皎月当空，内心与明月对话，犹如张若虚笔下的春江花月夜，月亮以其皎洁光辉的姿影，牵动着多少人的情愫。他在睡梦中恍惚觉得有人在自己耳边私语，恍然大悟，一下子跳跃欢呼起来，大喊道："我明白了、明白了！圣人之道，吾心自足，向之求理于事物者误也。"圣性天然存在于每个人的心中，不需向外探求，这就是著名的"龙场悟道"。

众里寻"理"千百度，蓦然回首，那"理"就在吾心处。原来，世间的万物竟是一体的，心与物与理都是不分家的。天地万物和万物的理都不在外面，而是在自己的心上。王阳明强调"真理不在外物之中，原在吾心之中"，真理不要到心外去求，这叫"吾性自足"（王阳明认为湛若水得出"务求自得"，这个"自得"与"自足"之间，没有本质区别，可以说是异曲而同工），赋予"心即理"新的内涵，认为"心在物上，理在心上"，其心学有了发展的基础和方向，走在"内圣外王"的光明之道上，开始建构心学体系。北宋大儒张载曰："艰难困苦，玉汝于成。"王阳明通过龙场悟道，深刻的人生转变悄然而来，实现了他自己的人格升华和苦难辉煌。

"龙场悟道"是王阳明思想上的一次重大转折，是他与朱熹"格物穷理"说分道扬镳的分水岭。早年《大学》所说格物，不是向外去研究具体事物，而是向内去"格"自己的心。王阳明有言："天下之物本无可格者，其格物之功只在身心上做。"不格此"心"，无物可格。世间万物，细微至发梢，宏达至天地，皆为思维心力所驱使。

王阳明贵州龙场悟道，对于朱熹的格物致知之学提出了批评，并进行了创新性解释。朱熹将格物致知理解为探究客观事物以获得正确的知识，由此导致修身成为一种外求的过程，而向心外求理是错误的。圣人之道，吾性自足。他认定朱熹的格物方法是"枝枝叶叶外头寻"，"求理于事物者误也"，因为"心即理"，有关事物的"理"不在事物本身，而是在人的"心"中。正如根是树的根本所在，理是人之德业的根本所在，因此培植理要像培植树根一样悉心，不然枝繁叶茂就无从谈起。他反对舍去培植理而在"事事物物上去寻讨"的学问，认为那是"无根的学问"。龙场悟道是王阳明"重生"的一个起点。王阳明一生艰难而漫长的体道过程，还只是刚刚开始。

王阳明点亮心灯，从失败中站起来，一边处理政务，一边从事讲学，在艰险环境中创建有特色的"心学"。从正德十二年（1517）到正德十六年（1521），王阳明大多时间在赣州和南昌，经历了自贬谪龙场以来人生最艰难险恶的时期，他的思想在种种苦难的磨砺中升华到一个新高度，他确定"致良知"为学说宗旨，是从"百死千难"的坎坷经历中彻悟"良知"本体的思想智慧，标志着其心学体系的成熟。

在王阳明看来，他过去按照朱熹"格物"说去"格竹子的道理"是"求理于外"，是不正确的方法，犹如缘木求鱼，终将徒劳无功，认为正确的格物方法应该是"只在身心上做"，即求理于心。一个人在格竹子时，不仅要盯住竹子看，从外部观察竹子，更要审视作为观察者的内心对竹子的各种感觉，以及感觉里产生的看法和见解，以竹子作为镜子看清自己心灵的面目。由此，"心即是理""心外无物"的道理，成为日后王阳明心学整个"知行合一""致良知"思想的基础。在他看来"天地万物为一体""吾心即宇宙""宇宙即吾心"，其生命境界也出现了自由气象。有诗《龙刚漫兴》为证：

投荒万里如炎州，却喜官卑得自由。

心在夷居何有陋，身虽吏稳未忘忧。

春山卉服时相问，雪寨蓝舆每独游。

拟把犁锄从许子，谩将弦诵止言游。

忠诚于自己内心的召唤，圣贤之道，不在他处，就在自己的心里。王阳明确认了自己身上与生俱来的优秀的生命品质，让他坚定起来，他终于能够平静地以自己的内心来面对世界了，意识到了一种崇高的使命感。他说的"自足"的"吾性"即是吾心，就是我的精神。我思故我在，悟见个体生命的存在价值，王阳明终于悟出"心即理，心明即是天理"以致胸中充满光明。"自足"是够了的意思。他的感觉就是：我完全能够凭着我的精神走上成圣的道路，不需要依靠任何心外的东西。

王阳明从"龙场悟道"中找到了精神力量。他硬是将这万山之中的荒芜之地化为自己的桃花源，领悟到甚深的戟刺和痛苦往往就是新生活开始的序幕，艰难困苦正是对心性的最好磨砺，这让他在龙场悟道中提升了自己的境界。

王阳明从开导人心入手，以讲学为重，为心学发声，孜孜以求，自成一家，以求逐步实现政通人和。他秉承"为天地立心、为生民立命、为往圣继绝学、为万世开太平"的信念，立时代潮头，引风气之先，担天下道义。他用儒家的仁义道德化解刀光剑影，用儒家的礼义廉耻唤醒人性之美。王阳明一生讲学著述，平定匪乱和朱宸濠叛逆，彰显内圣外王之道，在哲学思想成熟的人生最后阶段，王阳明终成立德、立言、立功"三不朽"人物，诠释了"三不朽"的文化内涵和人格理想。

从后世的角度看，如果没有龙场的落魄和逆来顺受，没有龙场的艰难险恶的环境和日夜思考，王阳明恐怕很难达到这种境界，自然也就不能成为圣贤之人，修得正果。王阳明创立的心学，是一门发挥内心中的主观能动性、让人内心变得强大的学问，让自己的命运掌握在自己的手中。

"龙场悟道"是王阳明心学的一次精神飞跃，对王阳明一生具有奠基性影响。此后，王阳明将生死置之度外，把全部精神凝注于知行合一的生命实践。王阳明在龙场悟道中悟出"心即理"，强调人的主观意志和内心体悟。"心即理"强调了道德标准由心而生，内化于心。

中国共产党人的"心学"赋予了"心即理"新的时代内涵和时代要求。共产党员只有发自内心的理解和认同党性要求，将党性原则内化为自己的情感和意志，才能形成高度的思想自觉和行动自觉。党员干部党性修养的重要环节，就是在私底下、无人时、细微处做到慎独、慎微、慎言、慎行。内无妄思才能外无妄动，内心净化、志向高远，才能力量无穷。

阳明先生说

　　因念："圣人处此，更有何道？"忽中夜大悟格物致知之旨，寤寐中若有人语之者，不觉呼跃，从者皆惊。始知圣人之道，吾性自足，向之求理于事物者误也。

身之主宰便是心

　　在宋明时代的思想史上，朱熹的思想被称为"理学"，王阳明的思想则被称为"心学"。从总体上看，王阳明心学是来自道德生活、关注道德生活的哲学思想，而不是关于科学知识及其研究方法的哲学。

　　至正德三年（1508），王阳明被贬贵州龙场，历经百死千难，终于大彻大悟了，悟到的是心学中最重要的一个理论：心即理，心外无物。以此为起点，他相继提出"知行合一""致良知""四句教""万物一体"等哲学思想，包含着世界观、认识论、人生观和方法论，形成了他的心学体系。

　　王阳明探求"格物致知""知行合一""致良知""心即理""人皆可成圣人"等观点，认为理在心中。他克服了程朱理学末流暴露出来的支离破碎的弊病，破除了理与物二重化的理论缺陷，以简易直截的功夫与"先立乎其大"的入手方法，通过肯定心体（良知）与物一体同流，提出从心即理、知行合一等思想。他通过讲学、研讨、通信等方式传播心学，展示了道德自律与人格挺立的实践精义，探寻教化臣民、稳定社会秩序的救世之方，培养和造就了一大批文化精英。

心是人的思想之源、精神之本、道德之宗，人的一切意欲和行为都生发于心。"身之主宰便是心"，心左右一切，任何时候、任何情况下都不要让心兵慌乱，这是王阳明总结一生的经验作出的一个重要论断。做好事源于内心，做坏事也源于内心，心是产生善与恶的源头，心中所想会影响我们的行为。任何外在的行动、事物都受思想的影响和支配，一切统一于心。

西汉的平原君朱建本是清官，刻廉刚直，行不苟合。辟阳侯审食其声名不佳，当政的将相大臣对他没有好感。审食其久欲结交朱建，朱建知道连面都不见。后来朱建母亲去世，无钱治丧，他一念苟且，没把持住，接受了审食其的馈赠。拿人手短，朱建身不由己，便为审食其说情。待到审食其东窗事发，朱建受到牵连，只好畏罪自杀。其实，朱建明知审食其送的钱不能收，就是因为一时之需，其心失去主宰，结果一失足成千古恨。

清代龚自珍有言："不能胜寸心，安能胜苍穹"，又言："心无力者，谓之庸人。"胜寸心"，某种程度上讲就是为了"破心中贼"。这种信念操守和个人欲望的斗争，是对灵魂的拷问。明代吕坤在《呻吟语》中有言："一念收敛，则万善来同；一念放恣，则百邪乘衅。"如果以一种无私的、光明的心态去看待这个世界，那么世间的人和事也同样变得无私、光明。倘若以一种自私的、狭隘的心态去看待这个世界，那么世间的人和事都会变得自私、狭隘。

心乃万物和身体的主宰，能统帅整个身体，能够克制自己。心是人的主体精神，如"知觉"便是心的作用。只有心灵安定下来，才不会因外物而动，而本身所具备的无穷智慧才可以显露出来。"身之主宰便是心"，这是阳明心学之"法门"。只有以修心为先，净化内心的污垢，摒弃从私欲萌发好恶之心，才能使内心强大起来，在繁华之处不易初心，真切地把握为人处世之道，永远立于不败之地。

有形的心是指位于胸腔之内、使血液循环的重要器官、血肉之物。王阳明所强调的"心"，不专是胸腔中的心脏："所谓汝心，亦不专是那一团血肉。"王阳明有言："心不是一块血肉。凡知觉处便是心。如耳目之知视听，手足之知痛痒，此知便是心也。"我学说里的心，不等同于一团血肉，与有形的心相对的便是无形的心，指能知能觉的功能。如耳朵和眼睛的知觉是听和看，手和脚的知觉是知晓痛与痒，这些知觉便是心。在这里，他明确反对把心当成生理的心脏器官，而是作为主宰人之视、听、言、动的天理，作为一种知觉，一种心灵，整体的精神世界。

人类认识的所有事物，其实都不是这个事物的本身，而是客观事物投射到心中的映像。心里有什么念头启动，就有什么事物呈现出来。这个映像是心（主观）和客观事物在意向活动中共同构成的，既有主观的成分，又有客观的成分。因此，"认识"并不否认客观事物的存在，客观为主观提供素材、内容，主观为客观提供意义、价值等认知。

2016年1月12日，在党的第十八届中央纪律检查委员会第六次全体会议上，习近平总书记在讲话中引用了王阳明的"身之主宰便是心"，并深刻指出："本在人心，内心净化、志向高远便力量无穷。对共产党人来讲，动摇了信仰，背离了党性，丢掉了宗旨，就可能在'围猎'中被人捕获。只有在立根固本上下功夫，才能防止歪风邪气近身附体。"党员干部须勇于"自我革命"，进行自我净化、自我完善，炼就"金刚不坏之身",摒弃理想丧失、信念动摇的"虚无心",破除当官就要发财的"贪婪心",克服骄奢淫逸的"享乐心",狂妄自大的"狂妄心"。

北宋哲学家邵雍有诗云:"请观风急天寒夜,谁是当门定脚人。"面对"围猎",我们要立定脚跟,自作主宰,我自岿然不动,守住心中的那一片蓝天,不要让诱惑冲破心灵的道德底线,任何诱惑就会显得苍白无力,不攻自退。否则,就会带来不良影响、诸多麻烦、痛苦不安,丢掉前程。"但教方寸无诸恶,狼虎丛中也立身。"只要自己心中不存有任何邪恶不洁的念头,那么即使在最恶劣的环境中也能从容立身。体现人生最高价值的决不是金钱和财富,而是人的品位和为国家、为人民做的贡献。人生需要持久的修为,不要轻易交白卷,要考出好成绩,成为最好的自己,让团队因你而不同。

阳明先生说

我说个心即理,要使知心、理是一个,便来心上做工夫,不去袭义于外,便是王道之真。此我立言宗旨。

救世良药:知行合一

由于王阳明"立德、立功、立言"的卓然成就,一些后人把他当圣贤来顶礼膜拜,但也有许多人更关注他创立的心学。王阳明在贵州提出的"知行合一"说,在中国哲学史上独树一帜,其思想根源主要来自对程朱"知先行后"说的扬弃。知行合一是王阳明心学的核心概念，作为一个重要的哲学命题，长期以来引起思想家和学者的广泛关注。"知行合一"是阳明心学的重要组成部分。

知和行的关系问题一直是古代思想史中很重要的一个话题。从《尚书》到孔孟、二程、朱熹，先人们都思考、讨论过这个问题，这些观点都成为王阳明提出"知行合一"之说的思想来源。王阳明的"知行合一"的理论基础是"心即理"。换言之，"心即理"是他的"知行合一"说的本体论根据。

所谓"心即理"是说"心"与"理"合二为一，不可分离。圣人之心与天地万物相通。圣人之道，天地万物的对与错，是先天就存在于我的心中。"理"是"心"之理，都在"心"之中，而"心"则包含"理"，与"理"不离，根本不用去外界寻找，心外无理，心外无物。在儒家传统中，"理"涉及道德法则，也联系着礼仪法则。

1508年，王阳明在贵州龙场悟道。1509年，"先生始论知行合一"，这是在艰难困苦的生存环境中对生命价值实证体悟后提出的，它将知与行视为不可分割的整体。"知行的本体"即知行的本然状态，且知行是紧密联系在一起的。道德修身活动之中知、行要互相渗透、相互贯通和促进。"知行合一"是王阳明倡导心学后最先提出的重要命题，是为了解决"知行二分"，同时也是王阳明心学的立言宗旨。

王阳明着眼于当时知而不行、以知代行、表里不一、知行脱节的社会积弊，提出知行只是一个功夫，故有知行合一并进之说，偏重于行，旨在救弊补偏。"知行合一"里知和行的"良知"性质即其德性和德行意义，主张真知真行，注重知行的"合一并进"，知行的工夫本就不可截然分开。王阳明主张"知行合一"的"知"和"行"是真知和真行，"知之真切笃实处即是行，行之明觉精察处即是知"。认知真实确切到自然而然可以付诸行动的地步就是行。实践到灵明觉醒、明察秋毫的地步就是知。

王阳明提出知行合一说是有针对性的。一是针对宋儒以来"知先行后"的主流观点，二是针对当时社会上普遍存在的"知而不行"的思想现象。在王阳明看来，前者是因，后者是果，两者是有必然联系的，故有必要首先打破"知先行后"的现象，才能从根本上扭转人们安于"知而不行"的现象，而知行合一正是对症之良药。用王阳明的话来说，他所针对的病症是"致知格物之谬"。对此病症所下的"良药"——知行合一则能收到"正人心，息邪说"的效果。（《书林司训卷·丙戌》）

王阳明从"天地万物本吾一体"出发，强调知不离行、行不离知和以行归知。王阳明说："圣学只一个工夫，知行不可分作两事。"我们可以从一些实例中来体察王阳明"知行合一"的本意，"知"与"行"是一件事，是一个硬币的两面，而不是两件事。谈到知，已经包含有行，亦即知中有行；说到行，已经包含有知，亦即行中有知。知与行本来是一体，无法具体分开，而且并无主次和先后之分。知与行化约为一种德性修养工夫："是两个字说一个工夫"。（《答友人问》）如果我们懂得了这一道理，那就会自然而然付诸行动；如果没有付诸行动，那就是没有真正"知"。

有人向王阳明请教知行合一的问题。王阳明说："现在的人做学问，总是把知、行分开来看，所以有一个念头萌动，虽然是不善的，但由于没有做出来，就不去禁止。我现在讲'知行合一'，正是让人明白，心中念头萌动之时，行动已在其中。一个人产生不善的念头，不能认为它只是一个念头而已，已经是行了，就要把这个不善的念头克制住，不使这个恶念潜伏心中，这是我立论的宗旨。"（《传习录·黄直录》）

他的目的在于，把人的道德意识和道德行为有机地统一起来，使人的思想、行为都能自觉地去致良知。

王阳明明确反对"知先行后"的主张，提出核心观点"知者行之始，行者知之成。圣学只一个功夫，知行不可分作两事"，亦即是"知行合一"的修养方法。（《传习录·门人陆澄录》）当时许多为官者学一套，做一套，知一套，行一套，在这样的背景下，王阳明提出"知行合一"的原则，以排除、抵制知行不一的社会顽疾。

没有"知行合一"的过程，即使我们面壁十年，也仍然只能算作无知。"言而无信"就是"知行不一"，"言行皆伪"就是"知行相悖"，其共同特征是"知行二分"。由于人们将知行分作两件事，所以不会自觉地将邪念视为"行"而加以看管，致使邪念变成现实的恶。王阳明说："知行工夫本不可离。只为后世学者分作两截用功，失却知行本体，故有合一并进之说。""知行合一"正是要求人们不能割裂地看知行，高度重视将意念等同于"行"，密切关注"意"的动向，并随时将邪念捕杀在萌发之际。

王阳明身体力行"致良知"，以身作则"知行合一"，推进心学发展，彰显思想境界和人格魅力。知行合一具有永恒的价值意义。若只闲讲空谈，则陷入"知而不行只是不知"的痼疾。梁启超认为，朱熹犯了"泛滥无归宿"和"空伪无实著"的毛病。宇宙内事物繁多，个人精力有限，不可能运用科学方法穷究其规律，"即凡天下之物"全称名词的外延太宽泛，无法想象"即凡"都能"穷"。（梁启超《王阳明知行合一之教》）梁启超认为，王阳明时代"假的朱学"盛行，一般"小人儒"都挟着一部《性理大全》作举业的秘本，言行不一，风气大坏。王阳明在贵州龙场驿悟道三年，提出了"知行合一"，这是一部《王文成全书》的最好注脚。

梁启超认为，王阳明的"知行合一"说专门为了矫正知先行后顺序"错误而发"。针对懵懵懂懂、冥行妄做的人，要说个知；针对悬空思索、不肯躬行的人，要说个行。如果以为知行有先后，以为先知后行，那么，"待知得真了方去做行的功夫，故遂终身不行，亦遂终身不知"。知行合一是一个不断由浅入深、由己及人的无限上升过程，是无穷无尽的。

面对人情事变，修心的根本就是从"知"开始导正，导正知觉，"一念发动处便即是行"。这一涌动非常重要：如果"知"没有导正，就会使后面的"行"偏离正道。"知行合一"的精髓就是"知行互有你我"，就是"知行一致""真知笃行"，其表现在言行关系上的要求便是言而有实、言而有信、言行俱真。曾国藩强调的经世致用正是王阳明所说的"知行合一"。

"人晓得一念发动处，便即是行了。""念"不只是"念"，而是行，即人的行为；有什么样的思想，就有什么样的行为。私心杂念是心中之贼，须高度警醒，时刻自省，不要放过，不要窝藏，务要扫荡廓清。

共产党人的党性修养，仅仅停留在知道一些是远远不够的，还必须践行，通过行动来表现党性。共产党人坚定理想信念，切忌空谈理想、知行脱节，不可止于思想观念和口号，而必须落实在行动上，既"内化于心"又"外化于行"，知行合一。

思想和政治上的"知"上出了偏差，"行"的实践就会出一系列问题。只有真正的"知"才能产生"行"；而如果不能产生"行"，究其原因就是没有达到真正的"知"。党内的"两面人"之所以"知行分裂"，其根本原因在于"两面人"的"知"是假知而非真知。在王阳明看来，知和行密切相连、不能分开。只有做到知行合一，才能遏制当面一套、背后一套的两面人行为，坚定政治立场，保持政治定力，锻造"金刚不坏之身"。

共产党人要以"两面人"为戒，坚持党性的知行合一，做真正意义上的共产党人。我们务必充分认识言行不一、冥行虚知、沉湎经书、浮躁虚夸、急功近利的时弊，重视德育，倡导立志、克己、省察、实践、存善去恶，在党爱党，在党为党，不改初衷，矢志不渝，做到知与行完美统一，将理想信念外化为自觉行动。

阳明先生说

> 知者行之始，行者知之成。圣学只一个功夫，知行不可分作两事。

知者行之始，行者知之成

在"知行合一"学说中，"知"是"行"的源头，是"行"的开始；而"行"是"知"的功夫，是"知"的结果。"知行原为两个字，说一个工夫。"王阳明说："知之真切笃实处，即是行；行之明觉精察处，即是知，知行工夫本不可离。只为后世学者分作两截用功，失却知行本体，故有合一并进之说。"认知到了真切的时候就一定会去行动，真正的知是要付诸实践检验的，行动过程中有了"明觉精察"必然体会到真知。

按照道德的要求去行动是达到"良知"的功夫。在道德指导下产生的意念活动是行为的开始，符合道德规范要求的行为是"良知"的完成，行在本质上是一码事，只要一念萌发便是行了。如果念头发动之处有了不善，就要将这个不善的念头、邪念（心中贼）克治掉，必须彻根彻底地清除，斩钉截铁，纤毫不留，不能让不善的念头潜伏下来。从实修工夫上讲，与朱熹齐名的南宋哲学家陆九渊还没有明确地把"知"和"行"合二为一。"知行合一"的个中滋味，必须亲身体验和实践。王阳明"知行合一"的思想形成，不是他仅靠书房里的顿悟获得的。他不是一个单纯的思想家，更是一个坚定的实践者。他的知行合一思想，第一实践者就是王阳明自己，是他一生实践的真实写照。

王阳明认为知行合一，知只有经过行的实践才能完成或实现，行需要知的认识作指导。王阳明反对朱熹的"先知后行"学说，他认为知与行不过是一个过程的两面。知行的本体并不是先知后行，不能将知与行分为两码事来做。如果只知而不行，就是悬空思索；只行不知，就是盲目冥行。王阳明认为"知"已经包含着"行"，"知"与"行"同时并进，才合乎生命实践的要求。有些人谈到"知行合一"时，以为"知"就是"知识"，"行"就是"行动""实践"，这样理解是片面的、肤浅的。

现实生活中，人们往往把知行分割开来。一些学校和教育机构十分重视理论教学而忽视了实践教学，实践教学在整个课程安排中占的比重很小。现在一些博士生理论知识的储备十分丰富，但在具体的现实生活中，常常是束手无策、寸步难行。因此，在这种意义上讲，行比知更为重要。王阳明坚决反对"纸上之功绩"，反对知行不一、知行脱节的现象，主张要在"事上磨炼"，创造"良知"政绩。王阳明说，知之真切笃实处即是行，行之明觉精察处即是知；真知即所以能行，知行本为一体，不容间断。

有一篇《人性深处的璀璨光辉》文章，叙述了毕节有位农民工给一中学老师背菜，老师给他五毛钱。一会儿，农民工又来敲门，老师说：钱不是给你了？他说，你的五毛钱里面夹着一块钱，我来还你。作者感叹：有时候，我们有知识的人，不一定达到农民工的精神境界。有知识的人受点教育，读点书，明白点道理了，却无良知了，知行不合一了。

"知行合一"的"知"，在阳明心学里指的是"知觉"，而非"知识"。这里的"行"分为三个阶段：一是我们的心感知到的一瞬间，心头的一涌动；二是我们心里的"意"发动起来，开始心理活动；三是我们真正外放的、看得见的行动。"知行合一"就是认识和实践不可以分成两截，知和行是无缝连接的，是一个硬币的两面，不可分割。

一位司机在开车过程中，出点小差错，他马上就会知道，能及时修正。他的"知"是从他的动作中领会出来的，他将自己的"知"与"行"做成了不可分割的一件事。我们还可以从母亲哺乳、儿童游戏、农民耕地等事例中体察，去印证王阳明所说的"知行合一"向来是一条线走下来的，不可强行分成两段。王阳明提出知行合一，主要强调道德意识的自觉性，要求人们在内在精神上下功夫。

"知行合一"的特征，一是保持小心谨慎的心态。二是只关注当下，没有其他多余的想法。三是所觉察到的是合乎自然的道理，清醒明白。四是其要领就在于体悟并实行。知而不行只是未知；知是行之始，行是知之成；只说一个知，已自有行在；只说一个行，已自有知在。知是目的，行是手段，不可分开。如果只是将这些当作纯粹的知识去学习，不去实践，那么也只是在口中耳中流传罢了。

王阳明的"知行合一"学说，主要来自《周易》的启发。他多次研究《周易》，悟出了事物都有矛盾对立的两个方面，二者在一定的条件下可以互相转化。自己身处不利环境之中，总有一天会有所转换。如同老子所言："祸兮福之所倚，福兮祸之所伏。"

王阳明曾说："以事言，谓之史；以道言，谓之经。事即经，经即史。"大意是，记述事的为史书，而说明道理的为经书。如果是为了借事情讲清楚道理，那就是经书。中国传统思想学问是"经""史"不分开的，所以王阳明说，《春秋》也是经，《五经》也是史，其根本出发点是"知行合一"。阳明心学中，很"憎恶"空谈抽象理论的作风。要想掌握抽象的"道"，就必须真正地入世，参加具体的社会实践活动，应对人情事变来参悟什么是真正的道。

有"知"必有"行"，有"行"必有"知"，是无法分割的。知要真知，行要真行，重在实践。心性运行的规律便是如此。这里的"知"不是泛泛的认知之"知"，而是一种强烈地要实现自身的内驱力、意志力，是"行"的主意和动力。王阳明指出，圣人之学乃身心之学，其要领在于体悟实行，不可将其当作纯粹的知识，仅仅流于口耳之间。他讲知行合一，经常拿"写字"来举例。他说，我要写字是"知"，而提笔写就是"行"，想要知道一个字是如何写的，就需要付诸实践才行。所以有了"知"就一定要行动起来，这是通往成功的必经之路。

阳明先生 说)))

知之真切笃实处即是行，行之明觉精察处即是知。知行功夫本不可离，只为后世学者分作两截用功，失却知行本体，故有合一并进之说。

精彩的"答徐爱问"

王门学者中，王阳明与得意门生徐爱的关系亲近，他们的交往，在一定程度上反映王阳明的人生历程、思想发展，也代表着王门学者的风采。徐爱（1487—1517），性格很机敏，闻言当下即悟，并能很好阐发其要旨，是王阳明最早的入室弟子之一，也是王阳明的妹夫。

当年王阳明被贬谪，千里逃亡，别人避之不及，徐爱却毅然磕头拜师；后来王阳明龙场悟道，徐爱不顾科场失意，二话不说就跑来龙场，与老师一起论道。徐爱对王门学派的发展功不可没。

徐爱很不理解"知行合一"的意思，于是请教先生："比如有的人已经知道应当孝顺父母、尊敬兄长的道理，但实际生活中，却不能践行这一点，这明显说明'知行两回事'！"王阳明说："心学'知行合一'的'知'，是指知觉，不是知识，这是两回事。"

王阳明认为：《大学》里提到了反映知行本体的例子，即"如好好色，如恶恶臭"。一个人见了美色属于知，见到好色的同时已有好之的意志活动，心生欢喜美色就是行，并不是看到美色之后，需要经过思考才作出喜爱的反应，可见两者同时产生、迸发，那个审美行为是完全同步的，亦即知行本为一体。闻到恶臭属于知，厌恶恶臭属于行，也是同时产生的，一闻鼻子就皱起来，那个审丑的行为也是完全同步的，"只闻那恶臭时已自恶了"，闻到恶臭的同时即有恶之的意志活动。放到孝和悌，也是这样的。光说知道并不是知道；去做了，做到孝、做到悌才能说明知孝悌。

王阳明接着说，"知行合一"的行，不仅是看得见的行动，还包括行动前的起心动念，强调一念发动处即便是行了。常人通常不能知行合一，都是由于内心私欲蒙蔽。圣贤教育世人知与行，正是要恢复知行的本体，不是只教人们如何知、如何行就算了。在王阳明心学中，"知""行"本为一体，"一念发动处便即是行"。一念发动处，即是修身功夫、修行"入处"。对于"发动处有不善"，既"知"之为"不善"，则不容姑息，以斩钉截铁的态度，当下克之；对于"发动处有善"，即"知"之为"善"，则要珍惜，当下为之。知是行的开端，行又是知的完成。王阳明说，做不到就不是真知道，真正的知道就是能做到。这就把陆游的那句"纸上得来终觉浅，绝知此事要躬行"又往前推进一步。

王阳明把知和行统一起来，认为知和行是同一事物的两个方面，而不是两截事物。"真知即所以为行，不行不足谓之知。"私欲导致知行二分，"此已被私欲隔断，不是知行的本体了。未有知而不行者。知而不行，只是未知"。在王阳明看来，有些宦官、官僚地主口头上大讲忠孝，实际上不忠不孝；他们不是不知道忠孝，而是不去行忠孝。这样把知行一分为二，其危害很大。

经过实践检验得来的知，才是真知；同时行当中贯穿了明觉精察，而不是懵懵懂懂任意去做，这才是真行，知行互摄，知行一体，相互统一，在时间上共继、空间上共居，切不可把知和行分离开来，当作两件事情去做。王阳明的知行合一，从知道到做到，然后到沉浸式体验，形成一个完美的循环。

如果说"圣人之道，吾性自足"，那为什么很多人并没有成为圣贤呢？王阳明认为，根源就在于被私欲掩蔽了本性，将"知"与"行"截然分成了两件事。他认为知行本自合一，不可分为两事。这就好比我们称赞一个人知孝知悌，必然是他已经做过孝敬父母、敬爱兄长的事情；又好比知痛，必然已经痛了；知寒，必然已经寒了。知行如何分得开？此便是知行的本体，不曾有私意隔断的。所以说，知是行的主意，行是知的工夫；知是行的开始，行是知的成果。知与行是关联的。知道却做不到，等于不知道。

王阳明认为，世间有两种人，都没有真正理解"知行合一"之旨，没有真正贯彻落实"务实力行"精神。一种人"懵懵懂懂"，只顾稀里糊涂地随意去干，整天恣意而行、任性所为，全然不去省察克制，而只是一味地胡作非为，因此必须说一个知，他才能行得端正。另一种人"茫茫荡荡"，整天只知道海阔天空、漫无边际地思考，浑然不顾切身力行，只是一味地捕风捉影，所以说一个行，他方能知得真切。

要知行合一，重在躬行。"人若不去躬行，即讲究的道理十分明白，终是拽口空咽，望程遥度，学者辨之。"所谓知，便是行之始，知而不行只是未知；所谓行，便是知之成，将那些东西思考明白、了解清楚才开始行动，意在强调知与行的统一，如此才能有所成就。他指出"知"之明觉精察乃"行"之真切笃实的结果，强调若不真切笃实去做某事，不只是"知而不行"，根本就是"未知"。

徐爱最先记录王阳明讲学的内容，辑成《传习录》一卷。徐爱与王阳明在江西的交往与讲学，使得阳明之学在江西扎下了深根。徐爱在《传习录》上卷的引言中说，我有幸经常接受先生的教诲，才知先生所求的"道"，接触到它好像很容易，但思量仰望它又愈见其高妙；表面看好像很粗浅，可是探讨起来，又是那么精深；学习掌握的时候好像就在眼前，可是发现完善起来又是那么无止境。

徐爱是与王阳明交往十分密切的学生，王阳明和徐爱的出生地都是浙江余姚，他们是学术上的师生、生活上的朋友、心灵上契合的伙伴。

他们虽然相隔甚远，感情却从未减弱，反倒因为长久的别离而变得更加真挚。王阳明戎马倥偬之余，跟徐爱的书信往来频繁。徐爱常劝他打完仗就赶紧回来。王阳明叹道：这也是我的愿望啊！但他的愿望往往无法实现，打了一仗还得再打下一仗。

他们的关系可比之于孔颜，"尔与颜子同德，亦与颜子同寿"。徐爱21岁时拜36岁的王阳明为师，王阳明46岁时，仅31岁的徐爱就过世了。王阳明在军中惊闻徐爱去世的噩耗，伤心欲绝，两天不吃不喝。他经常怀念徐爱，在学生面前提及徐爱的种种，"先生每语辄伤之"，思念备爱之情溢于言表。他后来赞成弟子们编写《知行录》，未尝不是为了完成徐爱未竟的事业。

王阳明的主要著作《传习录》，是一部讲学语录，篇幅不算大，但可以视作中国哲学史上的经典之一。"传习"二字，取自《论语》。曾子曰："吾日三省吾身，为人谋而不忠乎？与朋友交而不信乎？传不习乎？"语录体的《传习录》，读之亲切、生动，平添了几分古朴雅致之趣。倾心阅读这些语录，如同与伟大的心灵直接对话，不免顿生崇高感与敬畏感。

阳明先生 说)))

问难愈多，则精微愈显。

格物即格心，做正每件事

东晋时有一位廉吏吴隐之，曾任中书侍郎、广州刺史等职，人品极佳，奉为廉吏。吴隐之赴广州刺史之任，路过石门，有一泓清澄明澈的泉水，叫作"贪泉"。传说饮此泉水，"贪心乃生"。吴隐之认为，贪与不贪，并不在于一泉，没有饮贪泉水的人，也会照贪不误。所以，贪泉只是那些贪污的人的一个挡箭牌。于是他偏不信邪，对身边亲人说："不见可欲，使心不乱。越岭丧清，吾知之矣！"说毕，坦然俯身，拿起勺子盛了些水，酌而饮之。

饮贪泉水后，吴隐之即兴赋诗言志："古人云此水，一歃怀千金。试使夷齐饮，终当不易心。"在吴隐之看来，就算贪泉之水，酌之确使人变贪，那也只对"见可欲，心则乱"的人起作用，如果让品行高尚的伯夷、叔齐来喝，也绝不会改变初衷。"贪泉"之水并没有致人贪婪之功效，而只是贪婪之人借以掩饰的道具而已；真正贪婪的是人的心，真正无法抑制的是人的欲望，如果人心贪欲无度，那么恐怕不喝"贪泉"之水亦照贪不误吧。

一个人做好事源于内心，做坏事也源于内心。一个人贪与不贪，在于自己内心的修养，而不在于外在的条件。人之所以变贪，最重要的还是因为自己的思想操守不坚。同是贪泉，有人喝了则神清气爽，高风亮节。如同王勃在《滕王阁序》中所言"酌贪泉而觉爽，处涸辙以犹欢"。吴隐之一生为官四十多年，在那种无官不贪，遍地污浊的环境里，都能出淤泥而不染，恪守清正廉洁。

世事洞明皆学问，人情练达即文章，最难的或许是"洞明"二字。在世间，许多人为追求物质享受、社会地位和显赫名声等身外之物而心力交瘁，疲惫不堪，大都忽略了自己的内心，不能明白万事以修心为先的道理。修心性的正确途径是在事上磨。身是通过贪嗔好恶来绑架心体，进而影响行为的。只有注重反观觉照，把这些私欲全部除掉，心才能恢复自由的天性；内心纯良，外放的行为自然也是纯良的。

阳明心学以修心性为先，感知到贪嗔好恶的攀附，"发而皆中节"，应对人性事变游刃有余。王阳明《传习录》有言："格者，正也，正其不正以归于正也。"格，就是校正，发现身边不正的，加以校正，使其回归到正。做人若问心无愧，坦坦荡荡，对于每天遇到的各种突如其来的状况，也能恪守君子风范，一心不动，泰然处之，而不会被其搅乱心境。

王阳明对"格物致知"的含义有个创新的解释：格者，正也；物者，事也，格物就是正事。如果目的是尽善，就在这事情上去做，是使不善得以纠正；目的在于除恶，就不去做这件事，是摈弃不正以归于正。王阳明说："'格物'的'格'就像孟子所说'大人格君心'的'格'，意思是去掉内心的邪念，以保全本体的纯正。"格物并不是简单地、盲目地探寻外部世界的规律，不是"悬空"的"致知"，而是听从自己的良知，体现于事事物物，把每一件事情作正，使所做的事情不要违背自己的良知。

朱熹的格物致知，实际上是要人们一味地向外部世界探寻，让人们受制于外部理的支配，而忽视了内心世界的完善和强大。现在人们在言谈之中，虽然嘴里讲着天理，不知道心中刹那间藏着多少私欲，还有私欲潜滋暗长但不自知的情况。王阳明《传习录》有言："今为吾所谓格物之学者，尚多流于口耳。"现在和我学格物学说的人，大多只限于口耳相传的方式。把人的不良欲望放在一边不去除，这哪里是格物致知的学问？"自圣人以下，不能无蔽，故须格物以致其知。"普通人没有不被私欲蒙蔽的。良知被遮蔽了，是不能致知也。因此需要通过格物来复原自己的良知。人是万物之灵，是天地之良心，应当统摄外部世界，而不是屈从于外部世界。

王阳明认为，圣人之学便是心学，心学之要在于"致良知"，在于立志为圣。人人都具有成为圣人的潜质和可能，因为人的至善或良知是天地赋予的，只要时时刻刻都把良知放在心上，自己努力向前，以戒慎恐惧之心，克去不善之念，保持心田的洁净，人人皆可以成为舜尧。从这里出发，王阳明提出"天理就是人心"，"心无外物"，充分肯定人的主体性和独立性。王阳明说，良知就是我们思想、行为的主宰者，而不是什么别的东西。如果我们被不良欲望左右，是因为我们主动放弃了做主的权力。他说："良知犹主人翁，私欲犹豪奴悍婢。"

从善如登，从恶如崩，意思是顺着自己的善念去行动，就像登山那样困难，需要持之以恒的信心、毅力。顺着自己的恶念去行动很容易，就像山崩一样，一下子就爆发出来，不可收拾。在王阳明看来，从知善到行善、为善去恶的道德实践，就是一个主体自律的过程，动力在内而不在外。王阳明从龙场悟道以来，没有停止过深度思考。这个过程殊为艰难，他称之为"破山中贼易，破心中贼难"，因而王阳明创新"格物致知"说，强调"格物"对主体的反省、荡涤、祛蔽、修炼等工夫，去除小我、私欲，达到"良知"境界。王阳明说："天下之物本无可格者，其格物之功，只在心上做。""致知格物"是通过生活实践磨炼，层层剥落私欲和积习，使此心澄澈通明，心如明镜，呈现光明。他在一首诗中写道："却惭幽竹节逾劲，始信寒梅骨自真。"

修身、齐家、治国、平天下，此乃儒家文化中传统的道德理想。

"修身"居于人生事业的第一位，"欲修其身者，先正其心"。只有保持自身良好的品德，以此约束自己的行为，才能实现人生价值最大化，以良好的口碑传世，成为赢家。由此可见，对于立志创出一番事业的人而言，无论是奋斗的过程还是成功之后，良好的道德修养都是不可或缺的。王阳明认为，"良知"作为人内心的是非准则，具有知善去恶的能力，人们能够凭借它辨明是非善恶，会影响他的言语、行为以及为人处世的原则，小则影响他在利益与仁义之间的取舍，大则影响他的人生道路是荆棘满布还是一片坦途。

人可以掩饰自己的想法，却不能永远伪装自己的一言一行。把人生当作一次没有彩排的正式演出，认认真真扮演好自己的角色。能通透地知晓世间的道理，真切地把握为人处世之道。王阳明《传习录》有言："人但得好善如好好色，恶恶如恶恶臭，便是圣人。"一个人只要做到好善像好色，厌恶像厌臭，就是圣人。真喜欢善，是没有一念不是善。王阳明强调："善念发而知之，而充之。"善念一动，自然察觉，务必扩充它；贪念一动，自然察觉，务必遏制它。只要我们能够日日自省，坚持在事上"磨"，净化内心的污垢，便能摆脱各种诱惑的困扰，使自己的内心强大起来，才会问心无愧，"吾心光明，亦复何求"。

习近平总书记在很多重要场合中都谈到阳明文化。在河北省调研，在中央党校讲话，在博鳌亚洲论坛演讲，在贵大中国文化书院讲话，在参加十二届全国人大二次会议贵州代表团审议，在上海考察，在孔子诞辰2565周年国际学术研讨会暨国际儒学联合会第五届会员大会开幕会上讲话时，都提到了王阳明的"知行合一"和"致良知"，对阳明文化的评价很高。2021年2月，习近平总书记到贵州考察，再一次向贵州的同志提出要求，要重视、研究阳明心学的时代意义。据不完全统计，习近平总书记谈阳明文化已有30次之多。

阳明先生说)))

自圣人以下，不能无蔽，故须格物以致其知。

不是悬空的致知，致知在实事上格。

庐陵赴任，重在践行

漫漫人生长路，沿途有风景也有风雨，有快乐也有苦痛。走这条路是不断学习、求索、超越的过程，是不断扫除污点、改正错误、追求光明的过程。正德五年（1510），王阳明贬谪龙场期满，朝廷便命他任庐陵知县（七品）。在宦官刘瑾、焦芳等人的"操作"下，王阳明任庐陵知县算是万幸了。王阳明带着学生出贵州，顺沅江而下，到了沅陵。据当地的县志记载，王阳明很喜欢这个地方，"阳明喜郡人朴茂，留虎溪讲学，久之乃去"。王阳明到了庐陵赴任，虽然只是"七品芝麻官"，但也是一方的负责人，是他第一次也是唯一一次担任地方行政主官，责任重大。王阳明曾在《书赵孟立卷》中认为："郡县之职，以亲民也。亲民之学不明，而天下无善治矣……唯夫明其明德以亲民也，故能以一身为天下；亲民以明其明德也，故能以天下为一身。"

王阳明首次把其心学思想付诸实践，秉承心外无理、知行合一的理念，将良知视为一种判断是非善恶的标准，亲民爱民，勇于担当，赢得庐陵人民的拥戴。王阳明十分强调行在认识过程中的重要意义。他常把行解释为"体究践履""实地用功"，只有实际去做，才能真正知。这里的"行"不是"懵懵懂懂的任意去做",而是建立在"思惟省察""精察明觉"的基础上。

王阳明上任不久,就遇到棘手的突发事件:许多人涌进衙门,一片喧哗,有的在哭,有的在喊。有的官员建议将这一帮"刁民"撵走。王阳明想老百姓到县衙门来,或许是遇到了困难,或许是蒙受了冤屈,自己是当地的"父母官",怎么能将他们赶走呢?只见王阳明静静地坐在那儿听,原来这些人诉说缴不起太重的税,诉求宽贷一种税赋。

王阳明走下公堂,找了几位老成持重的人了解事情的来龙去脉。庐陵县的赋税负担增加了三倍多,民众不堪重负,尤其是庐陵本地不产葛纱,也要缴税,情况更为严重。王阳明认为,如果"坐视民困而不能救,心切时弊而不敢言",还要自己坐到知县的位置上干什么呢?于是他立即开口表态:朝廷派我来庐陵县做官,如果确有不平、不是之处,我一定为大家作主。这个葛纱税不合理,今年免掉,庐陵百姓可以免缴!请愿民众对王阳明感激不尽,纷纷散去。

王阳明很快了解到问题的本质。原来,三年前庐陵来个姓王的太监,担任税监。此人为搜刮民财,增加了一些税种,这个葛纱税就在其中。王阳明立即向吉安府上级财政提交报告,要求免除一切不合理的负担。给吉安府写的信,其实是写给王太监看的:你在吉安府花天酒地,压榨百姓,百姓悲惨。如出现百姓造反的严重后果,全是你的责任。王阳明最后说:有什么事、有什么责任由我本人来承担,可以立即将我罢官,你要有意见,冲我来。王太监看到这封信后,自知理亏,又打听到王阳明这个人很厉害、不好对付。于是对吉安知府说,这个葛纱税就免掉吧。

王阳明上任第一天,体恤人民生活的艰难,解民于倒悬,敢于冒着受到朝廷责罚的危险,当着乡民的面表态免去当年的葛纱税,将自己的生死荣辱放在了一边，此乃真正的事上练，展现了非凡的从政智慧，源于为民众"担当"。庐陵城乡欢呼雀跃，民众对王阳明感恩戴德。

王阳明的内心足够明亮和宽厚，他所经历的一切反而促成了以后的求圣之路。他在任庐陵知县时，把"肃静""回避"署牌改为"求通民情""愿闻己过"的牌子。在任期间，为政不用威势和刑罚，只是把开导人心作为根本，在任时间虽短，却收到良好的效果。这是他龙场悟道后首次践履之成果。

王阳明把"亲民"作为施政纲领。他坚信，只要"为政以德""以开导人心为本"，就一定可以把庐陵治理好。王阳明雷厉风行，很快出台了一系列政策措施。他提出《庐陵县为乞蠲免以苏民困事》建议书，从百姓的角度出发，申请官府取缔某些条款。

针对偷盗事件不时发生的状况，他在庐陵城乡全面实行了"保甲法"。县城内十户为一甲。乡村则以村落为单位，里甲民众守望相助，有盗贼来打劫，则相互救援，对盗贼横行起到了扼制作用。

王阳明到任这一年，旱灾严重，疫病流行。王阳明组织送医送药下乡，号召富户人家出钱出粮，对病人施以医药，相互扶持；教育民众父慈子孝，邻里之间相互扶持、守望相助，共渡难关。他的这些措施，对庐陵今后的火灾防范起到了重要作用。

王阳明担任庐陵知县只有七个月，切切实实处理了很多问题。前面提到了免税、审案，都是如此。总共写了十六份告示，"在县七月遗告示十有六，大抵谆谆慰父老，使教子弟，毋令荡僻"。文化、教育、司法、税收，修建辟火巷，实行十家牌坊制，改革驿站，他把多少任知县焦头烂额的一个烂摊子治理得井井有条、面貌焕然一新。庐陵的成功实践，为王阳明后来成功地治理南赣积累了丰富的经验，也为后来他以吉安为大本营平定宁王之乱奠定了坚实的基础。

恰至此时，一代奸宦刘瑾意图谋反，罪行暴露，被正德皇帝下令凌迟处死，公告天下。自作孽的刘瑾被诛，其党羽也跟着"树倒猢狲散"，或废或黜。看来，天网稀疏，却也不会漏下什么。

正德六年（1511）初，王阳明进京朝觐皇上。他敢于担当的品格，得到了吏部尚书的肯定，将他留在京城做了吏部的验封司主事，为他日后再次升迁埋下伏笔。

阳明先生说)))

　　人须在事上磨炼，做功夫乃有益。若只好静，遇事便乱，终无长进。

在知行合一中磨炼自己

欲使人的言行举止符合一定的规范或是达到至善的境界，则要从其内心入手，不断地内求，没必要去求人心之外的事物。客观世界的种种诱惑会引发人心的跌宕起伏。如果说，每个人出生时就怀揣一个纯粹的心灵入世，那么在社会中历练的过程，便是心灵接受考验的过程。在面对繁杂纷扰的世界时，修身者要使自己的内心留有一汪清水，淡然自若、云淡风轻，不为任何外在事物所诱惑。不安的内心、灰暗的"物欲"、私心和贪欲大概是潘多拉盒子里的魔鬼，稍一松懈，就会侵入人的心灵。发现身体生病了，立即去治疗，不宜拖延时间，医治心病同理，如同王阳明所言："当下即去消磨。"如果忽视了小病的医治，拖的时间长了，就可能变成大病。

当一个人想要获得成功的时候，他的心便指导自身行为，促使其身体为了实现目标而做出一些努力。王阳明《传习录》有言："无非是致其良知，以求自谦而已。"修养无非是发现和守住良知，以求得内心的充实而已。只有当内心不骄不躁，达到了至善的境地，其外在的言行举止才能表现出善的一面。

王阳明心学立言宗旨，贴近现实生活，是人人应致良知，人人可当圣人，比朱熹的规矩教条更有人情味。学做圣人是第一位的，做多大的圣人是第二位的。学做圣人有道，立志、勤学、改过和知行合一是四门功夫，它们相互照应，不可分割，缺一不可。王阳明主张"致良知"，认为只有疗救人心，才能拯救社会，只有每一个人去掉内心世界的"恶欲"和"私欲"，才能解决现实社会问题。王阳明心学启示我们，应把理想信念扎根在本性上，破开生命的桎梏，奠定人生的格局，在知行合一中磨炼自己，努力做最好的自己。

行使权力必须慎之又慎，自我约束必须严之又严。去除私心，不刻意追求什么，对"名"保持平静之态，对"利"保持平淡之心，清正廉洁，如同李白所言"清水出芙蓉，天然去雕饰"，美丽、洁白而无瑕；把好第一道关口，守住第一道防线，毅然与决然地按捺、控制、战胜邪念，不越雷池半步，永葆清廉本色。

精神世界的营造和提升，是大到一个国家和民族、小到一个单位和个人持续追求的目标。儒家讲"修身"，佛家讲"修行"，道家讲"修炼"，其实讲的都是一个东西——"修心"，即营造敏锐的心智，锻造强大的内心。

青年毛泽东实践心学，浸润着身心合一、知行合一的旨趣，体现了务实主张和求是品格。概言之，青年毛泽东受近代心学思潮影响，强调"心之力"的重要作用。毛泽东在24岁时写的"心学"作文《心之力》，表达了改造中国、振兴中华的坚定意志和宏大祈愿。文章开篇就是："宇宙即我心，我心即宇宙。"这句话源自南宋哲学家陆九渊。《心之力》被杨昌济老师打了满分，被称为建国之才的奇文。毛泽东坚持辩证唯物主义和历史唯物主义，同时认为"人心之力"的不可估量，推崇人的精神力量的重要作用，坚信道德和良知的激励和约束力量。毛泽东在写给黎锦熙的书信里，又说过"宇宙之真理，各具于人人之心中"，基本上就是陆王心学"心即理"的化用。（《毛泽东早期文稿》，中共中央文献研究室，湖南出版社1995年版，第85页）阅读青年毛泽东致黎锦熙的信以及相关书信，可见他对博学穷理以能行、必行、果行为根本等知行合一的求学方法的认同。（《青年毛泽东知行观的实践心学阐释》，臧峰宇、何璐维，《湖南社会科学》，2019第2期）毛泽东《送瘟神》中"六亿神州尽尧舜"的诗句，又与孟子的"人人皆可为尧舜"、王阳明的"人人皆可为圣人"异曲同工。

王阳明的"心学"修炼，重在实践，这和共产党人的党性修养有着一致的实践路径。刘少奇同志说过："我们是革命的唯物主义者，我们的修养不能脱离人民群众的革命实践。"（《论共产党员的修养》，人民出版社2009年版，第17页）当代共产党人的党性修养，需要立足于中国特色社会主义事业的伟大实践，把常除私欲杂念、强化党性锻炼作为一生的重要功课，得到持续的推进、提升，做到初心如磐，使命在身，勇厉奋发，刚毅前行。

阳明先生说）))

　　知之真切笃实处即是行，行之明觉精察处即是知。

延伸阅读

冬夜读书示子聿（其三）

陆游

古人学问无遗力，少壮功夫老始成。

纸上得来终觉浅，绝知此事要躬行。

简析　前两句从古人治学的经验谈起，赞扬古人刻苦学习的精神以及做学问的艰难，阐述了做学问应当持之以恒。可谓言之谆谆，情之深深。

后两句诗人提出了一个重要的读书原则，即"知"与"行"的结合，蕴含知与行的辩证色彩，语气坚决，现身说法，强调了社会实践的重要，豁亮人们的耳目：人的认识来源于实践，只有在实践过程中才能不断获得真知。

第三章

致其良知 重在育德

——论良知之心

　　良知是人人都具有的秉性，是每个人独立人格与自我意识的表现。"良知"是一个人内心善良的品格，是天所赋予的是非之心，也是人人都具备的。良知是人类寻找永恒价值的源泉，是人生有价值、有意义的精神家园。人生而具有不必通过学习和思考的"良知""良能"，也就是仁义之心或善性。但"良知""良能"还只是善的萌芽、开端，需要进一步扩充，致良知是一个渐进的过程。"今日良知见在如此，只随今日所知扩充到底；明日良知又有开悟，便从明日所知扩充到底。如此方是精一功夫。"（《传习录》下）"良知"在每一个人身上的表现不完全相同。由于人们在追逐欲望的过程中，私欲把良知遮蔽了。王阳明认为"良知"是可以通过道德修养来完善和回归的。"致良知"就是要找回良知。通过"致良知"的过程，提升道德修养和觉悟水准，将内心中那个是非、善恶标准表现出来。

　　"致良知"是王阳明心学认识方法的核心思想，也是其修养方法的出发点和立足点。对于共产党人的"心学"而言，"良知"就是我们所说的"初心"，就是最初的心愿和信念，亦即共产党人要达到的最高的善的实践，即为中国人民谋幸福，为中华民族谋复兴。

　　致良知即"行良知"，即依良知而实行。王阳明主张将良知推广于事事物物，就是用自己的良知去应事接物，包含着入世精神和经世思想，这正与我们讲的"空谈误国，实干兴邦"相契合。共产党人担负着为民谋福的引领者和主心骨的关键角色，"无我"地为人民服务，让每个人都获得发展自我和奉献社会的机会，共同享有人生出彩的机会，帮助他们实现对美好生活的向往，使发展成果更多更公平惠及全体人民，获得真正意义上的幸福。

从百死千难中得到良知

早在先秦时期，孔子就提出"为仁由己"（《论语·颜渊》）的观点，凸显了道德主体的自觉。孔子的德性思想以"仁"为中心。仁的内涵很丰富，其基本内涵是"爱人"。"爱人"即对人要尊重、关心和体谅，本着一种善良对别人好，与人为善。这种大爱就是仁。孔子对"仁"的表述在《论语》中有一百多处。如"仁者爱人""巧言令色，鲜矣仁"（花言巧语，笑皮喜脸，是缺少仁德的）。孔子要求对人宽容厚道，尊敬他人，人与人之间要互相爱，是作为"仁"之具体体现。

"良知"一词最早由孟子提出："人之所不学而能者，其良能也；所不虑而知者，其良知也。孩提之童无不爱其亲者，及其长也，无不知敬其兄也。"（《孟子·尽心上》）这段论述指的是人人都具有先天的道德情感与道德意识，是不学而能、不虑而知的。婴儿吃奶就是良能；看见孩子落井，任何人都会本能地飞身扑救，这就是良知。在孟子的理解之中，"良知""良能"这种情感实际上就是一个人的"仁义之心"。

其后孟子提出"人性本善"论，高扬了"愚夫愚妇与圣人同"（《孟子·尽心上》）的良知良能。"良知"的概念并非王阳明的独创，而是出自《孟子》。在孟子那里是指先天的认知能力，主要是指先天的道德判断能力、先天的"是非之心"。

明武宗在位16年间，不恤国事，声色犬马，加上以刘瑾为首的"八虎"搜刮民脂民膏，构陷忠义之臣，社会黑暗，群小构陷。正德十四年（1519），王阳明在众寡悬殊的情况下平定宁藩之乱后，不但无赏，旋而更遭张忠、许泰之难，面临内官罗织"暗结宸濠""目无君上""必反"等六大罪名的威胁，随时有杀身灭门之祸。王阳明提出"致良知"学说，是平定宁王宸濠叛乱过程中，对社会背景、自身处境的深切领悟，也是王阳明对现实经历的领悟。王阳明不忧不惧，处变不惊，终于化险为夷。

王阳明在人生逆境的体验中，不断深化完善自己的心学思想，不断向圣贤境界靠拢，使思想几近炉火纯青，这为他正式揭示"致良知"之道打下基础。王阳明经历了龙场悟道，巡抚南赣，平定宁藩，遭遇张忠、许泰和江彬之变，这些困难对于王阳明有深切的影响。其中，王阳明主政江西的五年，参与政治军事活动最为集中，所经受的磨炼最为猛烈，学问变化亦最为显著。50岁的王阳明在磨难中成长，促成了"致良知"之说，这是他成圣贤之路的升华和圆满阶段，凝结了他在种种困难坎坷中痛彻心扉、生死感悟。他认为这是儒家的真法门，简易明白。他感慨地说："某于良知之说，从百死千难中得来，非是容易见得到此。"晚年征思田途中，他写信谆谆告诫儿子正宪，强调"吾平生讲学，只是'致良知'三字"。王阳明对"良知"的自悟自得，是伴随着一番曲折的生活经历和艰难的求学历程的。

良知本身即是私欲习气等的大克星，具有一种不容己地向外扩充的力量。良知是每个人与生俱来的本性，是对每个人的内在价值的肯定与尊重，它与创造性、幸福感以自我肯定联系在一起。良知不是一种概念知识，也不是一外界的实然之理，而是一种先验的当然之理，在事事物物中显现，在客观外界中实现。王阳明提出了从自己内心世界出发寻找良知，把人原本的善性找回来，并充实扩大，乃是寻找心灵家园的法门。"致良知"就是用良知去为人处世。王阳明的解释是，良知可以分清善恶是非，所以这良知就是天理。用自己心中的良知去面对万事万物，万事万物就得到了天理，那么所有的一切就可以和平共处。王阳明提出"良知者，心之本体""心之虚灵明亮即所为本然之良知"，他主张彻底清除私欲之蔽，一丝一毫不留存才行，克服万千磨难，尽量发挥良知的作用，将良知贯彻到日常生活中去。

良知便是"是非之心"

王阳明继承和拓展了孟子的思想，将"良知"引入自己的哲学体系。王阳明认为，良知是人们先天自觉的道德情感与意识。他提出："知是心之本体，心自然会知，见父自然知孝，见兄自然知弟，见孺子入井自然知恻隐，此便是良知，不假外求。"王阳明将孟子的天赋的道德观念意识进一步展开，肯定了孟子所强调的孝悌的伦理道德意识。他继承了孟子性善论的前提，将善的理念包含在良知之中。

良知是人的好恶之心，明善恶，辨是非。在王阳明心学体系中，将孟子四心中处于次要地位的"是非"之心对接于"良知"，跃升至主导性地位，而"恻隐"之心则隐退了。王阳明进一步认为，"良知"便是"是非之心"，就是"好恶之心"，好恶穷尽了是非，是非穷尽了万事万变。王阳明认为，"良知"能指导我们知道什么是"是"，什么是"非"，而且还能引导我们能够"好是"而"恶非"。其前提首先是要分辨人的"是非之心"。另一方面，他又反复致意说良知是真诚恻怛之心，无真诚恻怛即无良知，此道德情感就是仁义礼智的发端，将之善加培养，就能生发出仁义礼智。

王阳明被贬贵州龙场驿时所提的"吾性自足,不假外求",即包含心中有天赋的道德判断。他真正总结并把"致良知"作为思想的核心是在晚年居越讲学期间。他将良知思想进行阐发,并且自成体系。

良知是人类文明积淀下来的智慧、道德与灵性的自觉。王阳明说:自圣人以至凡人,自一人之心以达四海之远,自千古之前以至于万代之后,无有不同,是良知也者,是所谓天下之大本也。"良知"除了具有"是非之心"的内涵之外,还是一种人人都具有的特性。王阳明说,从圣人一直到普通人,从一个人的心一直到遥远的四海之滨,从千万年之前一直到万世万代以后,没有什么是不同的,这就是"良知",也就是所谓的天下的大本。

王阳明认为,《大学》中的格物致知的工夫是平常人通过修养,得以充塞流行,而"致良知"使这一秉性得以毫无障碍地显现。充分发挥自我意识的作用、道德修养的功夫,引导你走上一条圣人之路,去除自己的私欲遮蔽,将自己的"良知"逐步扩充,以达到极致。

"良知"即是"至善",是"心之本体"。在这里,"良知"的内涵相当于孔子的"仁"。现实中正是因为"良知"被蒙蔽,才有了善恶的区分。王阳明认为,人心本性在于无善无恶,人的良知本能是知善又知恶,而格物的追求在于"涤非",不使一念不善潜伏在胸中,亦即格去内心污粕之物,为善去恶。王阳明说:"明明德、亲民而不止于至善,亡其本矣。故止于至善以亲民,而明其明德,是之谓大人之学。"他认为止于至善,是明德和亲民的根本;要亲民,如果不知道止于至善,没有仁爱大公之心,就会成为自私自利和运用权谋智术的功利之徒。只有在止于至善的原则下,去明德和亲民,才是没有问题的,才可称为大人之学。所谓止于至善,就是要尽心、尽性,使自己的本心发显,即所谓致良知。王阳明主张知行合一并进,坚持内心最本真的认识,行动上要坚持外在的行为与良知最深处的呼唤融为一体,使人心无一毫人欲之杂、使人心纯乎天理，强化人的道德主体意识，使人确立自主自觉的道德意识，亦即纯乎天理之本心。

"千圣本无心外诀，六经须拂镜中尘。"王阳明是明代极具魄力的思想大师，同时还是一位被哲学名声所掩盖的性情诗人。王阳明平生诗作甚多，是他波澜壮阔的一生的写照。王阳明在讲学践行"良知"的过程中，以诗歌的形式阐释了何谓"良知"，告诉世人践行"良知"的重要性，蕴含着王阳明的致良知思想。其《咏良知》诗称："问君何事日憧憧？烦恼场中错用功。莫道圣门无口诀，良知两字是参同。"诗中特意拈出的"良知"，正是王阳明一生论学的精要提炼。

《答人问良知二首》，是王阳明有感而发之作。诗中写道："良知即是独知时，此知之外更无知。"王阳明将儒家修身法门——"慎独"为"独知"，就是在人所不知、无人监督时，人的行为及意念也会为良知（知善知恶）所察识、所规范。在此意义上，良知即是独知。王阳明在《咏良知四首示诸生》中写道："无声无臭独知时，此是乾坤万有基。"这首诗是在说良知就是天理，而天理是不能够外求的。无声无臭是天地万物最基础的，也可以说良知便是宇宙的根本所在。《传习录》说："无事时固是独知，有事时亦是独知。人若不知于此独知之地用力，只在人所共知处用功，便是作伪，便是见君子而后厌然。"工夫只能在此隐微向度上用，否则，在"共知""共见"处用功，只能流于肤浅、装点与作伪。

阳明先生 说)))

> 我此良知二字，实千古圣圣相传一点滴骨血也，甘于此良知之说，从百死千难中得来。
> 乾坤由我在，安用他求为？千圣皆过影，良知乃吾师。

你心中有个圣人

历史上朝代更迭，世道变化，然而中国人一直追求圣人的道德境界。各家学说描述了"成圣"的"修炼指南"。儒家学说广大宏博，义理精微。儒家的经典，如《周易》《论语》《孟子》《礼记》《荀子》，希求和赞美圣人的人格。通过道德修养成为圣人，是儒家伦理学说的基石，成为圣人可以说是儒家学说的终极目标。

圣人存在于现实生活中。圣人的精神就是社会成员遵循的伦理道德准则。孟子说："圣人，人伦之至也。欲为君，尽君道；欲为臣，尽臣道，二者皆法尧舜而已矣。"（《孟子·离娄上》）圣人是一个集中体现人类社会各种伦理道德标准的理想人物，是各阶层效法的榜样。孟子鼓励人人向善，提出"人皆可以为尧舜"的名言。（《孟子·告子下》）对于一般人而言，圣人可以学而至也。无论出身是贵是贱，只要保有"恻隐之心"，都有与尧舜等圣人比肩而立的可能性："尧舜与人同耳。"（《孟子·离娄下》）

人与人之间的天赋有所不同，但是每个人都有潜能和优势，都有表现突出的一个方面。王阳明为实现圣人之志亲身实践探索的过程，告诉我们人人都可以成为圣人，并不是高不可及的，这也是个人意识的觉醒，是对人性美好的坚信，体会生命本身的圣洁、温暖和光明。在王阳明看来，圣人不再是高高在上的难以企及的神秘偶像，人人皆可以为尧舜，社会上的形形色色之人，通过努力都可以成为圣人。所谓圣人，就是依天理行事之人，"致良知"之人，能做到心安理得之人。

王阳明《咏良知》云："个个心中有仲尼，自将闻见苦遮迷。而今指与真头面，只是良知更莫疑。"每个人心中都有一个圣人，像孔子那样的圣人资质，我们原本人人都具备。王阳明告诉我们，没有任何一个人是一无是处的，每个人身上都有美好的东西、珍贵的品质。

王阳明在讲学中强调，"人胸中各有个圣人，只自信不及，都自埋倒了"。王阳明对于"人皆可以为尧、舜"解读，更为强调圣人、贤人、愚不肖者以及所有平凡之人的相互平等，是基于他的良知说，因此较多从人人皆有良知的层面，表达他的平等思想。王阳明说："圣人之所以为圣，只是其心纯乎天理，而无人欲之杂……所以为圣者，在纯乎天理而不在才力也。故虽凡人而肯为学，使此心纯乎天理，则亦可为圣人……故曰'人皆可以为尧舜'者。"

良知具有先天性、内在性，而且人人皆有。无论是圣贤君子，还是愚夫愚妇，作为道德实践的主体，都先天具有是非善恶的道德判断力。"愚夫愚妇与圣人同"，但愚夫愚妇因私欲重，良知易受遮蔽。王阳明说"个个人心有仲尼"，"满街人都是圣人"，指向潜在的成圣的人，而非现实的圣人。良知先天现成，良知本身无圣无凡，各人保有良知即可成圣，私欲障蔽明澈的心而迷失良知，便堕凡夫。因此，要想成圣成贤，必须经历一番道德修养功夫，破除私欲遮蔽，扩充、存养"良知"而至极处，使其"更无私意障碍"。

有一次，陈九州、于中等几位学生在虔州（今江西赣州）陪王阳明聊天。王阳明说，每个人的内心里都有一个圣人，只是因为不自信，不相信自己心中有圣人，就被埋没了。即使是盗贼之流，其内心深处也有正邪之辨、善恶之分，之所以恣意妄为、作恶社会，只是因为其受到外在因素的影响，良知被遮蔽，羞耻之心被尘封。王阳明这时候看着于中说："你心中原本有圣人。"……于中笑着接受了："既然老师这么说，我是有个圣人在胸中。"

王阳明又说："良知自在人心，随你怎么变化都不会被泯灭。就算是盗贼，他也明白自己不应该去偷窃。你说他是贼，他也会羞愧的。"于中说："那只是良知被物欲给蒙蔽了，良知依旧在人的心中，不会自己消失。这就如同乌云蔽日，而太阳并不会因此而真的消失。"王阳明说："于中如此聪明，别人的见识是达不到这个高度的。"

在一般情形下，人的良知处在一种怎样的状态之下呢？王阳明有个形象的比喻，将物欲比作云，良知比作日，云虽能蔽日，但日仍然存在，那么物欲虽可以遮蔽良知，而良知在内亦不会消失。良知呈现三种情形："圣人之知如青天之日，贤人之知如浮云天日，愚人如阴霾天日，虽有昏明不同，其能辨黑白则一。可见，太阳是同一个太阳，不同之处在于遮蔽日光之云雾的薄厚，这就出现了昏明不一的情形。人们所要做的，就是将蒙蔽良知的欲望去除，如同让太阳走出云雾，自然就会光芒万丈，亦即"复其本体矣"。这样，一般民众只要能摒除物欲，使良知显现，都可以成为圣人。

圣人好比精金

王阳明从小便胸怀大志，要读书做圣贤之人。王阳明的学说减小了圣凡之间的距离，剥掉了笼罩在圣人身上神秘的光环，认为现实生活之中，人人都完全有可能成为圣人。王阳明18岁之时，于江西成亲后同夫人回老家途中，拜访了娄谅。娄谅很欣赏王阳明，并且谆谆告诫他：圣人必须通过学习才能达到（"圣人必可学而至"）。娄谅的话语给了王阳明很大鼓舞，深深记在了心底，决心勤奋读书、笃行不怠，最终实现成圣的远大志向。

王阳明以精金之喻作类比："圣人之所以为圣，只是其心纯乎天理，而无人欲之杂。犹精金之所以为精，但以其成色足而无铜铅之杂也。人到纯乎天理方是圣，金到足色方是精。"圣人之所以成就完美人格，他只是做到了内心纯乎天理，而无半点私欲夹杂其中。这就好比精金到了十足纯正，而没有铜铅之类的杂质，才能被称为纯金。人到了与天理（良知）一样纯然，才称得上是圣人；金子到了十足的成色，才称得上是精金。王阳明因问而答，意在说明圣人比凡人高明的地方，不在于他的才能的多寡，而是看他是否存天理而无贪嗔杂念。人的价值在于德性，而不是根据身份地位、贵贱贫富、才能高低来判断。

王阳明的圣人观颇具优越性和灵活性，浓缩了他一生求索与感悟的思想精华。在心学的立场上，王阳明认为圣人并非生而知之、无所不知无所不能，成为圣人的唯一标准是"心纯乎天理"即德性作为，就像炼金而求其足色、纯度，而不在于专门追求知识与才能的增长。王阳明认为，天理在良知那里呈现，良知是对天理的明察，"故良知即天理"。王阳明多次强调："心之良知是谓圣，圣人之学惟是致良知而已。"

王阳明的学圣贤之路，就是追求"足色""纯粹"的功夫，从而打通了学为圣人的通道。王阳明认为良知人人皆有，是圣人之所以为圣的内在根据，由此推演出"人人胸中各有个圣人"的观点，使常人成为圣人成为可能，进而大大提升了民众的主体精神。人人都可以通过"知行合一"的工夫路径，把"致良知"贯彻到日常生活的各个方面，一步一步地实现自己的崇高理想，成为一个纯粹的人。

王阳明学德修养精进，深刻明了"致良知"的学说，心境明朗起来，心胸变得开阔了，已经达到了廓然大公、如明镜止水的境界。王阳明不会当逃兵，他把九死一生、逆来顺受看作是寻求圣贤之路上的一种严峻考验。他只做到自己该做的，不管遭遇多么困苦的事情，都能岿然不动，也不在意别人如何非议、始终不忘讲学，他逐渐地走进古圣先贤所说的洒脱境界。

"人心中各有个圣人"，指的是良知，每个人心中都有。"良知之在人心，不但圣贤，虽常人亦无不如此。"区别只是"常人多为物欲牵蔽，不能循得良知"。但是只要坚信"自己良知原与圣人一般"，努力做"致良知"的功夫，待到致得良知纯全，自然就与圣人一样了。如同每个人的心都是一座金矿，只是成分多少的问题：有的纯度高，有的纯度低，只要好好炼化，努力去除杂质，最后都可以炼成真金。

王阳明认为，在可以成圣这一点上，人不分三六九等，没有高低贵贱，大家都是平等的，只要在自己身上探求，发挥主体意识，就会深切懂得，原来圣贤是人人都可以做到的。一般民众只要能坚定信心，摈除私欲，使良知显现，都可以成为圣人。由此观之，王阳明多次强调的"致良知"，"致"就是去除遮蔽，"致良知"的过程就是去除不良欲望对良知的遮蔽，使光明散发出来，即通过一定的方式去除遮蔽良知的欲望，让良知恢复到本来的状态。

个性很强、又很聪明的王艮，拜王阳明为师后，没有改变傲气。他始终认为王阳明多次说的"人人都可以成为圣人"是遥不可及的。

有一天，王阳明见王艮出游归来，问道："你都见到了什么？"王艮以一副异常惊讶的声调说："我看到满街都是圣人。"这一回答的实际含义应当是：满街人都可能是圣人，或者满街人都潜在是圣人。王阳明说："你看到满街皆圣人，满街人见你王艮亦是圣人。"王艮嘿嘿一笑。爱人者人恒爱之。你心中有爱，被爱的人也会爱你，因而王阳明说"满街人看你也是圣人"。仅一句话，说出了一个人应该具有的修养，激发了学生的良知，也说出了教化世人的最好方式——仁者爱人，感化世人。

"人心中各有个圣人"与"人人皆可为尧舜"具有异曲同工之妙。王阳明说："良知良能，愚夫愚妇与圣人同。"王阳明圣凡一体思想拉近了圣人与凡人之间的距离。他认为良知就在每个人的心中，不必外求。他认为"良知"之心就是人人俱有的道德本心，同时将"良知"比作心中的定盘针，不必向外在寻求，抛弃了自家的良知却从外头去寻找的颠倒错乱之见，每一个人都需要通过道德修养回归良知本体，也就找到了成圣之门。历史上诸多求人不如求己的故事，也说明了在任何时候都必须靠自己的努力，而不是依赖他人的提携和帮助。王阳明在《示诸生三首》诗中写道："尔身各各自天真，不用求人更问人。但致良知成德业，谩从故纸费精神。"王阳明强调圣人"可学而至"。王阳明所理解的圣人是在生活中追求天理、不断磨炼的现实的人。任何人都可以通过修养"致良知"功夫，达到圣人境界。先天良知是成圣之本，后天的主观努力是致良知的关键。

阳明先生说)))

圣人之所以为圣，只是其心纯乎天理，而无人欲之杂。犹精金之所以为精，但以其成色足而无铜铅之杂也。人到纯乎天理方是圣，金到足色方是精。

致良知：心学的根本宗旨

"致良知"是王阳明现实经历的领悟，也是圣人之门的核心所在。王阳明"致良知"学说背景，是宁王朱宸濠平乱过程中社会背景、自身处境的深切领悟。在经历了智擒宁王朱宸濠、疏谏正德皇帝"亲率六师、奉天征讨"失败、"献俘钱塘"等一系列国难级灾难之后，王阳明认为拯救社会唯有良知这一剂良药。1521年，王阳明在江西揭示"致良知"的学说，这其实是基于"人性皆善"的认知。我们学习研究王阳明心学的精辟论述，需要联系他的种种经历，方能了解他话语的深刻真意，进而扩大我们的视野与胸襟，解决我们的身心问题。

致良知之教正是在这种历史环境下提出的。正如王阳明所言："依此良知，忍耐做去，不管人非笑，不管人毁谤，不管人荣辱，任他功夫有进有退，我只是这致良知的主宰不息，久久自然有得力处，一切外事亦自能不动。"又曰："人若著实用功，随人毁谤，随人欺慢，处处得益，处处是进德之资。"他有更为直白的说教："我此良知二字，实千古圣圣相传一点滴骨血也。"他还说："今幸见出此意，一语之下，洞见全体，真是痛快，不觉手舞足蹈……某于此良知之说，从千死百难中得来，不得已与人一口说尽。只恐学者得之容易，把作一种光景玩弄，不实落用功，负此知耳。"

王阳明"致良知"学说成为自己哲学的核心思想。"致良知"强调个人的主体意识，注重道德践行和扩充，涤荡物欲对良知良能的遮蔽，反对盲目屈从权威。良知在你的一念之间便知是非，这也是你进行判断行事与否的道德标准，合乎良知便正确，否则就错误。王阳明说："吾平生讲学，只是'致良知'三字。"该说晚于龙场悟道，并逐步完善，成为王阳明学说的基础。"致良知"就是"致吾心良知之天理于事事物物，则事事物物皆得其理矣"。"致"在此处包含两层含义：第一"到"；第二"尽，至极"。"王阳明致良知的致字有推致和扩充至极二义。"（参见张学智：《明代哲学史》，北京大学出版社2000年版）这是一个获得与给予的双向过程，包括良知的觉醒和自我彰显，即建立与表达。在格物和处事的过程中，良知的含义得到丰富和扩充。把明白是非、为善去恶之心用在做事和与外物的接触中，使本心得到完善。只有每时每刻去致那良知，将这种良知之天理体现在事事物物中，才可能保证个体修养的趋于至善。王阳明的致良知学说自提出后，便成为心学核心，并对后世产生很大影响。

王阳明不惜憔悴自身，在千磨万击的人生困厄中创立心学。他告诉弟子：如果人人能够时时反思，处处反省，去除私心物欲，那么作为天理至善本性的"良知"就会呈现出来。良知在人心，随你如何，也不能泯灭。他强调致良知是不能离开生活实践的，必须言行一致，说了要做，知了要行，知行要统一，落实在生活和工作中。只要循着良知的指引去做，其行为就合乎道德。王阳明认为，"明明德于天下，是之谓家齐国治而天下平"。王阳明主张统治者应该"致良知"，"致良知"重在明德修身，育人之德，"道德"或"良知"等精神品质对人的自身修养有着陶冶价值，以道德素养达到仁政爱民的境界，为民以善，整个天下便会实现太平。

王阳明有关"致良知"的观点，就能够看出他教育的目标。良知人皆有之，任何人在本质上都无差别，关键在于能否"致良知"。王阳明在《咏良知四首示诸生》云："个个人心有仲尼，自将闻见苦遮迷。而今指与真头面，只是良知更莫疑。"良知不假外求，剔除私智物即可恢复良知本体，充塞流行。

"致良知"是王阳明认识世界的根本方法，也是阳明心学的根本宗旨。王阳明说："随时就事上致其良知，便是'格物'；着实去致良知，便是'诚意'；着实致其良知而无一毫意必固我，便是'正心'。"随时在事上行其良知，就是"格物"；实实在在去行良知，亦即"诚意"；实实在在行其良知，而没有一丝一毫的主观臆断、绝对化、固执己见、自以为是，便是"正心"。王阳明说，每一个人都拥有"良知"，只要能致良知，愚不肖者也会"与圣人无异"。"致良知"就是将自己的"良知"渐渐扩充，然后至极点的过程。王阳明认为，"致良知"须在"致"上下功夫，包括"静坐息思虑"，修养德行，尤其是"事上磨练"，"省察克治"，克除私欲，以便让良知呈现出来，即达到人初始本身具备的良知。

省察指对"人情事变"的自我反省，"克治"则是克服不合道德的思想或行为。因此，省察克治就是通过内心的自我反省，来去除自身的私心杂念，最终达到致良知的境界。王阳明说："省察克治之功，则无时而可间，如去盗贼，须有个扫除廓清之意。无事时将好色、好货、好名等私欲逐一追究，搜寻出来，定要拔去病根，永不复起，方始为快。"王阳明用比喻的手法，生动描述了省察克治的紧迫性、重要性和主动性。反省、体察、克治私欲的功夫，任何时候都不能中断，就像铲除盗贼，必须有彻底去恶、止恶的决心。没事时，将好色、贪利、求名等私欲逐一追究并搜寻出来，一定要连根拔去，使其永不复生，才感到快乐。

王阳明力倡良知是在承认普遍道德的前提下，将其内化，使之与主体意愿相融合一。一个人能否成为圣人，并没有资质上的差别，只要有意愿，通过自身的修养、修为和良好的教育去体认天理，即便是"愚夫愚妇"也能成为圣人。良知是王阳明在人生起伏中不断领悟实践的结果，是他处变不惊、坚持正途的法宝，也是破除人们"心中贼"之良药。王阳明讲致良知，就是指引行动的明灯，其实质就是教人过有意义的道德生活。

立志是致良知的前提，立志为致良知提供了道德标准和心理准备。王阳明认为，良知是"天植灵根""生生不息"，永恒存在于人心之中，这是人的最为可贵之处。"世之君子，惟务致其良知，则自能公是非，同好恶，视人犹己，视国犹家，而以天地万物为一体，求天下无治不可得矣"。王阳明心学强调人的良知来自他本人的内心世界。

"知行合一"是对良知的践履，是"致良知"的方法论。良知作为道德修养的内容不仅要获得，目的是落实到道德实践上运行不息。成圣的根本所在就是"良知"，是以"知行合一""事上磨练"方能达到圣贤境界。"致良知"包括"心上功夫"和"事上功夫"，即内心对良知的体认和行动上对良知的落实。"知"是知良知在自己的心中，已上升为理性原则的"心之条理"；"行"是推行心中的良知不停歇，是致良知的重要环节，也是本体良知的外显。致良知就是将良知本体进行推致，在处世应物中自然而言地体现良知内涵，做到知行合一，在不懈地践行中达到大爱无疆、大善无类的境界。王阳明诗云：

绵绵圣学已千年，两字良知是口传。

欲识浑沦无斧凿，须从规矩出方圆。

不离日用常行内，直造先天未画前。

王阳明这首诗脍炙人口，描述了良知存在的重要品格。后两句的意思是，所谓良知，存在于我们的日常生活当中，不断地发用、流行，主导人们的行为意识；另一方面，良知作为观念存在，是抽象的、不思不虑的，早在伏羲画卦之前就已经存在了。

"致良知"学说是圣人之门的核心所在。"致良知"专就日常生活处指点，强调在日用常行上体悟良知。王阳明曾说："吾生平讲学，只是'致良知'三字。"王阳明还直接告诉后人："人若知这良知诀窍，随他多少邪思枉念，这里一觉，都自消融。"王阳明的弟子就孔子"逝者如斯夫"的名言问他道："逝者如斯，是说自家心性活泼泼地否？"王阳明立刻肯定了这一看法，并进一步指出："须要时时用致良知的工夫，方才活泼泼地，方才与他川水一般。"如果每一个人能够完全遵照自己的"良知"去脚踏实地行事，自觉地奉行心中的道德律令，就不会发生任何违背道德的事情，我们的生活变得高尚而富有意义。

在实践中总结的致良知之说，是王阳明为人类贡献的光明源头。致良知的追求则会让我们的人生格局不断升华，从一种小的格局逐渐升腾到大的格局……致良知已经不是一个简单的认识论，也是实践论，更是方法论。在良知的旗帜下，重新唤醒人类对光明的追求，把一般意义上的知行合一统摄在致良知的范围内，让阳明思想放光芒，让人生之路越走越宽广。

阳明先生 说)))

须要时时用致良知的工夫，方才活泼泼地，方才与他川水一般。若须臾间断，便与天地不相似。此是学问极至处。圣人也只如此。

四句教：独特的演绎

王阳明细读《周易》，沉思"穷天人之际，通古今之变"，使他的心境由悲哀转为愉悦，产生一种生机勃勃的情绪，达到了一种新的精神境界。在贵州龙场，王阳明写成了《五经臆说》，以其反叛精神的"异端曲说"向程朱理学叫板，提出了良知的学说。他说心中有了定盘针（良知），能够真切地指引方向。王阳明所引用的"为善去恶"语，恰与其晚年所提良知心学"四句教"之"知善知恶是良知，为善去恶是格物"相对应。

广西平匪前的"天泉证道"，是指王阳明在所住的庭院里的天桥上解答学生的问题，提出的心学四句宗旨："无善无恶是心之体，有善有恶是意之动，知善知恶是良知，为善去恶是格物。以此自修，直跻圣位；以此接人，更无差失。"传授给弟子的这四句被称为"四句教"，从"心外无物"到"知行合一"，再到"致良知"，对儒家学说有了独特的演绎。王阳明认为，这四句宗旨是纲领性的东西，最终定型了。不论是对初学者还是已经到了圣人境界的，这"四句教"都普遍适用。

王阳明与学生们一起在山水之间游玩，心中可以说是坦坦荡荡，这就是所说的"无善无恶心之体"，可以看作是对心体的一种界定。心之本体，常常是寂然不动的，常常是感而随通的。在"无善无恶心之体"的命题下，存在的可能之维被提到了突出的地位：无善无恶意味着人在后天存在中可以为善，亦可为恶，它所标立的，是存在的可能向度。人的这种可塑性及未来向度，与致知的过程性及功夫的展开有其逻辑的一致性。当学生告诉他前面这块风景秀美的地方时，他为前几日没有买下这块土地而懊悔，这就是所说的"有善有恶意之动"。"意"动了就要祛除私欲，这就是"知善知恶是良知"。当良知告诉他要祛除恶的时候，他便开始沉默，专心致志地祛除心中的恶，这就是"为善去恶是格物"。只有干净而彻底祛除了恶念，我们的心才会保持平静似水，才会淡然面对人生。

"无善无恶心之体"，在认识功能发动之前，无所谓善与恶。无善无恶所突出的可能向度，使后天的功夫成为自我实现的题中之义，从可能的善到现实的圣乃是以后天的功夫为其中介，走入健全的感性生活，享受天理的荣耀、完美和永恒。心体就是驱除了私心杂念的本心。良知是作为心体的存有形态而现身的道德实体。王阳明以镜喻作为理解心体的入手处。"其良知之体，皦如明镜，略无纤翳，妍媸之来，随物见形，而明镜曾无留染。"心体就其本质特征而言，是全体莹彻，廓然大公，可朗现万物；明镜的特质在于皎洁明亮，可鉴妍媸（美丑）。心体就其功用而言，则能感应万物，且凡事一过而化，毫不染滞；明镜的功用则在于随物见形，且一照皆真，不留形迹。就此而言，"无善无恶"四字实是描述心体明莹无滞的本然状态，而"无善无恶心之体"正是镜喻的抽象概括。

学者马寄认为，"心之体"不是"心体"之本然，而是心之"本来体段"。而心之"本来体段"指的是"心体"的外在显用，即阳明晚年的工夫法门——"致良知"。在"无有作好作恶"工夫的引领下，其余三句工夫皆渐次展开：有意作善、作恶乃意之动；洞若观火般知善念、恶念之发是良知，如好色般去为善，如恶恶臭般去克恶方是格物。王阳明、朱熹均言及"体段"。这里"体段"是指臻于圣域后一言一行背后的肃穆深邃宏大的气象。

由王阳明答学生薛侃的提问，可以帮助我们理解王阳明心体之"无善无恶"之意。花草，天地自生，本无善恶，只有观花草者欲心所好者为善，欲心所恶者为恶。因此，"此等善恶，皆由汝心好恶所生"中的心应是欲心，非言心之本体。心体悬隔于实践时，是静而非动的，此时心体未发，与生活情境没有任何关联，表现为无善无恶。生活中的善恶是从具体的事事物物上说的，合我之好者为善，为我之恶者为恶。而心体虽然是无善无恶，但是它有着知善知恶的规定性，能给出善恶的标准，让我们知善知恶成为可能，能给我们的行为提供善的方向和行动的动力。

作为心体之本然的良知，就是先验的道德意识，亦即知是知非之"明觉"。王阳明说："良知者，心之本体。""良知"就是"心"本身的存在物。知是知非、知善知恶，是良知的最基本的功能。王阳明指出："是非之心，不待虑而知，不待学而能，是谓之良知。"王阳明所谓"良知"，首先就是一种判断是非、知善知恶的道德认知能力和道德判断能力。王阳明说："良知只是个是非之心，是非只是个好恶，只好恶就尽了是非，只是非就尽了万事万变。"可见，良知是知善知恶的，以良知为准绳，则善恶自辨、是非自明。

从"知善知恶"到"为善去恶"，是王阳明"致良知"修养论的实现过程。"为善去恶"指涉的是"格物"。对于"格"，王阳明认为："格者，正也。正其不正，以归于正也。""格"指"去其不正以全其正"。王阳明认为，致良知，就是在良知心体上下功夫，不断扩大良知心体的地盘。王阳明曾批评后儒说："后儒不明圣学，不知就自己心地良知良能上体认扩充，却去求知其所不知，求能其所不能。""为善去恶"是王阳明"四句教"中德育思想的集中体现。为善去恶中的善恶观源于本心的良知，要求以良知作为道德判断的标准。

"好恶"乃人情之大端。商朝从商汤开国，到最后君主纣王，共延续600年之久。"商纣暴虐，鼎迁于周。"史书上多次提到微子、箕子、比干劝说纣王荒淫残暴的行为，孔子誉之为"三仁"。

在那"万家墨面"的黑夜，面对"伴君如伴虎"的境况，箕子就是想独善其身，也不那么容易。箕子说："为人臣谏不听而去，是显明君主之恶而自悦于民，吾不忍为也。"于是散开头发，假装疯癫，去给人家当奴隶，受尽屈辱。就这样也没逃脱纣王的魔掌，还是被关进监狱，直到武王伐纣以后才被释放。

周朝建立之后的第二年，武王访问箕子，问殷为什么灭亡，箕子不忍说殷的恶政，不愿回答。武王于是改问上天安定百姓的方法，箕子便向武王讲了洪范九畴——治国的大法，并告诫说："无偏无陂，遵王之义；无有作好，遵王之道；无有作恶，遵王之路。"大意是说，帝王治国之道，不要偏私、倾斜，而应遵守先王的法令；不要有所偏爱，而应遵循先王的正道；不能为非作歹干坏事，而应遵循先王的正路。箕子强调为政者不应依一己之好恶而偏离中正之道。这里的"好恶"指为政者一己之情绪。

王阳明在《传习录》中说良知："人若知这良知诀窍，随他多少邪思妄念，这里一觉，都自消融；真是个灵丹一粒，点铁成金。"人如果知道这良知的秘诀，无论有多少邪念私心，只要有自己的良知察觉，自然会消除，良知可谓一粒灵丹，具备瞬间点铁成金的神效。

须时常控制不良欲望作祟，拂拭心中之尘，使心中升华至无私意杂念。人具有"为善去恶"的本领，亦即格物。如同《大学》所说，"格物"而后"致知"，就是在"格物"的基础上认识事物，亦即内心勾画好蓝图，然后付诸实施，发挥人的主观能动性。

阳明先生说))))

今幸见出此意，一语之下，洞见全体，真是痛快，不觉手舞足蹈……某于良知之说，从千死百难中得来，非是容易见得到此。

在私欲中唤醒良知

王阳明历经百险千难，在50岁时正式提出"致良知"的理论，洋溢着生命的智慧，颇有感染力和吸引力，其目的是要人们去除私欲的干扰，恢复良知之本体。王阳明超出孟子的良知良能学说，开出一条与朱熹理学不同的路径，丰富和光大了儒家思想。如果说，朱熹的格物致知，是即物穷理，由枝叶到根本，那么，王阳明致良知教，是培其根本而达枝叶。王阳明说：然欲致其良知，亦岂影响恍惚而悬空无实之谓乎？是必实有其事矣。故致知必在于格物。

良知人人皆有，并非圣人专有。王阳明认为，良知就是人不依赖于环境和教育而先天具有的朴素情感、道德意识与价值判断。良知是心之本体，良知不分古今，无论圣愚，人人皆有，它是情感的本源。无论是强盗、小偷，还是圣贤、官员大臣，都是有良知的，他们的区别在于自己的良知有没有被物欲所蒙蔽，以及被蒙蔽的程度大小的不一样。当太多的欲望蒙蔽了心灵的光辉，就会承受着"得不到"与"将失去"的欲望煎熬。通过格物获得良知即准则，才不至于让灰尘累积起来。

教育以育人为本，育人以德为本，根本意义在于唤醒良知。王阳明认为，知是心之本体，心自然会知，而知孝悌，动恻隐，便是良知。由此观之，良知没有私意和杂念，是心中最善良的部分。王阳明说："世之君子惟务致其良知，则自能公是非，同好恶，视人犹己，视国犹家，而以天地万物为一体，求天下无治，不可得矣。"致良知，一是指人人皆有良知，良知具足，故而无求于人而做得自己的主。我们只要循着良知去做，就能克服干扰，坚定信念，走在正确的道路上，从而实现人生价值；有的人被蒙蔽了，而修行就是去除蒙蔽，重现良知。二是用良知致人，用良知去关照其他的人。王阳明是思想家，又是实践者。他在各种岗位上，都是既讲学修行，迈进圣人的理想境界；又通过讲课授徒，擦拭别人的良知。

为政者遭遇的诱惑和挑战比常人更多，心中之"贼"的干扰也更大，如何破心中之贼，是为政者必须深度思考的。如果长期固执、有意地去做某件事，人心的本体就不再坦荡平和、了无一物了。王阳明借用镜子来说明这个观点："良知"好比一面镜子，它原本是光明的，一切事物，不论大小美丑，镜子都会如实地反映出来。但是如果镜子长期不用，会变得锈迹斑斑，虽然它还是镜子，却不再能够发挥镜子的作用了。如果我们将镜子的锈迹磨掉，使它重新变得光明如初，那么它就可以发挥镜子的全部功能。

王阳明说过："我辈致良知，是各随分限所及，今日良知见在如此，只随今日所扩充到底。明日良知又有开悟，便从明日良知扩充到底，如此方是精一功夫。"我们致良知，因各人的差异而达到不同的程度。今天达到这样的程度，就根据今天所能理解到的扩充下去。明天又有了新的理解，便从明天理解到的扩充下去，这才是专注于一个目标的功夫，为你的"圣人"提供一条可以行走的路，与你一起走向成功、快乐和幸福。

在王阳明看来，良知虽然存在每一个人心中，本是自然发挥作用的，但最容易被私欲遮蔽。被掩盖起来的"良知"就不能正常发挥其作用，是无法指导我们实践的。要使"良知"的作用能够充分显现出来，真正发挥它指导日常生活的功能，就要去除私欲之蔽。他说过："心体上着不得一念留滞，就如眼着不得些子尘沙。些子能得几多，满眼便昏天黑地了。"人心的本体留不得一点杂念，就像眼睛里进不了一点沙子一般。不需要太多的沙子，就足以让双眼昏天暗地看不清东西。因此，要复心体之明，就要去除私欲之蔽，"使良知致其极"，即"扩充良知至其全体呈露"，没有"亏缺障蔽"。正如王阳明所说："吾辈用功，只求日减，不求日增。减得一分人欲，便是复得一分天理。"

王阳明做庐陵知县时，亲身践行知行合一、致良知，为政"不事威刑，惟以开导人心为本"。当时庐陵这个地方很乱，治安不够好。王阳明在庐陵任职时，捕获了一个强盗头目。强盗在接受审讯的时候，知道自己犯的是死罪，便说要杀要剐悉从尊便。

这个江洋大盗在受审时，对王阳明说："我死罪难逃，就别废话了！"王阳明面对他无礼的态度并无怒气，和气地说："那好，今天就不审了。天气太热，你先脱去外衣，我们随便聊聊。"这个强盗想到脱掉外衣还可以松松绑，就脱去了外衣。王阳明又说："天气实在是热，不如把内衣也脱了吧！"强盗又依了他。

又过了一会儿，王阳明又劝他："把内裤也脱掉，一丝不挂岂不更加自在？"强盗慌忙摆着手说："这可不行，不方便，不方便！"于是，王阳明因势利导："有何不方便？你死都不惧怕，还在乎一条内裤吗？看来你还有廉耻之心和良知，并非一无是处呀！"强盗头目听王阳明这样说，真的感化了，便乖乖地认罪伏法，如实交代了自己的罪行。

"致良知"是王阳明身处困境中历经实践得出的真知。王阳明一向注重德化的作用，倡导"致良知""知行合一"。正德十五年（1520），王阳明在给弟子邹守益的信中，他将"致良知"比喻为"操舟得舵""虽遇颠风逆浪"，只要"舵柄在手，可免沉溺之患矣"。在王阳明看来，没有一个人是一无是处的，每个人身上都有美好的东西、珍贵的品质；良知人人具有，个个自足，是一种不假外力的内在力量。"致良知"就是将良知推广扩充到事事物物，克去了意念中的"邪恶"，就是"知行合一"的完美实行。

阳明先生说)))

> 我辈致知，只是各随分限所及，今日良知见在如此，只随今日所知扩充到底。明日良知又有开悟，便从明日所知扩充到底，如此方是精一功夫。

吾心光明，践行良知

漫漫人生路，应从当下开始。每一个"现在"都是生命中最重要的时光，都需要用心体会。重在当下，一切来得那么真切和实在。王阳明认为，初学者对于修身养性的功夫，应当着眼于当下，循序渐进。昨天的付出是昨天的事，如果今天尚未付出，就不要期待收获。必当从现在做起，日积月累，为实现理想奠定坚实的基础。那些连今天都把握不住的人，又谈何将来。怎样才称得上是精进？说起来其实很简单，把握现在，奋力开拓，认真做好每一件事就是真正的精进。战胜一个不良欲望，就离圣贤近了一步。

以情感为本质的良知是道德法则的根据，为道德行为提供动力，能冲破欲望的阻隔，将道德准则付之于行而为善去恶。王阳明说："心之良知是谓圣。圣人之学，惟是致此良知而已。"立志成圣，而后能坚定笃行且再不违背，是成圣的必然要求。冯友兰在《中国哲学史》中说道："良知是知，致良知是行。吾人必致良知于行事，而后良知之知方为完成。"以是非之知的形式表现出来的"知"，不同于经验领域的具体知识，而是表现为一般的道德意识，并展开为一套内在的理性原则。

"致良知"就是把良知推广到万事万物上，良知的光辉要照亮自身，也要点燃他人的心灯，"致良知"弘扬的是每个个体卓然自立、度己度人的担当精神。王阳明说："所谓致知格物者，致吾心之良知于事事物物也。"致良知离不开具体的生活，致良知必须动静结合，重在"事上磨炼"。"致良知"学说中的"致"字包括两重含义：一种含义是"至"，另一含义是"做"或"为"，是一种动作，是一种状态，是一种结果。"致"良知有学习、寻找、体会、运用良知之意，有达到良知的境界这一结果。

王阳明指出，人的内心和人的行为是相辅相成的、浑然一体。只有我们的内心趋于明亮，有了指引的方向，我们的身体才会随之朝着明亮的地方去，才会有动静相宜之感受。如果我们想关注在一件事物上，我们的内心必然先要静下来，去关注这一件事。

北宋思想家张载是内心光明的人。他的"为天地立心，为生民立命，为往圣继绝学，为万世开太平"名言，言简意宏，传颂不衰，被当代哲学家冯友兰称作"横渠四句"，照亮了无数有志者奋斗的前进道路，成为他们伴随一生的座右铭，激励他们"修身、齐家、治国、平天下"。

经过龙场悟道、凤凰涅槃，那个看来让人迷惑、遥不可及的"道"，原来就在自家身上，可谓踏破铁鞋无觅处，得来全不费工夫。圣人可学而至，且须在自家身上下功夫。这是王阳明在思不通、想不开的人生困窘之际，从悟者生命深处透出、带着鲜活的体验，是具有震慑性的"觉知"，是柳暗花明、豁然开朗之体验，是一种内在精神的充实。

王阳明认为，人的良知固然是未发之中，亦即廓然大公、岿然不动的本体，为个人所共有。王阳明将"良知"视为"心之本然状态"和"明德之本体"；"良知"又是"德性"与"德行"的统一，它是"知善知恶"的"知"与切实践履道德原则的"行"之融合。

此外，"良知"也是一种功夫，须以思诚、致知格物、立志、居敬、省察及克治的方式来完成，不可以背离初衷过远，直至浑然忘却了自己当初的目的。应当通过现实生活的体验，在纷繁复杂的外部环境下，敢于接受各种各样的考验、诱惑，才能达到内心的真正平静；只有经历过坎坷起伏，才能有泰山崩于前而面不改色的定力。他建立了一套完整的心学思想，提出了其独创的"良知"思想，提出了自己与程朱所不同的对"格物"、知行关系等基本问题的理解。

王阳明除了建立学校以外，还写下了心学的《教约》，体现了王阳明重视德育工作、注重劳逸结合、授书适可而止、采取因材施教、营造乐学氛围五个方面内容。《教约》中体现的教育思想，至今仍然可以古为今用，具有借鉴价值。

为了让学生们理解和学习心学，他还在赣州写下了《大学问》一书，从心学的视角解读儒家经典《大学》，生动地展现了自己的"致良知"哲学思想的内在逻辑及精神实质。所有对心学感兴趣的人,都应阅读这本书。

王阳明心学的精髓,主要是"心即理""知行合一"和"致良知"。王阳明从龙场悟道到总督两广,其良知说经过不断地实践,逐渐走向成熟。他认为良知先天存在于人们心中,是感性经验与理性思维之结合,是人们思维方式和道德衡量之准则,以致良知去恶从善,知行合一,使百姓成为良善之民,形成仁厚之俗,达到社会和谐,实现长治久安。

王阳明从政成功的实践告诉人们,人民即天理,地方治理,制度先行,需要为政者视民意、民生为天理,亲民爱民,勇于担当,心无旁骛,需要颁发通告、宣传教育。"莫倚谋攻为上策,还须内治是先声","穷搜极讨非长计,须有恩威化梗顽"。唯有如此,所有的制度规范才能入脑入心,落到实处,才有真正的价值和意义。

王阳明在晚年,袒露了清白一生的襟怀。嘉靖六年(1527),朝廷命他为两广总督兼都察院左金都御史去平定广西思恩、田州的诸瑶叛乱。王阳明临出发前,写下这首著名的《中秋》诗:

> 去年中秋阴复晴,今年中秋阴复阴。
>
> 百年好景不多遇,况乃白发相侵寻。
>
> 吾心自有光明月,千古团圆永无缺。
>
> 山河大地拥清辉,赏心何必中秋节?

王阳明一生经历了多年磨砺,用生命来探索并实践成圣之道,"良知"已经修炼得炉火纯青,他一心为国家、为百姓,忠心耿耿,他的心无时不光明,可以跨越时空的限制,达到"千古团圆永无缺"的恒久境地。他临终之际，只留下八个字的遗言："此心光明，亦复何言！"
这是何等光辉的圣者气象，让人高山仰止！

阳明先生说)))

> 夫人若知这良知诀窍，随他多少邪思妄念，这里一觉，都自消融。
>
> 如人走路一般，走得一段，方认得一段；走到歧路处，有疑便问，问了又走，方渐能到得欲到之处。

立志成圣，常修明德

高尚的品德与出众的才能，犹如鸟之两翼、车之两轮，是获得成功的两个必备条件。品德好的人自带光芒，那是立世之本。《诗经·小雅·车辖》说："高山仰止，景行行止。"意思说品德像大山一样崇高的人，一定会有人敬仰他；行为光明正直的人，一定会有人效法他。儒家圣贤们十分看重人的品德，认为品德比才能更重要，看重"赢得身前身后名"。"重德"作为中国历久弥新的价值观念，已深深嵌入中国人的个人修养、社会理想和人类情怀。

王阳明和朱熹说的都是同一个道德问题，区别在于王阳明注重人内在的主观因素，恪守良好品德，以此各种约束行为，努力实现人生价值最大化，成为真正的赢家，以良好的口碑传世，而朱熹更偏重外在的客观因素。

　　立德居于建功立业、著书立说之前，修身方能齐家治国平天下，有了德，才会有高远之志，才会有人生奋斗的方向。《大学》开宗明义云："大学之道，在明明德，在亲民，在止于至善。"如果一个人的有才华而缺品德，那么圣人连看都不会看他一眼。当德与才不可兼得时，当舍才而取德也。以德为先，德才兼备，才是真正的人才。《尚书》有言："作德，心逸日休；作伪，心劳日拙。"如果一个人在积德做好事，心地坦然，无忧无虑，就会一天比一天顺心；反之，如果一个人整天弄虚作假干坏事，用尽心机，藏奸饰伪，处境只会越来越窘迫。

　　五代时期的宰相冯道在宦海生涯中，灵活处世又能坚守道德，成为官场上的"常青树"。他在《偶作》中写道："道德几时曾去世，舟车何处不通津。但教方寸无诸恶，虎狼丛中也立身。"他在《天道》之中也表示了他坚守道德、持心以正、为民办事的情操："穷达皆由命，何劳发叹声。但知行好事，莫要问前程……"德行的力量是很大的。德高的人，得人心。

　　王阳明谪居龙场三年，使他最受感动的是那些朴质无华的"夷民"，他们非亲非故，却能拔刀相助，为他修房建屋，帮助他渡过难关。这与京城中"各抢地势、钩心斗角"的情况相比，有如天渊之别。从龙场的百姓身上，王阳明看到了质朴的赤子之心，体味到人间真情，深感"良知"之可贵，愈发坚信：天理不在我心之外。

　　王阳明心学以心为根本，讲心与理的同一性，理不在心外，与心本就是现实统一的，为道德主体的挺立。践行道德规范是道德主体"良知"的自然发用流行，打通了外在事物之理与人内在本有的伦理的关系，使得普遍之理与个体之心在道德践履过程中相互融合。朱熹认为，天理是外在于人心的，提出以外在天理作为伦理规范的最高标准，忽视了主体的情感、意志、信念等非理性因素，这就必然导致心中固有的伦理和外在事物的道理如何融会贯通的问题，也就必然导致强调天理对人心的外在强制作用，而忽视人之本心。

修身的本质是一个长期与自己的恶习和薄弱意志作斗争的过程，是自我改造、自我提高的过程。儒学所倡导的"正心修身、平治天下"的"内圣外王"修养之道，既强调涵养心灵，又不失进取精神。北宋思想家邵雍在《洗心吟》中说："尘垢用水洗，邪淫非能淋。必欲去心垢，须弹无弦琴。"不要担心没有职位，而要担心品德没有修养好；不要忧虑贫贱，而要忧虑道德修养不够厚实。"先莫先于修德"（西汉黄石公）把什么摆在前面也没有把道德修养摆在前面重要。做人、为官、交友靠的是自己的德行。从政道德修养较差的人，容易违背道德规范，陷入非道德行为的泥潭。

越是功高劳苦，越是要正心修身，淡化对物质、金钱、地位、名利的追求，让心灵脱尽尘埃、充满光明。王阳明认为，"致知"（求诸内心的天理）要通过"格物"（即道德实践行为）来实现，必须在事上磨炼，发挥出智慧和潜能，提升其智慧、能力。他反对离开实事悬空去修养道德意识，因而是具有实践性的。

王阳明认为做官比不做官更要严格要求自己，要具有不做官人十倍的修养。他指出，人当了官就容易滋生坏毛病，因为少有人约束他，多有人恭维他甚至吹捧他。他告诫学生，当官者要有真朋友切实地时时提醒敲打，应从根本上警示。不然的话，当初的志向很少有不被潜销暗夺的，会日益接近颓废腐败。

与王阳明同时代的焦芳，为人"性格偏激、心胸狭隘、品格卑下"，阿附阉党是焦芳一生中最大的污点。焦芳将韩文等诛刘瑾的计划告密，失去了一次使政治清明的好机会。焦芳给刘瑾当狗头军师，迫害同僚，扶摇直上，祸乱朝政，收受贿赂，生活极其奢侈，遭到时人和后人的唾骂。后人应以此为鉴，砥砺自己的品行。

如果我们按照圣人的教导自觉地加强修养，磨掉镜子上的锈斑，不断强化为善去恶的功夫，长此下去自然就能够恢复"良知"固有的光明。当我们要处理某一件事物的时候，要遵循"良知"的指引，原原本本地去处理那件事情，心中不应存在任何的利害计较，也就是说要把"良知"贯彻到我们日常生活中的各个方面。

王阳明心学是为官、为师、为人的智慧结晶，是修炼强大自我的思想武器。王阳明继承了孟子性善论的前提，拓展了孟子的天赋的道德观念意识，将善的理念包含在良知之中。王阳明努力实现道德知识（知善）与道德行为（行善）之间"零距离"，这是他一生孜孜追求的"圣人之道"。圣人是天理纯全，没有私欲混杂。学做圣人就是立德，修养德性，而其下手处就是本心。《传习录》有言："必欲此心纯乎天理而无一毫人欲之私，此作圣之功也。"一定要让心充盈天理，不留一点个人私欲，这是求圣学的功夫。要在私欲萌芽前就防范，在私欲萌芽时就克除。不这样做，就会被私欲牵蔽，不能循得良知。须将污垢清扫干净，走出心灵的围城，便能看清本心，走向美好的人生。

人不保持高尚的道德，就无法立身于世间。没有好的道德修养做基础，做事做人虚伪欺诈，人格低下，缺少礼仪，不讲诚信，浑身江湖习气，即使当了官，官品、官风也不会正，从政肯定要跌跤子。"人可一生不仕，不可一日无德"，思想道德的影响力是持久而深远的。因此，我们应当坚持在道德品行、人格魅力上修身，方能成就人生价值。为政者务必一心为公，克服人性中的弱点，摒弃私欲，则心中之贼指日可破。共产党人要牢记"江山就是人民，人民就是江山"的嘱托，把人民对美好生活的向往始终作为自己的奋斗目标，时时观照自我，去除内心私欲遮蔽，不被各种诱惑动摇了自己的信念、内心的善，当好致良知、知行合一的表率。

阳明先生 说)))

世之君子，惟务致其良知，则自能公是非，同好恶，视人犹己，视国犹家，而以天地万物为一体，求天下无治不可得矣。

孝悌为仁之本

中国古代以"孝"作为评判品德修养的基础。与父母之爱一样，孝敬父母闪烁着人性的光辉。公元前11世纪以前，华夏先民就已经有了孝的观念。甲骨文中的"孝"是一个会意字，由儿子用头承老人之手行走，意思是人老了、行动困难，应由子女扶持。《尔雅·释训》言："善事父母为孝，善事兄弟为友。""善事"即好好对待之意。如果说，反哺跪乳是出于动物之本能，那么孝顺是爱慕父母从感性到理性到实践的升华。

"孝悌"是中华民族的传统美德，是国风淳厚之美的重要体现，是家庭人伦的道德天职，是人们内心情感的真挚流露。孝道是人类社会的一个最基本的道德法则，是"天之经也，地之义也，民之行也"（《孝经·三才章》）。《诗经》中说："哀哀父母，生我劬劳。"父母生养我们的时候，辛酸劳瘁，不是一般人所能想象的。因此作为儿女者，若能真切体会父母的深思重德，心灵深处必然会激起阵阵哀伤，孝敬父母之心必会油然而生，随之付诸实践。

儒家道德的最高理想是成为一个"仁人"。王阳明认为，孝道是一个人"仁"的道德品质之重要标志。一个人是否具备仁的品质，主要是看他是否具备"孝悌"的品质。仁是从孝开始。他说："孝弟为仁之本，却是仁理从里面发出来。"他告诫晚辈，读书最基本的是要"仁礼存心"，"以孝弟为本"。在《又与克彰太叔》一文中，他说："正宪读书，一切举业功名等事皆非所望，但惟教之以孝弟而已。"

动天之德莫大于孝，感物之道莫过于诚。"孝"字是一个会意字，古字形像一个小孩儿在老人手下搀扶着老人走路，意即人年老行动不便时由子女扶持。在儒家看来，道德、教育都缘起于"孝"，是人伦中最重要的东西。《礼记·礼运》说，什么叫做人的道理？父亲仁慈，儿子孝顺；兄长温厚，弟弟孝悌；丈夫仁义，妻子顺从；长子贤良，幼子顺服；君主讲究仁爱，为臣讲究忠诚。孝顺要发自内心，不是给别人看的。孔子说过：父母有错时，我们要温和地提醒他们。如果他们不听劝，那么我们就不要再继续唠叨了。但是，不能因为父母有错，我们对他们就不尽孝道。不仅要孝敬他们，而且态度还要恭敬。伺候他们不能有怨言。

有人说，读李密《陈情表》不掉泪者，为不孝。李密自幼丧父，母亲改嫁，4岁时赖祖母刘氏抚养成人。李密侍奉祖母甚孝，名于乡里。祖母有病时，他衣不解带，流着泪守在身旁日夜侍奉；所有的饮食汤药，都由他先尝过，再进奉给祖母。后来晋武帝征召他，于是李密写了《陈情表》："……外无期功强近之亲，内无应门五尺之僮，茕茕孑立，形影相吊……但以刘日薄西山，气息奄奄，人命危浅，朝不虑夕。臣无祖母，无以至今日，祖母无臣，无终余年。母孙二人，更相为命，是以区区不能废远。臣密今年四十有四，祖母刘今年九十有六，是臣尽节于陛下之日长，报养刘之日短也"，表明晚辈对长者的奉养与怜爱，婉言辞谢。晋武帝看到这篇表章后，为之动容，说："士之有名，不虚然哉！"有赏赐他奴婢二人，并下令郡县供给他祖母饮食及所需物品，按时给他祖母送饭。

唐代孟郊一生穷愁潦倒，其《游子吟》写出了游子思念慈母的心情，再现了人性美。"慈母手中线，游子身上衣。临行密密缝，意恐迟迟归。谁言寸草心，报得三春晖。"小草尚知报答春天的恩泽，况为人子乎？

王阳明向儒教的转变，以孝之念是重要原因。王阳明在充满爱的家庭中长大成人，对亲人有着深厚感情。"以一身蒙谤，死即死耳，如老亲何？"当他被奸佞小人陷害、追杀，产生远遁的念头之时，也是念孝亲使他不顾个人安危前往贵州龙场，忍受了百死千难。他曾引《礼记》的话对弟子说："孝子之有深爱者，必有和气。有和气者，必有愉色。有愉色者，必有婉容。"这份爱亲之心左右了王阳明人生的重要选择，对其人生和学术之路有着深刻影响。

王阳明是一个让父母精神愉悦、衣食无忧而躬行孝道的典范。为了奉养家里长辈，王阳明多次向朝廷上乞恩休致仕。在南昌擒获宁王朱宸濠之后，遭遇张忠、许泰和江彬之变，他甚至想到"携父而逃，我亦终身长往而不悔矣"，可见王阳明孝心之诚。正德十四年（1519），他听说祖母患病，上书说："百岁祖母卧病床褥，切思一念为诀。悲苦积郁，神志耗眊，视听恍惚，隔宿之事不复记忆。以是求延旦夕之生，亦已难矣，而况使之当职承务，从征讨之后，其将能乎！"

孝在王阳明的心学体系中具有重要的地位。每个人的内心都具有良知，不需要到外面去求。王阳明有言："父而慈焉，子而孝焉，吾良知所好也；不慈不孝焉，斯恶之矣。"王阳明认为孝是人的一种本能，也是其良知的体现，是一个人生存必备的品质。王阳明有言："舜能化得象的傲，其机括只是不见象的不是。"舜能够感化其弟象的傲慢自大，诀窍在于不去看象的错。"舜自以为大不孝，所以能孝。"舜认为自己是大不孝，所以能够孝顺。

孝敬父母主要源于对养育之恩的感激之情，源于与生俱来的血缘亲情。见父自然知孝，见兄自然知悌。王阳明有言："孝弟为仁之本，却是仁理从里面发出来。"

报父母之养育之恩，是每个子女应尽的义务，都应该而且必须做到。孝是发自内心的情感表达，没有表里如一的孝就没有真心实意的爱。王阳明一家由余姚搬到绍兴时，王阳明隐居在洞中，他按照道家的方法进行静养和修炼，屡屡有离世远蹈念头。某天在洞中静坐，他觉得这辈子最放不下的就是祖母和父亲，于是没有那样决定。他说："爱亲恋亲，这个念头在孩提时代就有了。如果可以弃之不顾的话，就是断灭人的本性。"

由知孝到行孝，是由良知到致良知的过程，也是知行合一观点所要求的。王阳明认为，孝是人之"种性"，是人生而有之、无法磨灭的人性之基。孝是内圣外王的工夫起点。王阳明的孝道观认为，良知是孝悌的本原，孝悌是良知的发用和呈现。尽孝的工夫是致良知，致良知的工夫是格物，即按照良知（孝心）去行孝，"无一毫之不尽"。通过格物，孝之理由内心扩充至"事亲"之事上。对于王阳明来说，无论是回归儒家还是龙场悟道，孝在其中起到了关键作用。

王阳明告诫别人行孝时遵从本心的指引。当脑海中出现不孝的念想，就要立即去除，不能让不孝的念想停留在观念的层次。如果我们将不孝的念想置之不理，这不孝的念想就有可能转化为不孝的行为。王阳明以孝亲经验为基石构建和完善了其心学体系，又常以孝为例证阐述其思想。

若良知无弊，人自能尽孝。王阳明认为，讲孝悌是良知的一种表现。"见父"自然知孝，知孝自然行孝，自然达至尽孝的境界。如果人的心中有私欲遮蔽了良知，使人知孝而不行孝，由此产生恶。"不慈不孝焉，斯恶之矣。"只是徒口说孝却不去行孝，是"妄言"；行孝却没有良知的指引，是"冥行"。知而不行不是真知，行而不知不是真行。此人已曾行孝行悌，方可称他知孝知悌，不只是晓得说些孝悌的话。若是有人对父母不孝顺，将很难得到安详幸福的家庭，也很难成就大业。如果没有孝悌，就不会有仁民、爱物的心。为子须尽孝，尽孝必然要去除私欲对良知的遮蔽。

阳明先生说)))

孝弟为仁之本，却是仁理从里面发出来。

譬之树木，这诚孝的心便是根，许多条件便是枝叶。须先有根，然后有枝叶。不是先寻了枝叶，然后去种根。

以孝安家，让父母宽心

孝敬父母、敬爱兄长，是仁义的根本，道德之核心。无论贫穷富有，何时何地，孝敬父母皆由心生，不由外物。《孝经》云："用天之道，分地之利，谨身节用，以养父母，此庶人之孝也。"利用自然时节的规律，从土地中获取应得的利益，严格约束自己行为，勤俭节约，并且孝顺赡养父母，这就是作为普通老百姓应尽的孝道。

孝顺是对父母发自内心的"敬"，是一种自觉的伦理意识和道德情感。孝行源于父母对子女无私的爱，人生最初感知的必是父母之爱，面对的是家庭内成员之间的关系，对人的爱心也就首先应该施加于家庭成员的身上。这便是孔子所倡导的"孝悌"之道。在奉行赡养父母的义务时，我们要发自内心，真心地为父母做事，不仅体现在"供养"上，而且保持对父母和颜悦色，不可有丝毫不敬之心意与言行。只要用一颗真正的孝心让父母开心愉快，自己也就真正尽到孝道了。另外，我们还要注意用期待孩子对待你的方式来对待你的父母，不要再为一点小事而"色难"。

舜，名重华，号有虞氏，冀州（今河北省一带）人，父系氏族社会后期部落联盟的领袖。舜出身卑微，祖上七代都是平民百姓。他的父亲瞽叟是个盲人，顽劣不善；继母是个没有妇德、言不及义之人，生个儿子名叫象。象为人粗野傲慢，而且讲究享受。

舜儿时不为瞽叟所爱，只要犯一点小过错，就会遭到父亲和继母的毒打。舜心中所想的第一个念头是："一定是我哪里做得不好，才会让他们生气。"于是他更加检省自己的言行，自己承担过错，对父母的孝心依然不改，从不在心中记仇。舜曾经离开父母在历山耕地，因为思念父母和深切地自责，而在田里对着上天号啕大哭，自问为什么不能做到尽善尽美，得到父母的欢欣。每遇荒年，他总是拿些粮食去接济父母。舜信守孝道，20岁便以孝顺闻名了。

父母有错的时候，我们要温和地提醒，但是不能因为父母有错，就不尽孝道。不仅要孝敬他们，而且态度还要恭敬，侍奉他们不能有怨言。"恒言不称老。年长以倍，则父事之；十年以长，则兄事之。"（《礼记·曲礼上》）平时说话不得妄自尊大；遇到年长自己一倍以上的人，当作父辈来对待；遇到年长自己10岁左右的人，就把他当作兄长来对待。柏拉图说："父母最当敬重之，不可不报其恩……父母生我育我，其厚恩无可比拟，故吾当在财产上、身体上、精神上竭吾力以报之。

朱熹的一生，有一大半时光是在奉母治学中度过的。绍兴三十一年（1161）秋是朱熹母亲六十岁生日。而立之年的朱熹却依然如老莱子一般，娱亲奉母。他亲自行祝寿仪，并作诗为母亲庆生。"秋风萧爽天气凉，此日何日升斯堂。堂中老人寿而康，红颜绿鬓双瞳方……熹前再拜谢阿娘，自古作善天降祥。但愿年年似今日，老莱母子俱徜徉。"字里行间满是对顾复之恩的感念和对母亲健康的祈愿。

王阳明完全没有想到他会被贬谪到贵州龙场。他认为在龙场遭遇的艰、难、困、苦，是可以超越的；真正念念不忘、刻骨铭心的，是自己的亲人："采蕨西山下，扳援陟崔嵬。游子望乡国，泪下心如摧。浮云塞长空，颓阳不可回。"（《居夷诗·采蕨》）王阳明用诗的语言，表达自己因没有尽到孝心而感到痛苦，这就是他的孝道。

王阳明把人从外在的教条主义义理与说教中解放出来，重新指向人的内心，人们着重其内心尽孝，亦即真心诚意、自然而然，孝开始回归其本来意义。王阳明认为，孝是善良的人们对其父母真诚的爱，孝敬父母的方式多种多样，求孝道主体必须做到"诚"，在行孝的过程中排除杂念，不能有功利之心。他说："是故以事其亲，则诚孝尔矣；以事其兄，则诚弟尔矣；以事其君，则诚忠尔矣；以交其友，则诚信尔矣。"王阳明有言："父而慈焉，子而孝焉，吾良知所好也。"父亲现在不慈爱是因为自己不够孝顺，整天思索自己到底哪里不能尽孝，所以越发能孝顺。他还打比方说："譬之树木，这诚孝的心便是根，许多条件便是枝叶，须先有根然后有枝叶，不是先寻了枝叶然后去种根。"由此观之，子女在孝顺父母的时候，一定要真心诚意、表里如一。只有出自真心，人才能感知行为的自然真实性。他说："冬时自然思量父母的寒，便自要去求个温的道理；夏时自然思量父母的热，便自要去求个清的道理。这都是那诚孝的心发出来的条件。却是须有这诚孝的心，然后有这条件发出来。"

孝顺要知行合一，从小事做起，注重践履。王阳明说："就如称某人知孝、某人知弟，必是其人已曾行孝、行弟，方可称他知孝、知弟。"只有知行合一才是真正的孝，知孝而不能行孝者不是真正知孝。孝道认知和孝道行为源于"心"，即"良知"，只有切实行孝，才会懂得什么是"孝"。子女在孝道认知与孝道行为是一体的，不可剥离的，应该是发自内心和源于本性，"良知真切"则"不为心累"。王阳明强调孝要及时行动，将知和行紧密结合起来。要常思孩提之时父母是如何呵护子女的，子女才不会忘记孝道。"思父提孩我时如何爱我，今日不爱，只是我不能尽孝，日思所以不能尽孝处，所以愈能孝。"

王阳明13岁时母亲病逝，祖母岑夫人对王阳明有养育之恩。祖母临终，未及一见，不能归侍，王阳明日夜苦切，深感伤痛并一直自责于心，真所谓欲济无梁，欲飞无翼。在其父去世之后，王阳明也因病卧床多日。为父亲守孝期间，他写信时的自称变成了"孤"或者"孤子守仁"，反映了王阳明的孝纯。

王阳明写给养子正宪的家书《示宪儿》，教导子侄修身立德。"幼儿曹，听教诲：勤读书，要孝弟；学谦恭，循礼义；节饮食，戒游戏；毋说谎，毋贪利；毋任情，毋斗气；毋责人，但自治；能下人，是有志；能容人，是大器；凡做人，在心地；心地好，是良士；心地恶，是凶类。譬树果，心是蒂；蒂若坏，果必坠。吾教汝，全在是。汝谛听，勿轻弃！"此文展现了王阳明治家思想之精髓。

孝为百德之先行。一个人正己要从回馈父母开始。王阳明重视对家族子弟的孝教育，敦促他们行孝。孝是童蒙教育的重点。他在兴办教育之时，提出了教育的指导思想——"申之孝悌"，关键出自忠诚的孝心。孝顺是发自内心，由衷而出的。不把爱树立起来，那就不是真孝。只有出自真心，行为才具有真实性。他提出孝子需要做爱亲、敬亲之事，不要计较结果。王阳明的孝道教化是"觉民行道"的重要表现。

"孝莫大乎养志"，父最大的志向是子能成圣。子以成圣为志便是养志，子能成圣是大孝。王阳明事亲就是养志，是最高层次的孝。王阳明在龙场讲学期间，回答了学生傅凤如何孝顺父母的询问：宇宙中最真最好的孝，就是不让自己的父母担心。孝顺父母，物质条件并不是那么重要，重要的是让父母安心。在这个世界上，所有的父母都希望自己的儿女平安、健康。那么将心比心，我们作为儿女，也希望父母平安、健康。要做到这一点，我们要让自己的身心平安，做到"让父母安心"。子女做出伤天害理的事，父母精神肯定受打击。如果是这样的话，子女就是不孝。

王阳明32岁的时候，因病在杭州西湖养病，往来于南屏、虎跑寺庙，见一僧人封闭于龛内打坐、诵经、念佛，有三年之久，也不说话，像呆了一样。一日，王阳明与僧人攀谈起来，询问他家中情况。僧人说有母亲在，没法不想念。王阳明就给僧人讲爱父母是人本性的道理，僧人感动落泪。第二天，他收拾行装，还俗回家奉养母亲。从这一天起，王阳明意识到"存天理，灭人欲"可能是错的。良知是人人生而就有的本性，任何人都无本质上的差别，它属于内在的道德要求，追求的是自觉自愿，而非强迫性的不得已而为之。同样地，践行孝道必须是发自内心，而不是为了孝而行孝，凭借的全是内心的良知，这就是对"孝"的情感认同。无论何时何地，有何种理由，孝心都是不能、也不会被泯灭的。

王阳明还提出了"积善兴家"的齐家之道，变成内心的源泉动力。

"积善之家，必有余庆；积不善之家，必有余殃。"（《易传·文言传·坤文言》）王阳明说："见人之为善，我必爱之；我能为善，人岂有不爱我者乎？见人之为不善，我必恶之；我苟为不善，人岂有不恶我者乎？"如能像爱自己一样爱父母、爱家人，并体现在日常的一些细小的行动上，就是一个懂得孝顺的人了。如果没有私欲，有一颗诚恳孝敬父母的心，冬天自然会想到为父母防寒，会主动去掌握保暖的技巧；夏天自然会想到为父母消暑，会主动去掌握消暑的技巧。防寒消暑正是孝心的表现，这颗孝心没有松懈疏忽，必是情真意切的。王阳明劝诫九弟、十弟及正宪辈以为善之心待人处事，劝导邻居谦让为善，则子孙得福佑。

王阳明把孝道从家庭生活推广到社会各个层面，使孝道具有普遍性。他说："天下之人熙熙皞皞，皆相视如一家之亲。"肯定亲情，但不止于亲情，而是将其扩充、提升为普遍的仁爱之情，将"亲亲"与"仁民"、"爱物"统一起来，确立了由孝及仁，由身、家及天下的实践路向，扩充家庭和谐从而实现社会和谐。这也为我们的现代社会治理提供了有益的启发。

"忠臣出于孝子之门"，是古今不变的真理。一个人在家不孝，就不会尊重长辈和服从领导。求忠臣必于孝子之门，扩充爱父母的情感，爱别人，爱国家，爱天下。孙中山曾说："中国固有的道德首是忠孝。"推己而及人，推人而及物，推物而及天地，均系以此为始基。一个孩子如果连自己的父母都不尊敬、热爱，他怎么可能去尊敬社会的其他人？一个人对父母家庭有真感情，就一定有为国家建功立业的责任感。如同孟子所说"老吾老以及人之老，幼吾幼以及人之幼"，才可能爱他人、爱社会、爱国家。连父母都不孝敬的人，何以用情于民，何以谈得上"称职"呢？

阳明先生说)))

心自然会知，见父自然知孝，见兄自然知弟，见孺子入井自然知恻隐，此便是良知，不假外求。

延伸阅读

橘颂（节选）

屈原

年岁虽少，可师长兮。

行比伯夷，置以为像兮。

简析　屈原的咏物诗，借物咏人咏志，开咏物诗之先河，有独辟蹊径的开创之功。这四句大意是，橘树虽然年少，却可以成为我钦敬的师长；它的品行可以比作志士伯夷；我愿将它作为立身的榜样。屈原以伯夷自比，是借以表现一种坚贞不渝的志节。范仲淹曾书写韩愈的《伯夷颂》，置于伯夷叔齐祠内，表示崇敬之意。

第四章

持纯粹心 做至诚人

——论亲民之心

王阳明为官时，关心民间疾苦，施行仁政，以德济民，"兴礼让之风，成敦厚之俗"，深受百姓爱戴。他任职庐陵知县时，冒着罢官风险上书为百姓请命免除过于繁重的苛捐杂税。对于国家和百姓，王阳明鞠躬尽瘁。为保一方平安，他忍受疾病折磨，辞别妻儿，多次南下平乱，他心怀坦荡，不牟私利，体恤百姓。

在王阳明看来，"大学之道"的核心在于"亲民"二字。"亲民"亦即"仁者爱人"。孔子说："修己以安百姓。""修己"就是《大学》中的"明明德"，"安百姓"就是《大学》中的"亲民"。脱离了"亲民"的治政实践去践行"明明德"，这显然是不可能的。"只说'明明德'，而不说'亲民'，便似老、佛。""明明德"是仁爱本心的觉悟，而"亲民"则是"明德"的要义和最终追求，也就是要达到善治。王阳明心学在一定意义上也是修身之学，是为了提升人的精神境界，培养人的圣贤人格，获得行动的智慧，达到"修己以安人，修己以安百姓"的治世目的。

百姓的口碑就是干部的金杯。人民的利益高于一切，为谋人民的幸福而尽心竭力，是党性的集中表现，是共产党人权力观的根本要求。习近平总书记指出："衡量党性强弱的根本尺子是公、私二字。"官高不泯公仆心，位显愈添赤子情。党员干部要树立人民至上的仁者之心，心系民意与民生，真心听取群众的呼声，真情回应群众的要求，坚持权为民所用、用权讲"官德"，真正把创造人民美好生活作为施政的指向，以一生的真情投入奋斗，自觉为民谋利、为民做主、为民担当、为民造福。

天下善政在于亲民

中国的民本思想起源于夏商，发展于西周，澎湃于诸子之学。周公旦是古代践行民本思想的典范，他时常劝告周武王坚持民为邦本的原则，不搞以君为本、以官为本、以私为本。《尚书》有言"民为邦本，本固邦宁"，强调爱民、利民、养民、惠民、富民。孟子在考察夏桀、商纣王亡国的事例时提出，国家的灭亡源自失去了百姓，失去了百姓，就失去了民心。与此相反，得到百姓就会得到天下，得到百姓的途径就是要得到百姓之心，这样就会赢得百姓的拥护。

孟子提出"民贵君轻"的思想，认为"民为贵，社稷次之，君为轻"。百姓的利益永远是第一位的，只有得到百姓拥护，国家才能安定，君主才能在位子上坐稳。孟子的"亲亲仁民"等"仁政""爱民"思想，要像尊贤爱亲般爱护人民，像父母爱婴般爱护人民，对待人民要"实有以亲之"。这种民本思想是传统文化中的宝贵元素。

唐末诗人杜荀鹤曾任宣州节度使田頵幕僚。他在《自叙》诗中云："宁为宇宙闲吟客，怕作乾坤窃禄人。"这一联以鲜明的对比，表达了人生志向，宁愿安守贫困，做天地间一个隐逸的诗者，也绝不愿意像盗贼一样窃取俸禄，绝不同世俗同流合污。这一警句一取一舍，泾渭分明，掷地有声，震慑人心，表现了诗人的正直品格和高尚情操。

以往的王阳明心学研究者，详论王阳明的"心即理""知行合一""致良知"学说，忽视了王阳明的"亲民"学说。在王阳明心学体系里，有丰富的"亲民"思想，重在强调"政在亲民""顺乎民心"和

"安邦富民"，从民众的需求、情感与愿望出发，以服务人民为导向，以图实现"天下善治"的社会理想。他坚持古本《大学》之首句为政"在亲民"之说，主张"君子贤其贤而亲其亲""如保赤子"。就是说，应像君子尊贤爱亲那样爱护人民，应像父母爱护婴儿那样爱护人民，主张为政者要遵从孔子之"修己以安百姓"。

《大学》有言："大学之道，在明明德，在亲民，在止于至善。"大意是，《大学》的宗旨，在于弘扬高尚的德行，在于关爱百姓，在于达到最高境界的善。王阳明与朱熹的分歧是什么？王阳明认为，朱熹把《大学》"亲民"改成了"新民"，是使令他新，教化他新，引导他新，违背了"亲民说"的本意。轻视甚至忽视解决"亲民"中的现实问题，只能导致片面的"政治说教"，而不能使百姓免于生计之忧。"亲民"从心性而言，是以情感、情义化民，以友情助民，亲亲仁民而爱物，所以比"新民"好。"明明德"代表着人心美好、善良，有光明的本性，只能从"亲民"的具体行为中表现出来。君民一体，民之所好好之，民之所恶恶之　老百姓喜欢什么就去做什么，老百姓厌恶什么就杜绝什么。

王阳明在回答弟子之问时，视亲民为秉政之道的关键。据史书记载，学生南大吉问王阳明如何为政。王阳明答："政在亲民。"于是南大吉将府署莅政之堂命名为"亲民堂"，并说"吾以亲民为职者也。吾务亲吾之民，以求明吾之明德也夫！"

王阳明每到一地任职，均"视下民如己子，处民事如家事"。他奉行"为政不事威刑，惟以开导人心为本"，以德治教化百姓，化风成俗。他任庐陵知县时，免除葛纱税，疾呼为官者要"垂怜小民之穷苦，俯念时势之难为"。他说，如果"坐视民困而不能救，心切时弊而不能言"，那还要自己坐到县令的位置上干什么。他认为，圣人就是要以天地为心，和天下百姓同甘共苦，匡扶社会，救国救民。巡抚南赣汀漳时，他认为"其时盗贼方炽，坐视民之荼毒而以罪累后人，非仁也"。他抱着病躯坚守剿匪一线，扫平为患数十年的寇乱，让百姓安居乐业。

正德十五年（1520），王阳明在江西任职，因江西数月不下雨，七月之时禾苗枯死，王阳明就向正德皇帝上疏，请求免去租税，陈言恳切，如切肤之痛，受到百姓的赞誉。王阳明认为，"亲民"就像《孟子》中所说的"亲亲仁民"，"亲之"就是仁爱的意思。百姓不仁爱，舜就让契担任司徒，"敬敷五教"，让他们互相亲近。

王阳明和贫苦百姓一起生活，深刻地体悟到百姓生存之艰。王阳明说，人能够将天地万物看为一体，是本有的善性和仁心。爱他人、爱生灵万物，把他人和万物视如自己身体的一部分，都是这种仁心善性的表现。善让行善久久为功，成为一种习惯，方能成仁。

王阳明一生始终与百姓保持着亲密的联系，以仁爱之心对待百姓。他曾说，老百姓的一切苦难，都仿佛是自己身上的痛苦一样，如果不知道这些痛苦，就是没有是非之心。王阳明以拯救人民为己任，整顿吏治，赈济救灾，移风易俗，以求长治久安。经他管理的地区都兴旺发达，百姓安居乐业。

志行高洁、忧国忧民之士，不论身居官位还是退居闲处，都不忘社稷苍生，关心民间疾苦，都把百姓当作根本，把民众当作命脉。郑板桥也是一位忧国忧民、爱民如子的地方官。清乾隆年间，郑板桥初到山东潍县当知县，正是连续五年大灾的第二年，他目睹了草木枯槁，逃荒者拖儿带女络绎不绝后，一边向朝廷申报，一边即出仓谷以贷，"活万余人"。

在郑板桥看来，竹的形象是正直、奋进、虚怀、质朴，有气节之寓。竹承载着他的思想，寄寓着他的感情。他在诗中写道："衙斋卧听萧萧竹，疑是民间疾苦声。些小吾曹州县吏，一枝一叶总关情。"从中可以看出，郑板桥在睡梦中都关心着人民的疾苦，牵挂着百姓的冷暖。

民心是最大的政治，赢得民心是执政党最珍贵的资源与力量。习近平总书记在庆祝中国共产党成立100周年大会上的讲话中指出："江山就是人民、人民就是江山，打江山、守江山，守的是人民的心。"党员干部要把热爱人民、为民谋福视为天职，当作座右铭。在任何时候任何情况下，与人民群众同呼吸共命运的立场不能变，全心全意为人民服务的宗旨不能忘，坚信群众是真正英雄的历史唯物主义观点不能丢。

心里装着人民，就要牢固树立起人民至上的群众观。看党员干部素质高不高，更多体现在他对人民群众的感情深不深、为人民群众办事多不多，爱群众之所爱，急群众之所急，办群众之所盼，着力解决发展不平衡不充分问题和人民群众急难愁盼问题，"一件事情接着一件事情办，一年接着一年干"，不畏艰难努力奋斗，锚定目标不懈奋斗，开拓创新投身奋斗，让人民满意、快乐、幸福。

阳明先生说

"亲民"犹如《孟子》中的"亲亲仁民"，亲近就是仁爱。

"亲民"犹《孟子》"亲亲仁民"之谓，"亲之"即"仁之"也。"百姓不亲"，舜使契为司徒，"敬敷五教"，所以亲之也。

爱民者人恒爱之

"仁"是儒家学说中最重要的一个概念。"仁"非仪态风貌，而是一种"爱人"的心理状态。《论语》说："仁者，爱人。"仁爱就是人性中应有的朴素和美丽。孔子有言："推己及人可谓仁之方也。"仁爱思想讲究付出、不计回报，提倡扶危济困、尊老爱幼。孟子所谓"仁人，心也"。"仁"是内在的，爱心之自然流露才是"仁"。为人善良，体现仁爱，推己及人，首先要做到"己所不欲，勿施于人"。清代高廷瑶《宦游纪略》有言："必有一副爱之之心，又必有一副爱之之力……故真爱百姓者，以实心行实政，废一不可也。"

王阳明平生经历跌宕坎坷，历任龙场驿丞、庐陵县知县、南赣巡抚、江西巡抚、两广总督等地方行政职务，他继承了孔孟施仁政、重教化的传统，始终将"治心"当作基层治理的第一要务。在王阳明看来，仁爱也是人性中的"善"，王阳明一生中无论是被贬龙场还是平叛，他始终和百姓保持着亲密的联系，以仁爱之心对待百姓。

正德十一年（1516），朝廷任命王阳明为都察院左佥都御史，不久由"左"改"右"，升为右副都御史，出任南赣汀漳等处地方巡抚。这次任命是提拔，更是重用。王阳明此前都是文职，这个职务可是兼统文武，权力不得了，兵权也在手上，这是王阳明一生中的又一重大转折，为王阳明"立功"提供了平台。从受命到就任，其中包括去余姚省亲，不过四个月。省亲回南京后，正德十二年（1517）正月初三启程，当月十六日便到了赣州，平定江西、福建、广东、湖广接境地区流民的闹事。

从南京到赣州，船经过万安，突然前面一阵喧哗，有数百流寇正在拦截商船，抢劫财物。王阳明上任，官船上就二三十个人，没带多少士兵。他交代大家，把所有的商船组织起来挂起自己的巡抚牙旗，排成阵势，徐徐向前，擂鼓助威，齐声呐喊。这是他有生以来的第二次演练阵法（第一次是在工部督修王越墓，以阵法调动民工），不由心中一阵得意。

这边流寇正在劫船，突然听说对面官军来了，竖着官旗，大声呐喊，杀声震天。那巡抚得带多少兵啊，我们这几百人怎么打得过？居然就此吓破了胆子，纷纷跪拜在岸边讨饶。王阳明对他们讲明大义，劝其改邪归正：你等不该做拦路抢劫之事。本院念你等因贫寒所迫，又是初犯，不予追究，回家正当谋生，等待官府安顿。流寇们听说既往不咎，纷纷磕头谢恩，丢下已劫得的财物，各自回家，等待官府安置。王阳明后来平定了巨寇，兴办了一系列富民教民的实事。

在王阳明为官期间，他对百姓大行"亲民"之道，民间自然觉得朝廷"明德"。王阳明的学生南大吉问政，王阳明答："政在亲民。"于是南大吉将府署莅政之堂命名为"亲民堂"，并说"吾以亲民为职者也。吾务亲吾之民，以求明吾之明德也夫！"王阳明每到一地任职，均"视下民如己子，处民事如家事"，奉行"为政不事威刑，唯以开导人心为本"，以德治教化百姓，化风成俗。经他管理的地区都兴旺发达，百姓安居乐业。后来，他不做官了，又去四川讲授学问，收纳门徒，创立"心学"，以此教化民众。

"良知"不仅是个人成圣的基石，也是建构理想社会秩序的前提。王阳明认为人人都有天赋良知、道德本心。王阳明在庐陵任县令时，曾向当地百姓发过一道文告，其中有一条是要求民众要懂得谦让礼义，以道德良知和礼法规约教化和引导百姓遵守礼制规约，做一个善良的人。王阳明将忠孝仁信等道德观念浸润在每个人的日常生活之中，引导民众增强德性自觉。只有善良才能够让家庭得到安乐，才能够保全财产。他制定《南赣乡约》，倡导"孝尔父母，敬尔兄长，教训尔子孙，和顺尔乡村"。

王阳明弟子黄绾谓先生之学大要有三：一曰"致良知"，二曰"亲民"，三曰"知行合一"。可见亲民思想是王阳明学说的重要组成部分。他在《传习录》中认为《尚书·尧典》中的"克明俊德"就是"明明德"；"以亲九族"至"平章协和"便是"亲民"，便是"明明德于天下"。又如孔子言"修己以安百姓"，"修己"便是"明明德"，"安百姓"便是"亲民"。王阳明首倡"亲民"之学，给弟子们宣讲，鼓励弟子们为政在亲民。他有《亲民堂记》，又解释了所谓"明明德"的内涵就是亲民，明德与亲民为一事，所以立政即在亲民。其文曰："南子元善之治越也，过阳明子而问政焉。阳明子曰：政在亲民。曰：亲民何以乎？曰：在明明德。曰：在明明德何以乎？曰：在亲民。曰：明德、亲民一乎？曰：一也。"

王阳明身上总是有一种无形的能量和磁力，把许多人吸引到他身边。他是一个很有气场的人，有意无意地"迫使"别人认同他的意见。"爱出者爱返，福往者福来。"王阳明晚年回答学生的书信中写道：择其善而从之，就是强调做善行。善待别人，给予他人，就是善待自己，可以体验到快乐。这是抵制贪念的利器。

为他人奉献善心，为社会造福祉，他人和社会必定会以善回报。王阳明带兵打仗，在作决策的时候，都会站在当地百姓立场思考问题，总是从良知出发采取措施帮助人民逃离苦海，并上书朝廷帮助其解决困难。金钱、地位都是身外之物，造福社会才是长久的可行之道。

在工作和生活中，我们只要从仁爱出发，一路与仁爱相伴，生命就会获得本质的诗意和快乐。一个有仁德的人，自己想要站得住，同时也要帮助别人站得住；自己想要事事行得通，同时也要帮助别人事事行得通。如果我们每一个人都能做到亲民利他，每个人都会得到回报，无论君子妇孺，这剂仁之方都同样适用。对于每个人而言，利他方能利己。如果每一个人都能亲民利他，都会得到回报，亦即"我为人人，人人为我"。用一颗大爱之心去对待他人，才是正确的工作交往和人际交往之道。

阳明先生说)))

> 君子贤其贤而亲其亲，小人乐其乐而利其利。
>
> 意在于仁民爱物，即仁民爱物便是一物。

观花除草与扩充善念

王阳明的弟子薛侃，有一次在园子里除草，向老师请教："为什么天地间的'善'这么难培养，而'恶'却很难去除呢？"王阳明回答说，因为心中有善恶之念，引发好恶之心，才导致为善或为恶。如人们赏花时，心里喜欢花，就认为花是好的，自然想把花留下，把草除掉。当人们要用到那些草（如荒山秃岭，要去绿化）时，则又认为它是善的。这样的善恶区别，都是由一心的主观好恶而产生的，因此是错误的。

天地万物生生不息，像花草一样，哪里有善恶的区别？不能以对自己是否有用作为善恶的标准。善和恶在不同的环境和条件下，是可以转换的。凡事不能你喜欢就说它是好的，你不喜欢就说他是恶的。王阳明指出，应该心中无善无恶，告诫世人不从自身私欲出发，而产生好恶之心，不要随感情的发出而动了本心，不能简单以自己的标准去看待万事万物。

王阳明讲得很明白，花草无所谓善恶，善恶只在人心，因而不应当以己之好恶判断花草之善恶。"天地生意，花草一般，何曾有善恶之分？子欲观花，则以花为善，以草为恶。如欲用草时，复以草为善矣。"我们在求索真知的过程中要保持客观的心态，这本身也是一种修炼。王阳明说，无善无恶是天理的常态表现，也就是心里本身是不动的，自然也就无善恶分别。心体的气机发动，也就是"意"的判断动了，这时候才会有是非之心。

一些人抱怨自己受到客观条件的种种限制和束缚，觉得环境"不公平"，精神无法自由，这是因为我们和外物产生了对立，总是站在自我的角度上思考问题，总以自己的标准来衡量外物，就会生出是非好恶之情，给外物贴上是非善恶的标签，淡化善念，弱化善良，变得消极。因此，不要戴着"有色眼镜"看人和事，遇事要做到不动于气。不为气所影响的，也就是不被贪钱好恶攀附的，就是"至善"境界。王阳明认为，至善才是人心的本体，而将光明正大的品德弘扬到至高无上的境界乃是至善也。

播种善心能够激起你的那份善良和美好，得到内心的安静祥和，感受到你给予的温暖，能够使双方之间产生亲切感，双方之间相互的吸引力就大，个人的魅力也就大。在王阳明看来，明白善与恶的差别就是良知，而怀有善念，多做善事，扩充善念，向"恶人""恶事"做斗争，遏止恶念，便是格物，便能穷理。王阳明《传习录》有言："自圣人以下，不能无蔽，故须格物以致其知。""善念发而知之，而充之；恶念发而知之，而遏之。知与充与遏者，志也，天聪明也。圣人只有此，学者当存此。"当一个人的修养停留在口头，不能称之为真正的修养。如果什么也不做，思想也只能停留在浅薄的表层。

实践增多和深入，还在于人的修养是内心与外界碰撞，给予内心世界的信息反馈就会增多，有益于增进良知和修为。王阳明告诉我们，当自己的善念萌发之时，觉察到它，就扩充它，最终成为善行；当恶念在心中萌发之时，须遏制它，清除它。立志就是要辨别善念和恶念，让善念知行合一。懂得扩充善念和清除恶念，是上天赋予人的智慧。圣人只不过拥有这个聪明才智，学者应当学习、感悟和存养这种聪明才智。

让王阳明最为感动的人是彝族首领、水西宣慰使安贵荣。安贵荣听闻了王阳明才学很大、名气很大，连思州知州都栽在他手里，便想结交一下。他得知这位学者正过着水深火热的生活时，就主动提供帮助给予他生活上的照顾，多次派人送钱、粮、金帛、鞍马等给王阳明。这是王阳明在谪居龙场时与少数民族首领的重要来往。安贵荣还经常为王阳明讲述他们民族的文化历史，激发王阳明传道的热情。朝廷在水西修筑城池、设立防卫的事，安宣慰觉得占据了他的腹心之地而表示异议，就此事咨询。王阳明"遗书析其不可，且申朝廷威信"身为贬谪之臣，国家依然为上。

正德三年（1508）夏，王阳明应宣慰使安贵荣之邀，有水西之游，曾至灵博山考察新落成的象祠。王阳明应安贵荣相求，写了《象祠记》一文，表现出了深刻的思想洞见和浓重的人文关怀。

随着王阳明挥舞笔墨，灵动而飘逸的文字蜿蜒勾勒出流光溢彩的词句："……斯可以见象之既化于舜，故能任贤使能，安于其位，泽加于其民，既死而人怀之也……"象曾经不是好人，接二连三想谋害自己的哥哥舜。王阳明认为，品德高尚的舜采用安抚的手段感化象，而不是直接去纠正他的奸恶，就是德化的一种表象，是值得称道的做法。象的人生后来发生了较大变化，被封为诸侯，请了贤人治理这个地方，使得百姓安居乐业。舜允许象祠的存在，显示了他不计前嫌、宽宏大量地待人处事，证明了舜的伟大。同时，品德恶劣的象能够被舜感化，成为一个良善之人。王阳明委婉地指点土司安贵荣治理民众要学习大舜的精神，泽被百姓。

《象祠记》最后，王阳明从心学的角度，对君子修德提出了更高的要求："斯义也，吾将以表于世，使知人之不善，虽若象焉，犹可以改；而君子之修德，及其至也，虽若象之不仁，而犹可以化之也。"王阳明认为，知善知恶的品德可以感化世间的所有人，天下无不可感化之人。君子修炼德性，不能仅仅为了个人，还要教育与感化那些"良知"受遮蔽者。此文通过步步设问，由浅入深，由象祠兴废问题推及做君子的应有之义，推到了"良知"的高度。

语善者是春风化雨、润物无声的温良；行善者是"授人玫瑰，手有余香"的修行。秉持致其良知、与人为善的原则，解救危难中的百姓，王阳明是当之无愧的典范。王阳明的一生中无论是被贬贵州龙场还是官居庙堂高位，始终与百姓保持亲密的联系，通过自己的言行举止（君子人格）感化龙场人民，做到了将心比心，推己及人，仁爱百姓。

阳明先生说 》》》

圣人一生实事，俱播在乐中。所以有德者闻之，便知他尽善、尽美与尽美未尽善处。

善念发而知之，而充之；恶念发而知之，而遏之。知与充与遏者，志也，天聪明也。圣人只有此，学者当存此。

诚心亲民，尽忠报国

王阳明出身于清官廉吏的家境，在儒家思想熏陶的环境中，他认为不亲民就不能治好国。于是，他立志做一些为国家、为人民尽责担当的事。王阳明被贬到龙场之后，虚心向百姓寻问种地的方法。王阳明从"致良知"的理念出发，勤勤恳恳地为百姓办事，又鞠躬尽瘁地为朝廷排忧解难。他是一个真做实事的人，而且行事从远近两方面追求实效，选择最优方案，既着眼于目前，又着眼于长远，践行了"诚于爱民者不徒虚文之举；忠于谋国者，必有深长之思"。

王阳明用兵是为了国家和民生，而不只是为了个人的事功。正德十四年（1519），江西宁王朱宸濠起兵叛乱，王阳明在未接到朝廷委任的情况下主动作为，出其不意，仅用两个月就平定了宸濠之乱。虽有功劳，但各种中伤与毁谤亦接踵而来。权奸江彬怂恿明武宗朱厚照南下江西去平叛。王阳明深知，一旦江彬这些群盗小人到了江西，百姓肯定逃不过一番苦难。为了江西的百姓，王阳明毅然作出"抗旨"的决定——将朱宸濠押往南京，使皇帝在南京止步。王阳明文治与武功并举，成就了不朽功业。

在准备进剿南宁西北部和东北部思州、田州民乱时，王阳明调集湖广、广西的人马，集结在南宁附近。他到当地之后发现民众饥寒交迫，如果再用兵打仗，势必失去民心，遭到无路可走的农民拼死抵抗，双方都会付出较多伤亡。于是王阳明决定："尽撤调集防守之兵，解散而归者数万。"施州、田州两处赵义军首领看到王阳明发布榜谕，得知朝廷并不是要剿灭起义军，就把自己捆绑，和大小头目数百人一起来降。

王阳明在征战中，剿抚并用，以争取获得民心为重。当两广和湖南的瑶族民众暴乱时，王阳明经过躬身调查，认为这是民族歧视的后果。"欲杀数千无罪之人，以求成一将之功，仁者之所不忍也！"因此向朝廷建议改变"以战为主"，"罢兵行抚，则有十善"，"穷兵黩武，则有十恶"，得到朝廷的首肯。

此后两年多的时间，王阳明多次跟暴动首领们和谈，动之以情，晓之大义，使他们走上"更生之路"。暴动首领卢苏等人齐集南宁城下，向官军投降。王阳明发给他们"归顺牌"，一时间"皆罗拜踊跃，欢声雷动"。为了显示王法的威严，王阳明决定让卢苏、王受穿着盔甲接受一百杀威棒。在"不折一矢、不戮一卒"的情况下，解决了这场震动天下的动乱纠纷。

嘉靖六年（1527）五月，56岁的王阳明以南京兵部尚书兼都察院左佥都御史、总督两广兼巡抚之职赴广西平叛途经南安峰山里（今大余县新城镇）时，看到此地匪寇平息后，百姓安居乐业，就将留守的士兵撤走，让他们回家种田与家人团聚，见闻此地商贸繁荣，学风淳正，有感而发，赋《过峰山城》诗，描绘了百姓安居乐业和老幼箪食壶浆相迎的盛景：

犹记当年筑此城，广瑶湖寇尚纵横。

民今乐业皆安堵，我亦经过一驻旌。

香火沿门惭老稚，壶浆远道及从行。

峰山弩手疲劳甚，且放归农莫送迎。

王阳明在治政安民的政事活动中关心民众疾苦、体察民情、关注民生、顺应民意、贴近民心。王阳明说，"夫人君之举动，当以民心为心也""惟民之所欲是从耳""惟吾民之所愿是顺耳"，"民之所好好之，民之所恶恶之，此之谓民之父母"，充分尊重人民的利益，以人民之好恶为好恶，体现人民的呼声，反映人民的意愿。

王阳明真心为民众解决实际问题，受到民众拥戴。学者蔡仁厚说："王阳明的奏疏文字，没有一篇不说到民生疾苦，没有一篇不谈到安定民生，这都是他关心民瘼'视民如伤'的真诚恻坦，而情不由己地发出来的呼声。"王阳明再传弟子李贽所编《阳明先生年谱》载，正德十二年（1517）十二月，"阳明班师至南康，百姓沿途顶香迎拜，所经州、县、隘、所，各立生祠。远乡之民，各肖像于祠堂，岁时尸祝"。

中国共产党来自于人民，为人民而生、因人民而兴。人民始终是我们党由小到大、由弱变强的磅礴力量与坚强后盾。习近平总书记在二十届中央政治局常委同中外记者见面时的讲话中指出："我们要始终坚持一切为了人民、一切依靠人民。一路走来，我们紧紧依靠人民交出了一份又一份载入史册的答卷。面向未来，我们仍然要依靠人民创造新的历史伟业。"每一位党员干部都应在工作岗位上、在日常生活中磨炼自己的品格，心中装着人民，时刻做到大公无私，把人生支点放在立党为公、执政为民上；坚持以清廉形象服务人民，带头严守党纪国法，自觉管住权欲、管住物欲、管住情欲，保持自身清爽、干净、硬气，守好为人民服务的公心，牢记为人民谋幸福的使命，做廉洁用权的"规矩人"。

阳明先生说)))

> 诚于爱民者不徒虚文之举；忠于谋国者，必有深长之思。
>
> 尧、舜、三王之圣，言而民莫不信者，致其良知而言之也；行而民不莫悦者，致其良知而行之也。施及蛮貊，而凡有血气者莫不尊亲，为其良知之同也。

君子养心莫善于诚

"恃宠娇多得自由，骊山举火戏诸侯。"周幽王这个不爱江山爱美人的国王，为了博取爱妃褒姒一笑，竟视国家安危为儿戏，乱举烽火，戏弄诸侯，结果付出了惨重的代价——酿成了惊天大祸，落得个国破家亡，没有了江山，也没保住美人。幽王的"爱情"最终得到了悲惨的回报，而他的故事经过千万人口口相传，似乎也成了"狼来了"的一个闻名的翻版。

用真诚之心为人处世，实实在在做人，真诚守信，是儒家一个重要的道德范畴，是齐家之要、交友之基、经商之魂、治国之道，贯穿个体、社会、国家三个层面。从字义讲，"诚"是真实无伪、真实无妄的意思。《论语·为政》说："人而无信，不知其可也"。在《礼记·中庸》里，"诚者，天之道也；诚之者，人之道也。诚者不勉而中，不思而得，从容中道，圣人也。诚之者，择善而固执之者也。""诚"成为礼的核心范畴和人生的最高境界。《中庸》有一个贴切的形容叫"至诚如神"。当一个人达到"至诚"的境界时，就能够洞悉周围的一切，做到心中有数，继而胸有成竹、游刃有余地做好自己的事情。

心若美好，自有光芒，心若善良，步步生香。王阳明继承了儒家"诚"的传统，求诚信以接"仁义"。"诚"在王阳明的思想中有很多内涵，其中最重要的价值指向是其道德修养方面。他说："大抵《中庸》工夫只是诚身，诚身之极便是至诚；《大学》工夫只是诚意，诚意之极便是至善。"

如果没有诚意，就什么事情也做不好、做不成，就会侵蚀人的良知，失去他人的信任，生命因此变得暗淡无光。人心中有善有恶，"这万丈红尘，最难揣摩的就是人心"。王阳明强调："夫诚者，无妄之谓。诚身之诚，则欲其无妄之谓。诚之之功，则明善是也……故诚身有道，明善也，诚身之道也；不明乎善，不诚乎身矣。"就个人而言，不受真诚导引的恻怛，是矫揉造作，必将流于虚伪；不受恻怛制约的真诚，是任性恣意，必将流于骄横。如果你没有一颗真挚实诚的心，失信于人，就做不出善良敦厚的事。故王阳明在《传习录》中说："故圣人之学，只是一诚而已。"在人的一生中，诚信的品格比能力更重要，比精致的利己主义好得多。

王阳明奉旨前往广西平乱，了解到汉族官兵与少数民族之间的矛盾，是引起当地少数民族起义的原因，于是作出不必用武力镇压的决定。王阳明获知起义首领哈吉的母亲卧病在床，就派跟随自己的医生去精心治疗。哈吉从医生的口中得知王阳明为人、人格高尚。随后，哈吉收到王阳明的亲笔信，劝他从大局出发，以和睦相处为宜，使哈吉心悦诚服。王阳明未用一兵一卒，便解决了平叛问题。

在谈到格物致知和诚意时，王阳明说"若以诚意为主，去用格物致知的工夫，即工夫始有下落，即为善去恶无非是诚意的事"。真诚能够过滤自私和贪争，消除内心的忧痛，开阔狭窄的心胸。因此，必须先有诚意，然后才能在事物上格致，否则就会无从下手。一个人如果弄权耍奸、虚伪掩饰，谁都不想与他做朋友。如果一个人待人虚伪、没有诚信，他终究难以给人留下好的名声。

"黄金台上麒麟阁，混一元勋是贾生。"《宋史》将贾似道列入《奸臣传》中。尽管假话、骗术、招法多么机巧，但毕竟弥补不了不诚实的缺陷。注入水分必然浮肿，掺杂使假必然失真，捣鬼有术必然心虚，虚伪的巧诈肯定要输在不老实上。

对人真诚是一种美好的品格，是"立人之本"，是做人的第一要义。王阳明曾对他的学生黄弘纲说："无事时固是独知，有事时亦是独知。"人如果只在人们关注的地方用功，那就是作假。因此，一个人在这个社会上生存，不要总希冀自己能够瞒天过海，须以真示人，但求无违我心。只有恪守言必信、行必果的人，才能够得到他人的信任与器重。王阳明告诫学生：讲良知，自然就不能容忍不诚实。与人交往时，事先就揣着怀疑的态度，臆想别人不相信自己，这是不诚信的表现。王阳明有言："臆不信、即非信也。"只有淳朴、怀真情、讲真话、守信用的人，才值得认同和欣赏。这种人的"真"字，是至诚的真实写照。

在做任何事情的时候，都要讲究一个"诚"字，亦即发自内心的真诚、至诚，这是为人处世的一项重要原则，是判断一个人品行修养的重要标准，是个体内在修养与外在行为的枢纽。王阳明认为《中庸》大体上讲的就是"诚身"，"诚身"的最高境界就是"至诚"；《大学》大体上讲的就是"诚意"，告诫人们为人处世要有诚意，包括真诚守信。"诚意"的最高境界是发自内心的一切善的情怀，就是"至善"，真正使诚意完全而深刻地呈现出来。

真诚是心的本体，架构友谊的金桥，拉近心与心的距离，消除隔阂和鸿沟，扫出疑惑的尘埃。古代的药铺常常挂着一副对联："但求世上人无病，何妨架上药生尘。"自己虽然是良医，却诉求别人不生病，蕴含着至高的道德境界。王阳明是能文能武、恪守"知行合一"的真性情君子，不是道貌岸然、心口不一、蝇营狗苟之徒。蔡锷说过："惟诚可以破天下之伪，惟实可以破天下之虚。"你恪守纯然天成的赤诚之心，用心去换心，彼此才能心心相印，成为经得起考验的挚友。当你用真诚感动了人们，你也就打开了成功的大门。

阳明先生说)))

> 惟天下之至诚，然后能立天下之大本。
>
> 大抵《中庸》工夫只是诚身，诚身之极便是至诚；《大学》工夫只是诚意，诚意之极便是至善。

把至诚根植于魂

诚信既是进德修业之基，是治国理政之本。只要至真至诚，就可感动天地，促成事业成功。《尚书·太甲下》有言："鬼神无常享，享于克诚。""诚"字意指对神灵恭敬虔诚的感情与态度。《左传·桓公六年》曾言："忠于民而信于神。""信"字指对鬼神的虔诚。《礼记·中庸》中指出"君子诚之为贵"，把诚实看成是做人最重要的品质。

一个人只要真诚处世，不矫揉造作，总能打动人。真诚胜于精明，真诚比精致的利己主义好得多。王阳明认为，天下之至诚是人心的本体，恢复心的本体，就是思诚的功夫。精诚所至，金石为开。王阳明对"诚"的基本规定是："诚是心之本体"，"诚是实理，只是一个良知"。他强调，"不欺则良知无所伪而诚，诚则明矣；自信则良知无所惑而明，明则诚矣"。

真诚是评价是否值得深交的一项重要标准，没有一颗真挚实诚的心，就做不出善良敦厚的事。绕圈子，躲躲闪闪，反易叫人疑心。要手段不如光明正大、实话实说。最优秀的东西就在人们自己身上，但是"大浪淘沙沙去尽，沙尽之时见真金"，大多数人在浮华过后才意识到本色的可贵。"质本洁来还洁去"，不要让尘世浮华沾染了原本纯洁的心灵。人应该成为一块拒绝雕琢的"原木"，保留人性中单纯、善良、朴实的东西，不要让外在的雕饰破坏了自然的本质。一个人若能以本色示人，焕发本真个性，活出自己便是最美的。

王阳明被贬至荒远的贵州龙场，为了生存，寻求圣贤之路，为了摆脱寂寞和苦楚，他经常和当地土著人交流，硬是把这荒野之地变成了乐土乐园。他发现土著人并不像前任所说的那么野蛮，其实他们只是表面上野蛮，而内心的良知根本就没有泯灭，他们跟孩子一样单纯，且为人质朴善良。王阳明迈过语言不通的难题，连比画带说话地教土著人如何耕种土地，如何种植粮食，还教他们利用泥土筑墙，再架木盖房，建屋居住。他还教当地人礼仪孝悌，给他们的小孩儿看手相，为妇女们把脉，为老人们做寿衣，用自己的热情和真诚赢得当地人的信任。如此一来，龙场之民，不分老稚，也都亲近、敬重他，在交往中感受他性格的光彩照人。在王阳明的帮助下，他们住上了像样的房屋。

从春到夏，王阳明带领仆从们一起，每天早起，在田间地头劳动，挑水、劈柴、翻地、种菜，脸被晒黑了，手掌磨出了水泡，水泡破了又变成了茧子，什么得失、成败、荣辱，他都看开了。

王阳明的谦和质朴，很快地获得当地夷人的信赖，老少皆喜与之亲近。当地人觉得先生居住的地方阴冷潮湿，就用王阳明教给他们的办法，从山上砍伐粗大的树木，挑土搬石头，在向阳的栖霞山上，修建一所大房子，看上去大方漂亮，邀请王阳明去参观。

王阳明进入院落，发现整个宅院有居室、有客厅、有书房，还有花园与小路，布局合理，错落有致，堪比江南雅致园林。参观完之后，当地人跟王阳明说，这是给他专门修盖的。王阳明望着拔地而起的新居，看着新居构建者们一张张朴实而欢喜的脸庞，那一双双真诚的眼睛，深深感受到边地民众质朴人性的可贵和可爱，如此善良、正直的朋友，如此和谐美好的生活，夫复何求！于是欣然收下这份厚礼，取名为"龙冈书院"。

王阳明为书院中的亭轩屋舍取名，如"何陋轩""寅宾堂""君子亭"及"玩易窝"，这些名称皆各有典故。"何陋轩"出于当年孔子欲居九夷而人皆以为陋，孔子则言"君子居之，何陋之有"，王阳明便以此而自况，不以居夷处困为简陋，且以君子为自励。远近学子也渐渐知道王阳明贬谪至此，听得新居建成，前来祝贺。

以诚相见，平等待人，就会使对方产生亲近感和信任感。这个世界还是好人多、真诚多。人际交往的一个定律是，你把别人当亲人，别人也会把你当亲人；你快乐着别人的快乐，别人也会快乐着你的快乐；你爱护别人，别人也会爱护你。对人捧出一颗真诚之心，会使人感受到真诚的千钧力量，一生难以忘怀。不论组织或个人，恪守着"吾性自足"的灵明，建立起诚信，就会形成一种无形的力量，成为一种无形的财富，便可求仁得仁，求义得义。讲仁爱、重民本、守诚信等思想，不论过去还是现在，都有其永不褪色的价值。

曾国藩是中国近代史上影响至为深远的一个人物。李鸿章等称呼曾国藩为老师，张之洞、袁世凯、蒋介石尊其为"圣哲"。梁启超、杨昌济、陈独秀等也都对其表示过钦佩与推崇。曾国藩说过："精诚所至，金石亦开，鬼神亦避。"他把"朴诚"当作医治清王朝政治病的一副"良药"，只可惜朝廷早已病入膏肓、无药可医了。百巧输一诚，道出了为人处世的真谛。虚伪的百巧，无论怎样的变化莫测，最终输在一诚上。

李鸿章晚年回顾自己的一生时说：我的老师曾国藩，交给我最重要的东西就是这个"诚"字，这真的是让我受益无穷。曾国藩曾经问李鸿章："你跟外国人打交道，打算用什么方法？"李鸿章说："我跟他们打痞子腔，耍无赖。"曾国藩说："不好，你用一个'诚'字。不管是外国人还是中国人，都是人，人都讲道理。对谁我们都应当秉承真诚。"

诚信是一个人立身之本，廉洁之基，处世之宝。人与人虽有地位与身份的不同，富裕和清贫之差异，但绝无贵贱之分。那种自以为高明，圆滑世故，"谁'有用'就亲近谁"，是不足取的。要用真诚之心对待别人，用仁义之举善待别人。当发现他人有忧愁、痛苦、烦恼时，应主动、迅速、无私地去帮助而不图回报；当看到他人有毛病时，应主动予以提醒和开导，而不在背后看"笑话"、发议论，对别人做了对不起自己的事情，而不耿耿于怀。

阳明先生 说)))

诚是心之本体，求复其本体，便是思诚的工夫。明道说："以诚敬存之"，亦是此意。《大学》："欲正其心，先诚其意。"

心存厚道，宽容他人

与人为善，处人蔼然，宽以待人，没有亲疏厚薄，容忍别人过错，是与人交往的正确方法。"将相顶头堪走马，公侯肚里好撑船。"是否具有不计前嫌的胸襟，关系到能否纳才、聚才和用才，关系到自身发展。"宰相肚里能行船"，不是一句虚话。但凡真正的大人物，都有广阔的胸襟。雅量容人的人，乐观向上，视野开阔，相处不累；心胸狭窄的人，自负自私，猜疑心重，看事偏颇，斤斤计较，一般难有大的出息。

公元前606年，楚国君主逐鹿中原，取得胜利。在班师回到京城后，楚庄王举行庆功宴会，款待群臣，命妃子许姬敬酒助兴。突然，蜡烛被一阵疾风吹灭，席间一片漆黑，有位大臣趁机拉扯宠妃的衣袖，捏她的左手，被宠妃随手摘下他的冠缨，乘机脱身。宠妃向楚庄王哭诉此事，要求查出这个大臣予以重罚。楚庄王想了想，却高声喊道："寡人今日要与诸卿开怀畅饮，不必衣冠整齐了，大家都把帽子摘下来吧！"重新燃起蜡烛后，判断不出谁是那个胆大妄为的臣子。

"君王赦过不之罪，暗中珠翠鸣珊珊。"许姬不解其意问庄王，庄王说："酒后狂态，人之常情，察而罪之，则显妇人之节，而伤国士之心。"庄王此举此言，将心比心，宽容大度，颇有人情味。

后来楚国与晋国开战，楚军有位勇士一马当先，总是冲在前头，楚庄王很奇怪，问他为什么如此拼命？勇士回答说："二年前，末将在宴会上酒醉失礼，大王不治我的罪，还为我掩盖过失。我只有奋勇杀敌，才能报答大王啊！"楚庄王的宽容大度，得到了应有的报偿。

一个人只要具备心学的功夫，情商和逆商自然能达到较高的水平。在遇到不是"你死我活"的非根本性对抗矛盾时，对人对事能"求同存异"，不以自己的特殊个性或癖好对待他人，能容忍他人的过失，不计前嫌，一如既往，这既是一种风度，也是一种能力与智慧。

《千古一人王阳明》一书记载，程颐是周敦颐的学生，后来成为理学的代表人物。宋哲宗继位后，司马光执政，以程颐为崇政殿说书，给小皇帝讲课。

做了帝师，程颐更加一本正经。一日，10岁的哲宗在课间休息时，折了一根柳条，学着骑马的样子，自以为很是威风。这本是小孩子的天性，但程颐当着宫女和太监们的面，板着面孔将小皇帝责备一番：现在正是春天，万物生长，皇上怎能无故地去摧残生命？草木和人一样，都是生命。皇上今日不爱惜草木，日后亲政，又怎能爱惜百姓呢？这番话道理不错，加上是教育皇帝，后来为程颐的弟子们广为传颂。但这番斥责对于小皇帝宋哲宗来说，却无法接受。他抛下柳条，转身便走。

司马光、苏轼听到这件事之后，也很不高兴。他们对弟子们说：君主之所以不愿意接近儒士，就是因为程颐这样的腐儒造成的。王阳明赞成司马光、苏轼的看法。如果程颐因势利导，与小皇帝一起做做游戏，再相机进行劝诫，效果不是会更好吗？

为人处世要为他人留点情面，谦让宽容，顾及了他人，也升华了自己。忍住一时之气，才不至于人际关系上的紧张和破裂。王阳明有言："不管人非笑，不管人毁谤，不管人荣辱，任他功夫有进有退，我只是这致良知的主宰不息，久久自然有得力处，一切外事亦自能不动。"

嘉靖元年（1522），一位泰州商人穿着奇装异服来到王阳明家里，想拜王阳明为师，求解心学，王阳明一口答应下来。不久，这人学了一段时间后，竟然打算自立门户，于是穿着奇装异服出去游历，并开始了讲学。

此人临走时，王阳明问他为什么喜欢穿奇装异服？这人回答道："我之所以穿成这样，都是为了反对理学之中的陈规陋习，传扬心学所为。"王阳明听完之后，心中明白这是他为自己另立门户找的借口罢了。于是告诫他："我看不是因为这些原因，应该是你怕别人瞧不起你，才穿上奇特的衣服吸引别人的目光。你要知道，一个人要想出人头地，做出一番事业，是不能靠旁门左道获取成功的。"

这人想收拾起最后一点尊严独自离开，没想到王阳明没有计较，反而继续留他在家里，鼓励他认真学习知识。这人看到老师这般宽容，很受感动，于是一改往日浮夸做派，朴素着装，尊重他人，后来成为王阳明最得意的学生，并辅导新入门的学员。他就是泰州学派的创始人——王艮，在中国哲学史上留下了不可忽视的影响。

若能学会抛开杂念，使内心纯净空明，那么，即便才能略有不足，也同样可以成为圣人。"欲识长空月，先除眼内尘。"从内心深处摆脱羁绊，进入心无旁骛的至高境界，就是踏上了心灵的解脱之路，内心感受到的万物便会远远超过自己视线范围之内的一切。此时的内心，呈现的是一种空无的状态，也就是王阳明所说的空明之心。空，才能容万物。即便是人与人之间的交往，也需要给彼此一定的空间，才能畅所欲言、和平相处。

涵养包容是立业之道，是待人处事的良方。身安不如心安，屋宽不如心宽。宽可容人，厚可载物；包容万物，此心自如。君子会以"额颅壮阔能奔马，胸装乾坤万里春"之坦荡襟怀，隐忍承受担待各种委屈，化解无端袭来的误解冤枉。王阳明秉承着"觉人之诈不形于言，受人之侮不动于色"的心态，不是害怕他人，更不是软弱可欺，而是在浮躁的世界里，能够控制自己情绪，修炼自己的内心，包容他人，获得心静，才是最大的修行。

王阳明虽然没有做过宰相，却比一般宰相还要大度。平定了叛乱，俘虏了宁王朱宸濠之后，他先是把功劳都让给了别人。之后，朝中太监张永向王阳明索要朱宸濠筹备造反时打通关系、送礼行贿的账本。王阳明却声称把这个账本给烧了。在他眼中，叛乱已经平定，再没有理由大动干戈，就到此为止吧！人人以慈悲安住身心，包容与己不同思想、不同信仰的人，社会自然祥和。王阳明曾说，应该以仁爱宽容的心待人，自己和亲人之间都不应该分彼此薄厚。有了宽容，才有了人生的快乐和放松。宽容了别人，自然就会放下情感的包袱，升华自己的心灵和人生。

宽厚的品德、宽容的性格，为世人所称颂。能容人者，才能为人所容，人生道路越走越宽广。王阳明曾教导弟子："只要你们时常怀有一颗超凡脱俗的心，有意避开无谓的争斗和诽谤，不卷入无意义的争斗中去。将这样的忍受和视而不见持之以恒，不在意他人的嘲讽、诽谤、侮辱，甚至称赞，不管自己的学问有进有退，只要这颗不沾世俗烦恼的心没有退化，久而久之，这颗心终会强大起来。事业越大，越要雅量容人；越是雅量容人，越有利于成就事业。这是因为，只有雅量容人，才能吸引人才，形成凝聚力和向心力。

阳明先生说)))

人若着实用功，随人毁谤，随人欺慢，处处得益，处处是进德之资。若不用功，只是魔也，终被累倒。

跟王阳明学交友

中华圣贤们曾对如何择友作过精彩而深刻的阐述，展现了正确的交友观。孔子说："益者三友，损者三友。友直，友谅，友多闻，益矣；友便辟，友善柔，友便佞，损矣。"颜之推认为，士人只有慎交朋友，才能加强品德修养，增益此身。欧阳修《朋党论》论述："大凡君子与君子，以同道为朋。小人与小人，以同利为朋……臣谓小人无朋，惟君子则有之。"清代张英在其家训《聪训斋语》中，认为交友的关键是要有所选择，不求多，但求好，以谨慎为上。

孟子出言不凡，理义情深，提出了交友的普遍原则：交友要重德，以德交之，交之以德，把道德作为交友的基础和追求，把孔子的交友理论向前推进了一步。孟子的弟子万章曾问，什么才是交友的原则？孟子回答说："友也者，友其德也，不可以有挟也。"交朋友交的是对方的品德，而不能依仗年龄大，不能依仗地位高，不能依仗兄弟有钱有势。孟子很推崇践行这种原则的鲁国大夫孟献子和一个小国的国君费惠公。

孟献子与五位知心朋友交往，从不以大夫自居；五位朋友也不把他当大夫看待。费惠公与朋友在一起，不分谁曾是自己的老师，谁曾是侍奉自己的下人，大家都是平等相处。唯有"友其德"，才能处得融洽，心情舒畅，保持长久。结交真朋友贵在坦诚相对，只有真正做到知行合一，才能维持良好长久的朋友关系，树立正确友善的人际关系。

良知就是人的好恶之心，明善恶，辨是非。结交朋友要心存善念、心地纯洁，口进善言、身行善事，心宽如海、互相谦让，使双方都能受益。王阳明在《慎交游》一文中说："朋友居五伦之内，一生学业要他帮助教导，异日儿女成行尊为父执，此之谓取善辅仁的朋友。若同恶相济，朋比为奸，当初虽谊胜漆胶，其后必盟寒车笠，如是之人，不胜枚举。与其悔之于后，何如慎之于先？"社会中存在五种基本人伦关系：父子、君臣、夫妇、兄弟、朋友。朋友是人际关系中很重要的一环。一生学业需要朋友的帮助和指导，有朝一日自己的儿女长大之后，会把他尊称为父亲的朋友，这就是取善辅仁的好友。倘若没有良知，做邪恶之事，合伙勾结，即使当初亲密无间，曾有"车笠之盟"，日后因贫富的转换而忘记贫贱之交。这种没有情谊之人较多，与其日后后悔，不如在当初交友时就谨慎。

有的朋友落井下石，置昔日友谊于不顾，充当陷害朋友的帮凶。苏轼42岁那年（1079），发生了著名的"乌台诗案"。揭发苏轼最狠、害他最重者，就是他昔日朋友沈括。沈括与苏轼素有诗词交往，因见王安石势大，便改换门庭，将苏轼送给他的诗文加以详细的解释标注，并加进自己的臆想，诬告苏轼有的诗文如何居心叵测，反对改革，讽刺圣上。这份诬告"有理有据"，成为打击苏轼的重磅炮弹，险些要了苏轼的命。对于乌台诗案的无辜受难，苏轼感叹道："平生文字为吾累。"

沈括与苏轼曾是同事、朋友，不是对手、政敌，为什么要陷害他呢？余秋雨在《东坡突围》中说："这大概与皇帝在沈括面前说过东坡的好话有关，沈括心中产生一种默默的对比，不想让苏轼的文化地位高于自己。另一种可能是他深知王安石与苏东坡政见不同，他投注到了王安石一边。王安石毕竟也是一个讲究人品的文化大师，重视过沈括，但最终得出这是一个不可亲近的小人的结论。"

朋友之间，无论是志趣，还是品德，都会互相影响，会产生耳濡目染、潜移默化的作用。因此，不仅自己要人品好，还要与人品好的人交往。当善良遇见善良，世间才会开出最美的花朵。因此，要培养自己的仁义之心，多交良师净友，兼听则明，使其见贤思齐。要解除优越心理，不至于傲慢自负，交友不能自恃地位高，不能倚仗年纪大，不能倚仗家里富贵。王阳明强调知行合为一体，知中有行，行中有知，这也是交友的重要理念。没有"行"就不算真知，所以如何亲君子、远小人，非在事上磨炼不可。

王阳明的成就固然得益于自己的品行、学识、能力和权位，但也得益于结交益友。他在贵阳与席书的交往，促进了心学思想的传播。王阳明注重结交清贫的文友，不屑于结交有权有势的官宦。在贬谪龙场之前，王阳明结交的一生挚友，是在翰林院当职的清贫儒者湛若水。弘治十八年（1505），王阳明与清贫儒者湛若水第一次见面，一见如故，惺惺相惜，引为知己。王阳明连称："守仁从宦三十年，未见此人。"湛若水也欣喜异常，逢人便说："若水泛观于四方，未见此人。"（湛若水：《阳明先生墓志铭》）从此相互唱和，共以"倡明圣学"为己任，在当时的学术界和思想界颇有影响力。

王阳明与湛若水是真正的精神至交，他们不屑于结交有权有势的官宦，却去结交清贫的文友。他与湛若水的交往，更是成就了中国思想史上的一段佳话。王阳明堪称以友辅仁的典范。王阳明曾亲笔为湛若水的父亲题写《赠翰林院编修湛公墓表》，为其母题写《湛贤母陈太孺人墓碑》。后来王阳明仙逝，湛若水则为他撰写《阳明先生墓志铭》和《祭王阳明先生文》。一个朋友如果没有高尚的道德理念，不交也罢。

王阳明提出了交友须遵循忠恕之道，提出"我以是而施于人不可也"的观点，升华了孔子的"己所不欲，勿施于人"的教导。他希望诸生及子侄辈在交友处事中宽厚待人，笃行谦卑，绝不傲慢，务必谦抑自己、抬高对方，可双双获益。如果贬低对方、抬高自己，则双双受损，体现了交友过程中虚心学习和谦让包容的态度。王阳明说："人以是而加诸我，凡攻我之失者，皆我师也，安可以不乐受而心感之乎？"提出一定要欢喜接受并感激对方无论什么方式的责善，哪怕是批评指责。

君子之间的友情重在思想志向的一致和人格的平等，流露人性中本真的一面。两个君子在一起不会争斗，因为他们能互相忍让。一个君子、一个小人也不会争斗，因为君子能宽容小人。王阳明告诫一位朋友："倘若一味地用冷言冷语指责别人，那就会只看见别人的毛病，看不见自己的短处。若能返身自省，才能发现自己有许多不足之处，哪还有时间去指责别人呢？舜之所以能感化傲慢的象，关键是舜不去看象的错误之处，而以宽容的态度待他。如果舜一心想着去纠正象的奸恶，眼里就全是象的不是了。而象是一个傲慢的人，肯定不会认错，舜又岂能感化他？"这位朋友听了后感到惭愧，幡然悔悟。

争得不可开交的，都是气量狭窄、思想境界不高的人。王阳明指出，交朋友，要互相谦让宽容，这样就能从中受益，如果互相攀比、憎恶，自然就会受到损害。能宽容他人，给人留情面，既顾及他人，也升华了自己。结交朋友，发现对方有过错，应当委婉地批评，注意方式方法。王阳明有言：交友要"忠告而善道之"。考虑对方的阅历、认知、接纳和领悟能力，不能摆出高高在上、舍我其谁的派头。避免直言不讳，反对恶言冒犯，不宜对鸡毛蒜皮的芥末小事较真，伤对方的面子。

人人都有自尊心，甚至连乞丐都不愿受"嗟来之食"。为人处世难得的不是事事精明、与人计较，而是容纳他人的缺点，宽容对方的过失，进退自如，不宜轻易得罪人，不给自己树敌，切忌撕破脸皮、嫉恨他人。王阳明说：你今后只要不去议论别人的是非，每当想要责人或与人争辩的时候，就把这种念头当作一大私欲来克除才行。

王阳明有言："凡朋友问难，纵有浅近粗疏，或露才扬己，皆是病发。"在朋友之间辩论，难免有人浅薄粗疏，瞧不起对方，责怪别人，或者表露才智，炫耀自己，这都是人的劣根毛病发作，必须因病而药，不可因此而有轻视别人的心。否则，就不是君子与人为善的心了。《传习录》有言："大凡朋友，须箴规指摘处少，诱掖奖劝意多，方是。"朋友相处，应少一些指责批评，多一些开导鼓励和夸奖，这样彼此融洽一些。陈九川才华横溢，见过大世面，有些时候恃才傲物、居高临下。王阳明诚恳地告诫他："与朋友论学，须委曲谦下，'宽以居之'。"

交友须严于律己，以身作则，善于"以人为鉴"，主动听取别人的批评。"朋友之道，然须忠告而善道之。"《论语·颜渊》云："子贡问友。子曰：'忠告而善道之，不可则止，勿自辱焉。'"王阳明《教条示龙场诸生》中引用了孔子语，进而提出"责善，朋友之道，然须忠告而善道之"的论断，向前来龙冈书院请益问学的众弟子，阐释朋友之间的"责善"之道，进而训诫劝勉之。

王阳明"责善"理论的基本思路是："劝勉从善，是朋友相处之道。"责人向善必须注意方法，应发自内心，用语委婉，以理服人，语气诚恳，循循善诱，让人能够接受，不能揭短、戳人痛处，不能专骂别人以沽取正直的名声，更不能痛诋极毁、激之为恶。否则，只会适得其反，不能称作责善。基于这一预设前提，要求龙场诸生：与人交朋友，就需要自己拿出全部的真诚和爱心，委婉曲折地指出朋友存在的过错，同时要善意地帮助自己的朋友去改正过错，自己不能攻人之短，但要乐于闻己之短，使之有所感触但不气恼，这才是理想、可行的"责善"之道。

如果不讲究"责善"的方式，径直揭露他人的错误，进行严厉指责，就可能致使对方无地自容，进而激起对方羞愧愤恨的心理。严厉指责已经把对方激怒，很可能会使对方一错再错。所以，那种以揭发别人的短处、揭露别人的阴私，来换取正直名声的人，都谈不上是真正的"责善"之道。对于"责善"之道在师生教学过程中的受用，王阳明《教条示龙场诸生》有云："凡攻我之失者，皆我师也。"批评我而且批评得恰当的人，是我的老师。

嘉靖六年（1527），王阳明书写了《客座私祝》帖，告诫书院诸生注意德业向善，刻苦攻书，远离狂躁惰慢之人、博弈饮酒之徒、骄奢淫荡之流、贪财黩货之厮、冥顽无耻之众、煽惑鼓动之群，应铭心谨记，不得违背；若有所违逆则以违反家规论处："不愿狂躁惰慢之徒来此博弈饮酒，长傲饰非，导以骄奢淫荡之事，诱以贪财黩货之谋；冥顽无耻，煽惑鼓动，以益我子弟之不肖，我子弟苟远良士而近凶人，是谓逆子，戒之戒之。"

曾国藩交友中颇有涵养和雅量，敞开心胸容纳人。他说"无故而怨天，则天不许；无故而尤人，则人不服。凡遇牢骚欲发之时．则反躬自思：吾果有何不足而蓄此不平之气？猛然内省，决然去之"。曾国藩在长沙岳麓书院读书，有一位同学性情暴躁，多次无理取闹。在旁的同学听了不服气，与那同学理论一番，替曾国藩打抱不平。曾国藩却和颜悦色，毫不在意，劝息同学，安慰同室。

友谊是岁月洗礼的真金、精神世界的财富。始于颜值，敬于才华，合于性格，久于善良，终于人品。人品好的人都自带光芒。朋友之间相处，情感收发要适度。对于朋友之间的美好感情，是不是应当尽情发挥呢？也不是。必须有个适当的度，做到"乐而不淫，哀而不伤"。一些过分逢迎的举止言谈属于私欲，应当克制，调停适中。如果你的见识能力特别优秀，让别人有压力，这个时候千万别看不起人，不妨暴露一点儿自己的短板，这样别人心理会平衡一点，容易和谐相处。

友谊是岁月洗礼的真金、精神世界的财富。君子之间的友情重在思想志向的一致和人格的平等，流露人性中本真的一面。为了使你的人脉圈提高质量，一定要以德为先，择善人而交，择善言而听，择善行而从。

阳明先生**说**)))

大凡朋友，须箴规指摘处少，诱掖奖劝意多，方是……

与朋友论学，须委曲谦下，宽以居之。

凡朋友问难，纵有浅近粗疏，或露才扬己，皆是病发。

延伸阅**读**

南风歌

南风之熏兮，可以解吾民之愠兮。

南风之时兮，可以阜吾民之财兮！

简析 《南风歌》亦即赞颂"南风煦育万物，播福百姓"的恩泽之歌。《礼记·乐记》曰："昔者舜作五弦之琴以歌《南风》。"首句的大意是，南风何其温暖和煦啊，可以吹散百姓心头的怨怒和忧愁。第二句大意是，南风适时舒缓啊，可以丰富万民的收成和财物。

《南风歌》情感炽烈，含蓄深沉，描述了解百姓之愠、使万民衣食丰足的治国之道，以及实现"内圣外王"的大同理想之可行路径。

第五章

破心中贼 不纵贪念

——论清廉之心

治国先治吏，治吏先治腐，治腐先治心，治心先治欲。心中污垢，损性伤身，故名之为"贼"。"破山中贼易，破心中贼难"，语出《与杨仕德薛尚谦》："某向在横水，尝寄书仕德云：'破山中贼易，破心中贼难。'区区剪除鼠窃，何足为异。若诸贤扫荡心腹之寇，以收廓清之功，此诚大丈夫不世之伟绩。"可以说，王阳明47岁之后直到去世前的12年时间里，几乎都在践行着"破山中贼"和"破心中贼"两件大事。在王阳明看来，只有清除了"山贼"们心中的"贼"，唤醒他们被泯灭的良知，才有可能实现地方的长治久安。

头上有天常律己，心中无鬼不招魔。破除"心中贼"，必须从"心"做起。在2022年春季学期中央党校（国家行政学院）中青年干部培训班开班式上，习近平总书记对年轻干部提出明确要求："守住拒腐防变防线，最要紧的是守住内心，从小事小节上守起，正心明道、怀德自重，勤掸'思想尘'、多思'贪欲害'、常破'心中贼'，以内无妄思保证外无妄动。"习近平总书记这段睿智之语，语重心长，促人深思。

习近平总书记说："一个人能否廉洁自律，最大的诱惑是自己，最难战胜的敌人也是自己。一个人战胜不了自己，制度设计得再缜密，也会'法令滋彰，盗贼多有'。"心中有了骄奢淫逸的"贼"，就可能小处"失节"变为大处"酿错"，被贪欲迷乱心智、扭曲行为、突破底线，滑向堕落的深渊。要立身纯正，去私寡欲，淡泊名利，耐得诱惑，从根本上消除贪腐之欲，"临之以患难而能不变，邀之以宠利而能不回"。在细微处、在他人所不知处，常怀戒惧之心，锤炼道德操守，实现从"不敢腐""不能腐"到"不想腐"的升华。

廉政从心开始

　　为人处世，鱼和熊掌不可兼得。孟子说，鱼，是我喜欢的，熊掌，也是我喜欢的。如果二者不可兼得，只有舍弃鱼而取熊掌。生命，是我所爱好的；义理，也是我所爱好的。如果二者不可兼得，只有舍弃生命而取义理。荀子说，义理就是用来限制人做坏事和玩弄奸巧的。实行义理，内可节制人，外可节制物；对上可安定君主，对下可使万民和睦相处。

　　古往今来，有多少人在名利场中迷失自我、被欲望蒙蔽双眼，在人生的热闹风光中奔波迁徙，被身外之物所累，使心中之贼疯长，空负平生的理想。庄子在《徐无鬼》篇中说："钱财不积则贪者忧，权势不尤则夸者悲，势物之徒乐变。"有的人因钱财积攒得不多而忧愁不乐，有的人因官位不高而悲伤哀叹，有的人企求在动乱之中扩大权势。

　　在"廉"和"利"冲突时，人们往往会选择"利"而忽视"廉"。司马迁说得好："君子疾没世而名不称焉。"名利本为浮世重，古今能有几人抛？唯有与功名利禄保持适当的距离，才能超然物外，潇洒、通透，做个真正的快活人。杨万里《庸言》云："头垢则思沐，足垢则思濯。心垢则不思沐濯焉，何哉？"意思是说，头上有了污垢就会想着沐浴，脚脏了也会想着清洗，心里有了污垢难道就不想着洗涤干净吗？

　　周敦颐（1017—1073），字茂叔，号濂溪，北宋哲学家，宋明理学的开山鼻祖，儒家重要代表人物。周敦颐为人清廉正直，从政31年，办学校、兴教化、主张务农为本，在郴州"治绩尤著"。他以莲花高洁寄托自己毕生心志：在污浊的社会里洁身自好，坚贞不渝地保持自己正直的操守，襟怀淡泊，不贪不占，廉洁奉公。他晚年想回归故里，由于盘缠不够，只得隐居在庐山脚下，直到离世。他的《爱莲说》和《拙赋》，为中华民族的理想人格提供了精神支柱。

北宋学者周敦颐为人襟怀淡泊，平生酷爱雅丽端庄、清幽玉洁的莲花。他在讲学研读之余，常漫步于堂前赏莲自吟，并通过《爱莲说》来寄寓他的廉正节操。《爱莲说》只有119个字，可以说是字字珠玑，至今依然熠熠生辉，表达了作者为人处世的行为准则，彰显了他洁身自好的高尚人格和人生追求。"莲之出淤泥而不染，濯清涟而不妖"，莲花从浊水烂泥中生出却不被沾染，在清水中荡漾而不妖艳。其寓意是在物欲横流、时弊滋生的社会环境里，保持高洁，不与伪恶丑的时弊同流合污，像莲一样保持洁净无瑕；在复杂的社会交往中，能坚持原则，主持正义，掌权而不骄奢，得势而不欺人，像莲一样诚挚，朴实无华。

王阳明是思想家，更是自己思想的实践者。他认为"致良知"，谁都可以做到。他说："人胸中各有个圣人，只自信不及，都自埋掉了。"应通过教化的方法，推广、扩充、呈现自己的本有良知，这就是致良知。他倡导知行合一理论，突出以"行"为重点。这对解决当时士大夫阶层道德虚伪、知行脱节问题，极具针对性。

王阳明《传习录》有言："病根原不曾除，则亦不得谓之无病之人矣。"病根尚未除掉，就不能说他没有病。有贪财、贪色、贪权之心，就像有病的人一样，应当而必须清理干净。王阳明对"财"的态度很好地体现了他的清廉和静心。权势如同枷锁，富贵恰似浮云。生前枉费心千万，死后空持手一双。一味贪恋钱财，如果不停住脚步，就会走上不归路。

良知本体的发用，会受到私欲杂念的干扰而背离本然的良知。王阳明《传习录》有言："人自累于得失耳！"人是被自己心里的得失所累而已。按照王阳明所言，我们若做一件事情，沉下心来好好地投入，研究它、发展它，把功名等泛泛之事都抛之脑后，给自己的心灵一片可自由驰骋的广袤天空。以百姓心为心，把民众冷暖放在心上，才能不为私心、私利所惑。通过"致良知"则可以治疗人心浇漓、贪欲妄念，重建道德秩序，可以让人回到良知本真的觉悟中，终有一天会收获兴致，赢得成功。

清廉而不贪，崇廉而拒腐，清白做人，干净做事，是生活对每个人的磨炼，更是每个人的福分。古人说"廉而不刿"，描述廉是一种重要的人生品格，需要不断磨炼才能获得。晏子提出"廉者，政之本也"（《晏子春秋·内篇杂下》），教育人们临财勿苟得。放不下金钱就做了金钱的奴隶，放不下虚名就成了名誉的囚徒，不如远离这些诱惑的纷扰。

破"心中贼"不仅是衡量公私、善恶、是非、义利、得失的过程，而且是对自己灵魂的拷问和初心的坚守。"心中贼"是个可怕的东西，它会到处捣乱。那种"有贼心没有贼胆"的说法，带有误导性。王阳明的心学思想蕴含"修身""治世"的哲理，映照出廉政思想内涵，并且付诸廉洁从政的实践。那些把个人名利看得很重的人，总是想将不是自己的钱财收到囊中，将别人的名誉光环揽至头顶，结果必将被名缰利锁所困扰。

如果任凭贪婪私欲侵占心中的角落，最终会坠入深渊。心若被利益禁锢，便永远失去了那份灵动，不得安宁。王阳明的心学就是要"破心中贼"，发扬良知，显化廉心，亦即从"知善知恶"出发，知行合一地践行"为善去恶"，做到"扬善止恶"。他在《传习录》中强调"须要彻根彻底"，不使那贪、嫉、虚荣、自私等念头"潜伏在胸中"。须以"吾日三省吾身"的坚决，时刻在自我修身上下功夫，树立积极向上的"良知"。他坚信"本心之明，皎如白日"，随时都可能大放异彩。

清代的叶存仁曾在浙江、河南等地做官，清正廉洁，律己律人，因为政绩卓著而升任巡抚，成为封疆大使。他任河南巡抚离任时，僚属为其送行，为避人耳目，特地在夜里用小船送来大批礼品，叶存仁见此情景，让手下拿来笔墨纸砚，就着月光写下一首诗："月白风清夜半时，扁舟相送故迟迟。感君情重还君赠，不畏人知畏己知。"书毕，便将馈赠完璧归赵，僚属只好乘船带着礼物返回。

党员干部廉洁自律都源于自觉。从"心"开始的廉政建设视角看，问题在贪腐，病根在人心，施治却在"不想腐"的政治生态。习近平总书记在"不忘初心、牢记使命"主题教育总结大会上，着重强调"一旦有了'心中贼'，自我革命意志就会衰退，就会违背初心、忘记使命，就会突破纪律底线甚至违法犯罪"。只有修炼本心，勤加拂拭、日日擦洗灰尘落满的明镜，消除不良欲望，让内心纯朴自然、无私无欲，才能破除"心中之贼"，将自己的本心解放出来。

阳明先生 说)))

> 人须有为己之心，方能克己；能克己，方能成己。
>
> 克己须要扫除廓清，一毫不存，方是；有一毫在，则众恶相引而来。

勇破"心中之贼"

　　"忧劳可以兴国，逸豫可以亡身"，是欧阳修根据五代时期后唐庄宗李存勖从"思危"到"忘危"，重用伶官，骄淫乱政，由"兴国"到"亡身"的史实提出的著名论断。这个道理对帝王来说是如此，对各级官员来说也是如此。

　　廉洁是对为官者提出的基本道德要求，是检验官员操守的准绳。王阳明的心学理论包含着丰富的廉政思想，强调以"良知"格民心之非、破心中之贼，其廉洁思想与中国传统廉洁思想一脉相承。王阳明以"为往圣继绝学，为万世开太平"的政治担当，通过破"山中贼"的"心之贼"，在匪窝、边地讲学、教化，因地制宜，因材施教，实施仁政、廉政的治本之道，救人心于水火，从而达到不战而屈人之兵和改造人心除恶务尽的效果。

　　心中污垢，损性伤身，故名之为"贼"。心为因，行为果，诸行莫不从念头生。"破山中贼易，破心中贼难"，语出《与杨仕德薛尚谦》："某向在横水，尝寄书仕德云：'破山中贼易，破心中贼难。'区区剪除鼠窃，何足为异。若诸贤扫荡心腹之寇，以收廓清之功，此诚大丈夫不世之伟绩。"可以说，王阳明从47岁起直到去世前的12年时间里，几乎都在践行着"破山中贼"和"破心中贼"两件大事。在王阳明看来，只有清除了"山贼"们心中的"贼"，唤醒他们被泯灭的良知，才有可能实现地方的长治久安。

　　在王阳明看来，"山中贼"强调是物的层面，特指是犯上作乱的盗贼与"鼠窃"，对其有所了解，因而可以寻找到合理的破"贼"之法；与之相对应的"心中贼"，强调的是思想层面，特指的是谋私作乱的心理。那些自私、贪念、为所欲为，傲慢、懒惰、偏激、粗暴、虚伪、虚荣都在其列，都是"心之贼"，无声无息、多种多样。王阳明认为倘若能够扫除"心中贼"，"此诚大丈夫不世之伟绩"。

山贼有形易察，心贼无形难知。这种无形的心贼诸如贪欲、私意、邪念、妄求等在心中占据，支配着你的言行，就会变得人品低下、行为龌龊、礼义廉耻淡化，无所不为，摧毁一个人的精神世界和美好前程。"不想腐"与王阳明主张"去私欲"的涵义异曲同工。一个人要破心中贼，一个组织、一个团队也要破心中贼，这样才能使自己立于不败之地，才能致修齐治平。王阳明丰富的廉政实践活动和以"破心中之贼"为核心的廉政资源，是中国传统文化中的精华，也是增强中国人文化自信的切入点之一。

"山中贼"易攻，"心中贼"难破，愈发感到在心上下功夫的重要。王阳明在总结自己带病平定盗匪的经验时说：破山中贼实易，破心中贼实难。何以"破心贼"？王阳明平定广西思田之乱时，采用的是将"破山中贼"与"破心中贼"有机结合的方式。一方面，从武力上铲除啸聚山林的强盗；另一方面，从人心处抓起，启迪教化上消弭人心沾染的各种各样的污垢，须用世间真理来洗涤，用正确思想占领心灵空间。

破除"心中贼"难在"心门"没有关严关实，让其溜进去，藏于自身，很难被察觉。王阳明的心学就是要"破心中之贼"，如自私自利之"贼"，妒忌猜疑之"贼"，贪图权位之"贼"，贪图美色之"贼"。根据王阳明"格者，正也。正其不正，以归于正也"的观点，破"心中贼"归根结底是和自己作斗争，必须一以贯之地从"心"做起，磨炼心智，反躬自省、自我检视，保持自警自律，小处不渗漏、暗处不欺隐，让"贼"无处藏身，使自己成为强者。他坚信"本心之明，皎如白日"，随时都可能异彩纷呈。

王阳明常以镜比心：圣人之心如明镜。而有些人因为私欲杂念多，像灰尘一样落满明镜，破坏了镜子"照物"的功能，因而不仅要照镜子，还需要在"磨镜"、拂拭、擦洗上用功，使之明亮。王阳明有言，君子尊重并赏识贤德的人，而小人只顾自己享乐、只顾贪图自己的利益。贪婪像是长在人内心深处的一棵毒草，腐蚀着本来清净的心灵。它时而蛰伏，时而膨胀，人若过于贪婪而没有节制，只能招致惩罚。

一个人心中想什么、怎么想，往往影响和决定着做什么、怎么做。"私欲"是一切万恶的源头。通常凡人皆有私意障碍，受制于各种各样的私欲，使良知遮蔽，心体不明，因此才须致其良知。王阳明在平定叛乱后，看见世风日下，感叹"破山中贼易，破心中贼难"。贼者，寇也。王阳明认为心中之贼便是"私欲"。这句话道破了人戒除内心诸多妄想的难度。百姓的心中贼不破，官员的心中贼不破，山中匪患灭掉一批，又会出现新的匪患，社会就不能真正长治久安。他愈发感到在心上下功夫的重要，他在反思如何从根本上彻底消除敌寇叛乱的社会根源。

大凡有担当、有良知的人，无不注重戒奢以俭、居安思危。他认为"人人心中自有定盘针"，相信人们的心灵如同身体一般，受到外部环境和不健康因素影响后，沾染一些污垢，像灰尘一样落满明镜，破坏了其"照物"的功能，需要从人心处抓起，用良知来日日洗涤，多加拂拭。

心中贼的实质是人的私欲恶念。魔鬼不在心外，魔鬼就在自己的心中。人要向内求，破除"心中贼"，安顿好自己的欲望之心，是常修常炼的重要命题。以"心即理"为理论基础的"破心中贼"，是阐释王阳明廉政思想的关键词。最大的诱惑是自己，最难战胜的敌人也是自己。"心中贼"的破除不能指望毕其功于一役。破除、抑制自己内心中的"贼"，包括对钱财、权势、美色等各种过度和非分的贪欲、执念。其"破"的方法是去除私心物欲遮蔽，使其良知显现光大。

王阳明给出"破"的方法是"复归初心"：去除私心物欲遮蔽，使其达到"致良知"的境界。王阳明主张"知行合一"，意念中有恶的成分，就应该马上遏制，从心中完全彻底剔除掉，以致"至善"。否则根不除，容易被这些恶念左右。王阳明晚年专门讲良知之学，就在于致良知是人们进行道德修养、成其圣贤人格的不二法门。只要心里怀着做圣贤的理想，并努力去实践，就能成为对社会有用的人。

王阳明致力于圣贤之学和圣贤事业，他强调，"将好色、好货、好名等私欲逐一追究搜寻出来，定要拔去病根……才有一念萌动，即与克去。斩钉截铁，不可姑容与他方便。不可窝藏，不可放他出路，方是真实用功。方能扫除廓清，得到无私可克"。王阳明做人做事非为名利货色等目的。良知人人都有，王阳明提出"知行合一"的理念，就是痛感于人因私欲的阻隔和干扰，不能听信和发挥本自具足、明辨善恶的良知，久而久之，是非不明，浑浑噩噩，只是需要摒除私欲，良知一旦显现并按照良知行事，不仅个人廉洁不在话下，政治廉明也势所必然。

"破山中贼易，破心中贼难"名言，今天仍然闪现着真理的光辉。这一命题至今仍然是一大难题。2020年1月8日，习近平总书记在"不忘初心、牢记使命"主题教育总结大会上的讲话中引用了朱熹的名言："天下之难持者莫如心，天下之易染者莫如欲"，意指天下最难把持的是人的内心，天下最容易被沾染的是人的欲望。习近平总书记指出，一旦有了"心中贼"，自我革命的意志就会衰退，就会违背初心、忘记使命，就会突破纪律底线甚至违法犯罪。

"心中贼"几乎人人都有，即使是党员干部也在所难免。不想腐的知与行是相互统一的，主体不想腐的自觉意识不应该只停留在主观认知的范围内，而更应该体现在具体的廉政行为当中。王阳明"破心中贼"等思想和措施对于一体推进"三不腐"方略，对于常修共产党人的"心学"具有重要的启迪意义。

阳明先生说

> 破山中贼易，破心中贼难。
>
> 尚功利、崇邪说，是谓乱经。

我心不动，身外物不奢恋

心不安，则寝食不安；心不安，再好的药也不起作用。一个人一辈子什么课业都能做完，唯有修心是一辈子的课业。一个人如果欲望太多、太强，他就缺少智慧与灵性，就会蒙受损失。猛兽易伏，人心难降。贪欲拒绝与淡泊联络，却愿跟奢侈通邮，只能加重生命的负荷，加速心灵的浮躁，无缘与幸福拥抱，哪会善待人生，赢得成功呢？纵贪欲如落水，不用吹灰之力，终成灭顶之灾。

"不动心"的提法始见于《孟子·公孙丑》篇，是孟子集义养气论中一个重要范畴。"不动心"指面对功利富贵的萧然、淡薄，不为诱惑；遭遇艰险时，内心仍有自信与担当，主体被一种崇高的正义感与使命感所激励、支配，从而具有超克得失乃至生死的磅礴力量。"不动心"亦即孟子所言"我善养吾浩然之气"。他认为，养吾浩然之气，不仅可以充塞自己的身心，而且可以贯于天地之间而无所愧怍，因而无所畏惧。这就是所谓"至大至刚"。

唐代大家白居易在杭州任刺史期间，保持清廉名节，从未收受贿赂或向当地索取过名贵物品。他离任回洛阳时，发现游览天竺山所捡的两片玲珑巧石在行囊之中。他想，山石虽然不值钱，但拿走它就会玷污了自己的名声。想到此，他颇有愧意，怕有伤清名，于是把两片巧石归还给公家，提笔写下了自省诗："三年为刺史，饮冰复食蘗。唯向天竺山，取得两片石。此抵有千金，无乃伤清白。"他觉得这两片山石虽不是他人所赠，但理所当然地占为己有，伤了自己的"清白"，必须警惕。

王阳明廉政思想的核心是"修心"，通过做去蔽工夫，事上磨练，克除私欲，呈现良知，变换气质，实现道德修养的自我完善，达到修身齐家治国平天下的目的。廉政思想的原则是"知行合一"，以行动来彰显良知，实现内圣外王。王阳明提出心学理论，主张以心即理、致良知、知行合一等思想为拯救社会的良方，强调通过"致良知"，改造内心，破除"心中贼"，从而达到廉洁自律的境界。

在贵州龙场艰苦的生活中，王阳明从不向附近民族朋友索要任何物品，自己动手种地、浇园、砍柴、担水、做饭，并照顾生病的两个随从。生活尽管艰难困苦，他的精神状态却总是那么乐观，性格洒脱豪爽，"忙中日月闲中度，八万尘劳乐天地"。王阳明很尊重龙场人民，龙场人民也因他的人品风范高尚而崇敬他。

王阳明强调以一种豁达、超然的心态来为人处世，不要让自己的心陷入声色货利等东西之中，它们来了既不欢迎，去了也不留恋、惋惜，不要让所遇之物成为心中羁绊，提倡心中以良知为主宰，使内心臻于清净澄明的境界。贬谪龙场，住阳明洞期间，贵州宣慰使安贵荣多次派人奉送物品。王阳明收下油、盐、柴、米，供龙冈书院弟子生活所用，把金银、布匹、鞍马如数送还。要念念不忘廉洁初心，增强"知行合一"的自觉性，"克己须要扫除廓清，一毫不存，方是；有一毫在，则众恶相引而来"。

王阳明一生立志做圣贤，身体力行，推己及人，称得上是清正廉洁的表率。正德十三年（1518）六月，王阳明升任都察院右副都御史，荫子锦衣卫，世袭百户。王阳明上疏要求辞免。正德十六年（1521），王阳明因平定漳州、赣州之乱和宁王朱宸濠叛乱有功，于六月升任南京兵部尚书，十二月封"新建伯"。王阳明上疏，请求免去封爵和赏赐。皇帝特地派遣官员前去奖赏慰劳，赐以银币和华丽的丝绸，犒赏以羊酒，王阳明把这些物品分给了下属将领。

王阳明提出了一系列为官治吏的廉政举措。如采取选贤任能，主张"用人之仁，去其贪；用人之智，去其诈；用人之勇，去其怒"，提出综合考查官吏名实，"既已纳其言，又必考其行；欲将委以重，则必老其才"。通过树立"南赣乡约"，让廉洁思想成为处理社会关系的思想武器，用"民约"形成廉洁观重要内容的公共观念，治理奢靡浪费，奖励廉洁官员，大兴淳厚之俗。

外在的诱惑瞄准的是你内在的欲望。能否抵制诱惑，最重要的还是内因——自律意识，以事业为重，控制自己的欲望，抵挡住美色的诱惑，毅然决然地按捺、控制、战胜，不让美色的诱惑左右着你的思想，指挥着你的行动。一旦有了挥之不去的色欲，那就是很累心的事儿，那就是一个危险的信号。美色、钱财是"双刃剑"，处理不好，最能使人变坏。不可因为手中有权，背叛自己其貌不扬的家妻，猎取美色而越轨。即使不择手段得到了喜欢的东西，失去的东西却无法计算，付出的代价是其得到的东西所无法弥补的。

奢靡淫逸而不改弦更张，乃堕落的渊薮。若一味极声色之娱，重私嬖之欲，则晨昏颠倒，志颓神疲，沉湎乖节，如同口贪香饵，终为钓者所虏，亦如翅缚黄金，永不能自由高飞，无异于作茧自缚，自毁前程。一些贪官奢靡享乐，导致沉沦和身败名裂。把住思想缰绳，校准党性罗盘，手持纪律标尺，才不至于在小事小节上出问题。

一些党员干部在参加工作后，有过踔厉奋发的青年时代，总想干一番事业。然而，在诱惑多多的环境里，他们面临各种各样的捧杀、诱惑、陷阱和"围猎"，忘记了美好的初心，没有坚持修养心性，倦怠了心志，松懈了意志，忘记了良知，以致德不配位，跟着私欲走，滑入违法犯罪的深渊。习近平同志深刻地指出："一个人能否廉洁自律，最大的诱惑是自己，最难战胜的敌人也是自己。一个人战胜不了自己，制度设计得再缜密，也会'法令滋彰，盗贼多有'。"

当诱惑来到我们面前的时候，一定要想一想不拒绝的后果，保持高尚节操，对诱惑漠然置之。"君子当以事后之悔悟，破临事之痴迷。"我们应以淡泊之心对待名利，以警惕之心对待诱惑。在物欲横流、名缰利锁的红尘俗世中站稳脚跟，做自己的主人，保持一颗淡定之心，面对诱惑眼不花、心不乱、志不移，不为名所累，不为利所缚，不为欲所惑，视走出方圆外的诱惑为毁灭的向导。

应练就一副不败的"金刚之身"，淡泊以明志，宁静以致远，只留正气在人间。始终对身外之物看得透、放得下，自觉与物质诱惑保持距离，防止情感的泛滥与欲望的膨胀。须常给心灵来个清扫，把那些遮蔽知行本体的垃圾清除掉，保持高尚的道德操守，切莫让某种东西在一瞬间导致你失去警惕，左右着你的思想，指挥着你的行动，使你花了眼、昏了头。

阳明先生说)))

> 汝若于货、色、名、利等心，一切皆如不做劫盗之心一般，都消灭了，光光只是心之本体，看有甚闲思虑？
>
> 然可欲者是我的物，不可放失，不可欲者非是我物，不可留藏。

戒慎恐惧，避免流进贪念

很多时候，心灵的失衡是不良欲望过强导致的。当人的不良欲望太多时，情绪便容易被这种贪欲左右。在不知足的状态下，金钱多了还想再多、官位高了还想更高、房子有了还想再有……那么该如何对待心灵的失衡呢？老子认为，见素抱朴，佳质深藏，光华内敛；克服无止境的贪欲，就会避免羞辱。

不怕人胆小，也不怕人胆大，就怕人什么都不怕。所谓戒慎恐惧，恐惧的是灵魂深处那道不可逾越的底线。宋仁宗景祐元年（1034），西夏王李元昊发动叛乱，导致汴梁城内粮价飞涨。在建造运粮船不久，许元发现账面上的银两支出很大。经过了解，银子都用来买造船用的铁钉了。铁钉已敲进船身，无法核对出铁钉的数目和重量。

一天傍晚，许元坐在荒坡上思考，发现一个牧童焚烧荒草。牧童说，把这片荒草都烧掉，铜笛就会出现了。许元灵机一动：我何不学牧童，来个"烧船治贪"呢？

第二天，许元来到造船工地，命令衙役将一艘新船烧掉，让衙役从灰烬中拣出所有的铁钉，放在秤上称重。结果，造一艘船所需铁钉的银两，仅为账面上所支出银两的十分之一。那名弄虚作假的造船官员受到严惩。之后，许元又以烧船取钉的重量作为造船用钉的参照标准，造船官员再不敢虚报用钉数量，造船进度也加快了，解除了京城缺粮的危机。

贪欲往往利令智昏，发展到脱离社会道德准则，他就会遭到人们唾弃，千夫所指。这种贪欲，一日不除，贻害一日；一月不除，贻害一月；一生不除，贻害一生。"人心不足蛇吞象，世事到头螳捕蝉。"贪得无厌的人，好像一条蛇想吞下一头大象一样可笑。

在宋明理学的工夫论中，"涵养未发""戒慎恐惧"或许是最具特色的儒家精神修炼方式。"戒慎恐惧"语出《礼记·中庸》："戒慎乎其所不睹，恐惧乎其所不闻。"在人看不到的地方也常警惕谨慎，在人听不到的地方也常唯恐有失，不会因为事情细小琐碎而不拘小节。要慎始、慎微，从一开始就不要助长不良念头，消除非分之想。明代洪应明《菜根谭·修省》有言："一念过差，足丧生平之善；终生检饬，难盖一事之愆。"一念差错，就足以使一生的清名蒙辱；终生谨慎，也难以掩盖一件事上的罪责。

王阳明认为"能戒慎恐惧者"是良知，则将"不睹不闻"提升了一层。戒惧也是意念，如果放松这一意念，人不是昏聩糊涂，就是被恶念侵袭。相对于朱子，阳明学在保持所有道德警戒的工夫的同时，增加了一种道德自我的认同感，"一念开明，反身而诚"。自此，王阳明将儒家的戒惧发挥到极致。

戒慎恐惧地工作，贵在做到"慎独"，将慎独二字植根于心，贯穿践行一生。一个人即使在独处或是无人注意的时候，也能严于律己，洁身自好，内不欺己，外不欺人，人前人后光明磊落，表里如一，不逾矩、不越轨，坚持做正确的事情。"慎独"既是古人用以自律的一种修养方法，也是一种借以砥砺品性、完善自我的修养境界。在儒家看来，人心容易被外部世界所沾染，忘记为人之初衷，因此强调"莫见乎隐，莫显乎微，故君子慎其独也"，提醒人们在细微处、在他人所不知处常怀戒惧之心。南宋陆九渊说，慎独即不自欺。明代陈继儒《小窗幽记·集灵篇》有言："类君子之有道，入暗室而不欺。"君子之道，即便一人独居暗室即无人监督的时候，也会对自己的言行严格要求。

慎独是一个人内在品质的试金石，也是人生修己的必修课。品行端方之士，见到唾手可得的声色货利，而不生觊觎之心。一个重要原因，是他们有"戒慎恐惧"的君子之风。王阳明统一戒惧与慎独为一工夫，论慎独则必旁及戒惧。曾国藩在修身方面所下的功夫，最常提到的是"慎独"二字。他在逝前一年，留下的遗嘱"日课四条"中，头条即为"慎独"，认为"自修之道，莫难于养心；养心之难，又在慎独"。曾国藩有言："慎独则心泰。"慎独是内心深处的修行，在独处一室、无人监督的时候，检点自己的言行，与私欲斗争，与贪心较量，守护内心的良知，不做有违道德和法律的事。坚持"慎独"，就要在"隐"和"微"上下功夫，亦即人前人后都是一个样，不让任何邪恶念头萌发。

清廉传承民族的精神，凝结慎独的品质，培育"权为民所用"的道德修养。王阳明《传习录》有言："戒惧之念，无时可息。"人前人后，常存戒慎恐惧的意识，不因为周围环境的变化而改变自己的心态。倘若戒慎恐惧的念头有所消失，贪婪等恶念就会乘虚流进来。顾炎武说："为廉，则无所不取；不耻，则无所不为。"决不能让腐败成为人们的一种思维定势，见到腐败感觉很正常，笑廉不笑贪，用钱求官办事而感到理所应当。

王阳明《传习录》有言："私欲日生，如地上尘，一日不扫便又有一层。"私欲如果不扫除，就会像地面上的尘土，一天不扫就又增加了一层。在王阳明看来，终身只是做一件事情，用内心的良知去应对，在具体事情上体现一种工夫。面对贪欲不要被毁誉得失牵制。人要致良知，就必须学会看淡，心随物动，就会很累，因而须保持一个淡泊的心境，豁达地看待生命的潮起潮落，与贪婪断交，与清风做伴。

《红楼梦》第一回里的《好了歌》，概括性很强，内涵很深，曹雪芹安排跛足道人吟唱《好了歌》，将尘世间建立功业、发家致富、贪恋女色、顾念后辈的诸多微妙心态，用凝炼的文字作了总结，提醒人们：世上无如人欲险，警戒"贪"字，节制欲望，向陷入"迷津"的人们指明出路。《红楼梦》中甄士隐在听了跛足道人《好了歌》之后感悟："因嫌纱帽小，致使锁枷扛；昨怜破袄寒，今嫌紫蟒长。"

《好了歌》运用排比、感叹、反问，用词浅近，深入浅出，蕴含深刻的讽喻和人生哲理。"可知世上万般，好便是了，了便是好。若不了，便不好；若要好，须是了。"把"好"和"了"的涵义延伸：只要和贪得无厌斩断一切关系，彻底地"了"，才能彻底地"好"，显出一种清醒而冷峻的处世态度。这些话深富哲理，成为《红楼梦》的基调。

1943年4月22日，周恩来同志在重庆为中共中央南方局的干部做报告而写的《领导与检查报告大纲》中明确提出："领导者切勿轻视自己的作用和影响，要戒慎恐惧地工作。"此后，他多次警示自己、告诫他人，"办事不能急躁，不能草率，必须谨慎从事"，"我们应该有临事而惧的精神"。

习近平总书记2015年1月在同中央党校第一期县委书记研修班学员座谈时提出，领导干部要"心中有戒"。常怀敬畏之心、戒惧之意，用权上谨慎而行不妄为，始终保持一种如临深渊、如履薄冰的危机感，对法律和法度能时刻充满敬畏，坚守廉洁的底线，珍视廉洁的操守，不断提升精神境界，不敢腐、不能腐、不想腐，抵御任何形式的"糖衣炮弹"的袭击。这方面的作为理应比古代廉吏更高尚。

阳明先生说)))

> 戒惧之念，无时可息。若戒惧之心稍有不存，不是昏聩，便已流入恶念。自朝至暮，自少至老，若要无念，即是己不知，此除是昏睡，除是槁木死灰。
>
> 私欲日生，如地上尘，一日不扫便又有一层。

安贫乐道，独守本心纯明

"安贫乐道"这一处事原则最早由孔子提出，词面的意思是指安于贫穷，以坚持自己的信念为乐。颜回在穷困的生活境遇中，依然保持对人生理想的坚守，保持心态坦然和安详。孔子很欣赏颜回，夸奖颜回在贫困的生活中还能自得其乐。

孔子对学生们说："贤哉，回也！一箪食，一瓢饮，在陋巷，人不堪其忧，回也不改其乐。贤哉，回也！"颜回住在荒僻的巷道里，能够忍受艰苦的生活境遇：他盛饭用的器皿是竹子做的箪，舀水用的器具是木头做的瓢，颜回却始终感到满足、快乐，坚持自己的思想投向、价值取向和奋斗方向。颜回确实是个十分贤德的人啊！这是圣人孔子对颜回安贫乐道精神的高度赞美，这一精神境界正是他自己的精神境界，而这一品德也随着儒家精神影响后世。

安贫乐道是一个完整的价值理念，为守道而安贫。安贫只是一种表象，乐道才是终极的追求。庄子的生活很贫穷，但是庄子的精神力量散发出光泽。他深谙快乐生活的道理，心与物游，天真烂漫。一个人物质上贫穷不可怕、也不可耻，精神贫穷才是真正的可悲。在周敦颐看来，孔子、颜回追求"安贫乐道"的精神境界，能够在常人都难以忍受的艰苦生活中感到精神上的快乐，蕴含着深刻的思想内涵，这种成圣成贤的修养方法对于人生具有启迪和指导意义。

一个人即便身处艰难困苦中，也不怨天，不尤人，依然保持做人的尊严和内心的快乐。刘禹锡一生坎坷，在逆境中仍然保持高雅的节操和豪情。他在《陋室铭》中写道："南阳诸葛庐，西蜀子云亭。"作者用这两句来引出自己的陋室，确立了自己的楷模，表明自己也如同诸葛亮、杨子云一样具有高尚的情操，同时也暗示了自己的陋室并不陋。"苔痕上阶绿，草色入帘青。谈笑有鸿儒，往来无白丁。"《陋室铭》结尾引用孔子之言说明了陋室"不陋"。诗人用圣人的操守来要求自己，也是表达了对自己道德品质的最高要求。

正德三年（1508）春，王阳明抵贵州龙场，无居所而结草庵以居，后迁被他命名为"阳明小洞天"的东洞，又阴且湿，善良质朴的龙场土著见此情况，伐栈道之木为他修建了新居。该新居被他命名为"何陋轩"。开篇写道："昔孔子欲居九夷，人以为陋。孔子曰：'君子居之，何陋之有？'"当年孔子被贬至九夷（边远之地），弟子们都认为那里简陋落后。孔子却认为，君子居住的地方就不会简陋，因为君子的正义之气可以感染当地的人们，君子的文化可以教化那里的百姓，又何来简陋之说呢？

王阳明认为，我们虽然离颜回遥远，但应像他那样安贫乐道。王阳明常以孔子之话勉励自己：道德修养高的人不会觉得居所简陋。在如此恶劣的环境下，王阳明保持乐观的情绪。他给自己居住的阴冷潮湿的山洞取了有意境的名字——"阳明小洞天"。在《始得东洞遂改为阳明小洞天三首》中，王阳明写道："邈矣箪瓢子，此心期与论。"诗中提到了颜回对待艰辛生活的态度。

在极其艰苦的生活中，王阳明亲自劈柴生火、汲水做粥，照顾生病的随行仆人，给他们端水递药。在仆人心情低落时，王阳明便作心理疏导，讲述故事，作诗吟歌，哼起小调，相互间说起诙谐有趣的事情。王阳明还主动与当地居民互通有无，教他们建房、种地，为新的建筑取了文雅名字："龙冈书院""宾阳堂""君子亭""何陋轩"（这是取孔子"君子居之，何陋之有"之意）。这些地方成为王阳明讲学的场所。那些满腹经纶的人，积累学识非常辛苦，但他们可以用知识来创造价值。

调整心态，保持清廉，消除浮躁，安贫乐道变得十分重要。安贫乐道蕴含着和谐有度的生活哲学。"安贫"的意蕴并非安于贫穷，越穷越光荣，而是以平和之心态正确对待艰苦的环境。"安贫乐道"核心思想是乐道。"乐道"就是以坚守自己的信念和从事喜爱的事业为心志和乐趣。工作和学习仅有苦功还不够，还需要志向的追求、情感的寄托，并乐于奉行自己信仰的道德准则，内心也会因为坚守志向而乐此不疲。《后汉书·杨彪传》中谈道："安贫乐道，恬于进趣，三辅诸儒莫不慕。"其言外之意就是，在贫富与仁义不可兼得时，他宁可受苦受穷，也不愿放弃仁义，使生命质量得到提高。

共产党人的"安贫乐道"，是一个磨炼意志、修身自强的过程。方志敏曾说过："清贫，洁白朴素的生活，正是我们革命者能够战胜许多困难的地方！"安"清贫"，乐"正道"，正是共产党人的鲜明品格，因而无论何种环境何种情况下，"洁白朴素的生活"都不会过时。共产党人安贫乐道，既是艰苦岁月的志存高远，也是复兴路上的踔厉奋发，必能保持原本的自我，凝聚起坚忍不拔、无坚不摧的精神动能。

我们应当寻求本心，不被形形色色的诱惑污染身心，不被纷乱的色彩蒙蔽双眼，务必保持一颗高贵、纯正的心灵，对外在的名利诱惑不闻不睹、不思不虑、端正己心，不因外界的打击和诱惑而摇摆不定，不去狂热地追求心外之物，抛开世俗的名利枷锁，保持做人的尊严和内心的快乐，将睹闻思虑工夫多多用于道德实践，擦亮安"清贫"、乐"正道"的政治本色，在艰苦环境中养成蔑视困难、埋头苦耕、以苦为乐、造福一方的品格，为实现理想目标而不懈奋斗。

阳明先生说)))

> 昔孔子欲居九夷，人以为陋。孔子曰："君子居之，何陋之有？"守仁以罪谪龙场。龙场，古夷蔡之外，于今为要绥，而习类尚因其故。人皆以予自上国往，将陋其地，弗能居也。而予处之旬月，安而乐之，求其所谓甚陋者而莫得。

须从规矩出方圆

世间没有绝对的自由。没有规矩的约束和保障作为前提，就没有自由可言，自由就是一句空话。"不以规矩，不能成方圆"，是人们比较熟悉的一句贤文,出自《孟子·离娄上》。原意是说,如果没有规和矩,就无法制作出方形和圆形的物品,后来引申为不遵循一定的法则,便办不成事情。墨子也说过:"天下从事者,不可以无法仪。"从大的方面讲,"规矩"指国家的各种法律法规;从小的方面说,它指那些已经约定俗成的行为举止之标准和规则。

王阳明的"心学"思想内涵丰富,蕴含着"破心贼""行方圆""致良知"的廉政思想。他认为当私心杂念泛起,"恶向胆边生"时,要从"知善知恶"出发,认识并破解"心中贼",一定要果断拔出"规矩"这把"利剑",除掉"心中贼",接受规矩约束,以达到良知。

王阳明亲力亲为,践"规矩"意识,行"方圆"之事,践行廉政思想。在王阳明看来,须从"规矩"中知晓世事"方圆"。原则、纪律就是"规矩"。"欲知平直,则必准绳;欲知方圆,则必规矩。"凡事都有规矩,不以规矩不成方圆。王阳明认为"规矩"既是规范、法则,也是标准、尺度。

王阳明在担任都察院左佥都御使统辖赣南、汀州、漳州等地区时,从严治官治吏,仅1516年至1520年间,制定施行了多项廉政举措。通过愿闻己过的"意见箱"求通民情;通过《禁约榷商官吏》,确立"奉行官吏,不能防禁奸弊"的原则,明确了"今后商税……不许多取毫厘""不得擅登商船",禁止官府骚扰客商、贪赃枉法;通过《行岭北道申明教场军令》,从刑罚的角度提出治贪的12条法规,并明令"挟妓饮酒"、"朋伙喧哗者","访出捆打一百",以赏罚为手段,进行严格管理。他严格要求部下不能收受百姓的东西,否则严加追究。他教化官员"务洗贪鄙之俗,共敦廉让之风",揭发收受贿赂的行为,对廉洁官员给予奖励。王阳明心学廉政思想,有助于增强廉政初心"念念不忘"和"知行合一"的自觉。

没有规矩就不成方圆,有了规矩不执行也成不了方圆。遵规守矩是一张确保自己坚守事业安全线和人生幸福线的"政治保单"。有些干部走向腐化堕落，受到党纪国法的制裁，从根本上看都是不守规矩的结果。顶风违纪甚至欺瞒组织，看上去好像潇洒、自在、惬意，其实那只是酿成大祸、跌进深渊的前兆。严明党的纪律和规矩，就是为大家制造一种通用的"防腐抗体"。习近平同志多次强调，党员干部要树立规矩意识，牢固树立纪律和规矩意识，牢牢守住做人、处事、用权、交友的底线，为人民用好权。廉政制度要学以致用，真知真行。在思考中行动，在行动中思考，用思考指导行动，促进廉洁自律，不能"学行不一"、不把党规党纪当回事，更不能无原则无底线。

阳明先生说)))

心即理也，天下又有心外之事、心外之理乎？

必欲此心纯乎天理而无一毫人欲之私，此作圣之功也。

养吾一身浩然气

古今之成大事者，心中都有大气象，都能保持自己的高尚人格。正是"笑览风云动，睥睨大国轻"，"俯仰天地之气概"。比干，是商纣王的叔父，又是商纣王的宰相，被誉为"中华谏诤第一臣"，是一位直节忠烈之士。他为民请愿，以死谏君，表现出忠臣的铮铮铁骨和忠贞为国为民之心。武王追慕比干忠诚勇敢，重修比干之墓。像比干一批正士直臣，身遭其害，令世人扼腕，永远怀念。

　　历代以来，气节与松的刚毅、梅的高洁、竹的坚贞、兰的洒脱、菊的傲骨相辉映，与富贵不能淫、贫贱不能移、威武不能屈相吻合。孟子说："我善养吾浩然之气。"他把这种有气节的人概括为："富贵不能淫，贫贱不能移，威武不能屈，此之谓大丈夫。"（《孟子·滕文公章句下》）真正的大丈夫不以富贵荣华而乱方寸之心，无论多么穷苦，多么受委屈，志气绝不改易；在任何威压甚至生命受到威胁的情况下，仍然不会屈服，乃至舍生取义。古来成大事者，无论闻达于诸侯，还是默然于民间，不管是在朝在野，顺境逆境，都能不坠青云之志，正气在身，无私无畏，坚守人生大节。

　　孟子描述浩然正气是，"至大初无限量，至刚不可屈挠"（《四书章句集注》的，须以"正义"来培养而不受损害，则能盛大流行，充满于天地之间。在孟子看来，浩然正气是正义的念头日积月累所产生的，不是一时的正义行为就能得到的。浩然之气是"集义所生"，就是平时一直按道义要求自己，不断做好事，经常做善事、做关爱民众的事、做利于国家的事，有了日久天长的积累，集义成功之后，这个人就充盈了浩然正气，就能自然而然地流淌出来善性善意。关于"集义"，王阳明认为修养工夫全在"必有事"上，也就是时时在"事"上去"集义"，所行符合义，而"勿忘、勿助"只是在用"必有事"工夫时的"提撕警觉"，起补偏救弊作用，使心中增添浩然之气。做每一件事都应符合良知的要求，再遇到其他事情便能以良知为指导，从而达到"从心所欲不逾矩"的境界。由此看来，要养浩然正气，就要做正直之人，诚实地对待生活中的每一件事，在事上磨炼，日积月累，不断壮大。

　　南宋政治家文天祥面对威逼利诱，拒不投降，大义凛然，一腔忠烈，选择了与国家民族共存亡。他被关进暗无天日又潮湿污秽的地牢，吃着难以下咽的食物，忍受着各种刑讯侮辱，却坚贞不屈、矢志不渝，在狱中写下气壮山河的《正气歌》，惊天地泣鬼神，为古今志士仁人立鉴，为神州大地增辉。

王阳明的祖父王伦（1421-1490），字天叙，宁波余姚人。王伦谨守祖训，平生有"四好"：好竹、好书、好琴、好帮助别人。他在居室周围种有茂密的翠竹，爱竹成癖，每天在竹林中啸歌咏诗，将挺拔苍翠的竹林当成他直谅多闻的好友，以竹子的品格激励自己。王伦一生不以纷华势利为意，无意仕途功名，一心饱读诗书，尤为喜欢读《仪礼》《左传》《史记》，读到兴奋时，便来到竹林中放声咏诵，世人称他"竹轩先生"。王阳明后来之所以"格竹"，也与祖父喜欢种竹所提供的生活环境有关。一家人执着爱竹，体现了一代知识分子高风亮节的情怀。

王伦又时时在风清月朗之夜，焚香操琴，抚弦而歌，并命子弟们按节而和。王阳明后来谪居修文龙场，艰难困苦之际，也教人调曲唱歌排忧。王伦还极富同情心，在当地有着很高的声望。看到亲戚邻里有贫寒者，总是解衣推食，唯恐不及；教人子弟，总是尽心尽责，唯恐有失。

王阳明的父亲王华（1446—1522），聪慧机敏，读书过目不忘。王华是明朝第35位状元，学问、人品皆杰出，堪称那一代人的楷模。王华六岁时，有一天与一群孩子在河边玩耍，看到一醉汉来河边，洗了个脸，然后离去。天色近午，伙伴们先后散去。王华正要回家，突然发现醉汉滞留过的地方有一提囊。打开一看，里面有数十两金子，心想，此人酒醒必来寻找，但现在又恐被人抢去。于是，王华悄悄地把钱袋沉进水里，然后站在旁边等候失主。不久，那人果然号哭跑来。王华迎了上去，问道："你来寻找金子吗？"王华从水里拎出钱袋交还给了他。醉汉找到金子，不由破泣为喜，连忙取出一锭黄金以示酬谢。王华笑道："一袋金子我都没有要，怎么会收您的一锭金子呢？"那人随着王华来王家，见人就拜。王伦喜不自禁，连夸儿子有出息。

王华登第后，授翰林修撰。弘治中累官学士、少詹事。因才学出众，气度不凡，明孝宗特别器重，曾命赐金带，四品官服，眷赐日隆。明武宗即位，宦官刘瑾专权，朝中大臣纷纷争走其门，而王华独不往。刘瑾素慕王华为人，曾两次派人对王华说，他与王华有旧，王华若能去见他一面，可立登相位。王华操持坚定，不肯趋附。

王阳明出身于书香门第，自幼受到祖父王伦、父亲王华的耳濡目染，以读圣贤书、修身齐家治国平天下为己任，表现为重气节、讲孝道合为一体的人格品性。

维护气节是一生的坚守，需要执着的毅力，不能须臾丧失道义原则。正德皇帝朱厚照登基之后，整日与刘瑾等宦官混在一起，不理朝政。刘瑾等人越来越专横跋扈。许多正直的官员上书皇帝，要求严惩刘瑾及其党羽，规劝皇帝将精力放在处理国家大事上来，以此稳定政局，维护大明江山，结果被革职、被抓捕、被杀害。朝廷上下，乌烟瘴气，人心惶惶，很多官员选择了缄默。

时任兵部主事的王阳明在危难关头，坚持正义，不畏强权，挺身而出，上疏皇帝：言官乃一个国家与民间联结的枢纽，所以不能杀，也不能打入大牢。刘瑾等人见王阳明这个小小的兵部主事竟敢明目张胆地请求皇帝释放受冤官员，同他们作对，于是将王阳明拖到午门外廷杖四十，并打入锦衣卫大牢。

王阳明身在黑暗恐怖的监狱之中，进一步坚定了自己走圣贤之路。他并没有后悔自己走过的路、做过的事。他心里更加豁然光明起来，将锦衣卫大牢这个九死一生的地方，作为自己通往圣贤之路的一次严峻考验：他在狱中开始讲学，讲圣贤之学。王阳明凭借自己坚强的意志、强大的内心和对圣贤追逐的笃定不怠，将这恶劣的大牢当作自己的精神历练之地。就这样，他在锦衣卫的大狱之中待了五六个月。最后，朝廷将他贬至荒远的贵州龙场，做个没有品级的驿丞。

1508年，王阳明在贵州龙场创建心学后，开始广招门徒，传授心学，在贵州引起"轰动效应"。当时思州知州认为王阳明的声名远播，却对他置若罔闻，傲视贵州地方官员，所以很生气，于是找了一帮人，打扮成地痞流氓去龙场侮辱王阳明。来人看到王阳明并没有表现出惊慌失措，反而不卑不亢时，更加生气，指责王阳明到龙场多日却没有眼力，不去拜见都御史王质，反而在这里装神弄鬼，搞非法集会。王阳明本打算用心学的力量让他们屈服，可听课的人抢了先，把来的人打了一顿。

王阳明的品格不是生事之人，并没有招惹当地的官老爷。这个思州知州完全就是一副小人嘴脸，对此气冲斗牛，向上边告王阳明聚众闹事，告到了贵州的按察司。按察副使毛应奎权势很大。此人也是浙江余姚人，比较务实，颇欣赏王阳明。他安抚了思州知州，亲自跑到龙冈书院，跟王阳明讲，人家是思州知州，打了人家的人，就等于打了人家的脸，你写封信给人家赔个不是吧。

王阳明写了一封信《答毛宪副书》，谢绝了毛应奎的好意，说得不卑不亢，表明维护自己的尊严、绝不谢罪妥协的立场，不畏地方官员的恃强凌弱。信中说，流氓来闹事，肯定不是思州知州所指使，既然此事与他无关，也就跟我无关；我与他没有任何冲突，因此不存在向他谢罪的问题。凡事要分清是非曲直，君子不怕恶人欺。我连权势熏天的刘瑾都没跪过，一个小小的知州仗势欺人，我怕他什么？我连死都不怕，还怕谁？王阳明正义凛然的气节、疾恶如仇之品格，令毛应奎深深折服。这一次，思州知州吃了个哑巴亏，王阳明和龙冈书院，在贵州当地名声大振。

王阳明的一生历经坎坷，但他没有气馁，既能以德修心，始终保持一身浩然正气，一直恪守良知、知行合一，在坎坷的人生道路上铁骨铮铮，不畏权贵的迫害，不断探索人生的真谛，努力不懈地完善和传播他的思想，最终成为一代"心学"大师，不愧为如玉亦如铁的君子。

从大胆上书朝廷为忠直之士仗义执言，到担任知县为民谋福利，在平叛中披荆斩棘……王阳明的一生都在滋养浩然之气，通过立志、读书、顿悟、讲学而滋生，更在于他一生崇尚实践，身体力行。王阳明有言："岂有邪鬼能迷正人乎！"刚正不阿之人，即便是邪恶鬼神也不能使其心智迷乱，如此才能直面残酷的现实，即使身心受创，仍能愤然而起，成就一番事业。

浩然正气是人的精神"脊梁"，是抵御歪风邪气的"屏障"。有了这种浩然正气，就能敢于为真理而鼓与呼，惩恶扬善，关键之时能挺身而出，扶正祛邪，义无反顾，这是我们道德修养的着力点。正气长存，则邪气却步、阴霾不侵；正气长存，则清风浩荡，乾坤朗朗。有了浩然正气，就可转化为无所畏惧的力量，有了顽强不屈的傲骨和铁骨，使人立于天地之间。

阳明先生说

> 士大夫志行无惭，不因毁誉而有荣辱。君子出处有义，岂以人言而为去留？
>
> 须是勇。用功久，自有勇。故曰："是集义所生者，胜得容易，便是大贤。"

延伸阅读

江上渔者

范仲淹

江上往来人，但爱鲈鱼美。

君看一叶舟，出没风波里。

简析　前两句写岸边来来往往的人，都称赞鲈鱼味道鲜美，写出了人们对鲈鱼的偏爱，却不知其来之不易。后两句用一片落叶来形容渔船之小，这就与江上的惊涛骇浪形成鲜明的对比。诗人把关怀民生和"先忧后乐"的情怀，"温润和雅，蔼然仁人之言"，形象地展现在"君看一叶舟，出没风波里"的画面上。

兵儒融合
用兵如神

第六章

——论谋略之心

"此心不动"，老子有诗意的描述——"致虚极，守静笃"。"随机而动"，捕捉到事物的本质而在恰当的时机行动。这八字真言是王阳明心学的至高精华、核心思想之一，也是成大事的第一义谛。

当有人向你发动攻击时，你要首先让自己的心安定下来：我当下的心不受一丝一毫杂念的影响，不会因事物产生波动，不拘泥于一时一事的得失，胸有成竹而临危不乱，泰山崩于前而面不改色，麋鹿在眼前跳跃而目不转睛，方能本心呈现，养成的气度和格局，如同"太极"功夫，以柔克刚，四两拨千斤。在"岿然不动"中随应事物的变化做到随机而动，亦即捕捉到事物的本质，在恰当的时机作出恰当的行动。如果此心妄动，情绪就会发生波动，理性思维就会受到影响，你看见的就只是你的妄念在对方身上的投射，而不是对方的真实存在了，往往会随性而动，作出错误决策，在运用谋略时就会事倍功半。我们不妨学一学王阳明的心学智慧，先此心不动，再随机而动。

"此心不动，随机而动"的功夫，是成就事业的重要条件，是人生进程的美丽风景。心智成熟的人，永远都是在外界事物干扰自己而不动心的人。保持宁静，方能致远。心宁智生，智升事成。处喧闹之地，心平如水；进是非之场，豁然超俗；遇烦恼之事，从容处之。就如王阳明，这边云淡风轻地讲学育人，那边指挥千军万马剿匪、平定军事实力很强的宁王叛乱，如同他小时候在饭桌上用果核排兵布阵一般。伟人毛泽东在长征途中，面对万千敌军的围追堵截，泰然处之，用"静气"一次次带领红军化解危机，创造出夺占娄山关、四渡赤水等一系列辉煌战绩，在危急关头力挽狂澜于既倒，正所谓"大将风度均从容"。

开启心之力，先谋为本

古往今来，成就大事的人都是有勇有谋的。苏秦曾游说秦王失败后，苦读《太公阴符》一年，掌握了里面的大智慧，游说六国取得成功，进而改变自己的命运。张良洞察世事，不愧为帝王之师，为创建汉朝基业立下了卓越功勋。正是：奇袭奇遇奇男子，一生不愧王者师；唯握奇谋胜千里，雄兵百万任驱驰。狄仁杰善用谋略，没有死于枷棒之下，成就了伟业。历史已毫不夸张地证明，高城深地不足以为固，坚甲锐兵不足以为强，而奇谋妙计，善于应变，方能"挽狂澜于既倒，救三军于危途"，真可谓一策方能转危局，一谋而见退千军，一计稳观平骚乱。

勇而无谋是大忌，谋略是勇敢的朋友，将英勇和谋略完美结合，就没有克服不了的困难，没有打不败的挫折。王阳明的军事谋略并非天生，他对兵书、兵法有着深入的研究。他曾经辑录和编撰《兵志》《阳明兵策》《武经七书评》《历朝武机捷录》四种军事著述。

早在少年时代，王阳明就偏爱兵学，具有浓厚的军事兴趣，显示出性情的真挚与生命的不羁。冯梦龙《王阳明先生出身靖乱录》载，守仁12岁在私塾上学期间，常常偷偷跑出来与伙伴们儿戏，制大小旗帜，付群儿持立四面，自己为大将，居中调度略如战阵之势。

王阳明15岁时考察居庸三关，了解边防形势，思考抵御蒙古的策略，思考山川形胜的问题。"有经略四方之志，询诸夷种落，悉闻备御策"，包括提出详细的防御策略。少年王守仁在梦谒伏波将军马援庙后，赋诗曰："卷甲归来马伏波，早年兵法鬓毛皤。云埋铜柱雷轰折，六字题文尚不磨。"

王阳明26岁开始研读兵法，"凡兵家秘书，莫不精究"，批注《武经七书》。他任职不久，即上《陈言边务疏》，向皇帝系统陈述西北的军事防御问题。他对军事布阵和用兵的深入研究，为他后来提调军队、谋兵布阵奠定了基础。

王阳明被贬到荒远的贵州龙场，虽然龙游浅滩，但是他没有搁浅，经过八年时间，八封升迁令，从一个没品、没级、没人理的芝麻官，一跃成为受国家重视的四品大员，终于迎来了飞龙在天的这一天。

一个人要想成就一番大事业，就要将勇和谋结合起来，既要胆识过人，又要善谋善断。剿匪是极为棘手之事，前后六任巡抚剿灭不了的"数十年之积寇"。作为一名军事家，王阳明指挥千军万马，英勇而有谋略，"君子斗智不斗力"，只用一年多的时间，七战七捷，平定匪乱。他将心学用于军事，以军事实践检验心学成效，在军事实践中实现了"儒"与"兵"的辩证统一。

王阳明屡战屡胜的秘诀，就是英勇加谋略。他能让土匪主动投降。宁王造反，十万大军，王阳明手上没几个人，他召集一批民兵，最终捕获宁王。朱宸濠仰天长叹："好个王守仁，以我家事，何劳费心如此！"一场危及江山社稷的叛乱，在王阳明几乎是谈笑之间就灰飞烟灭。看似云淡风轻的背后，却是一生踔厉奋发，不懈努力，卓然有为。面对叛乱纷起，认为"破山中贼易，破心中贼难"，用兵伐谋，攻心为上，改征讨为招抚，于是四方安定。

把一件事情做得完美一些，需要三分苦干加七分巧干。王阳明在《绥柔流贼》中说："盖用兵之法，伐谋为先；处夷之道，攻心为上；今各瑶征剿之后，有司即宜诚心抚恤，以安其心；若不服其心，而徒欲久留湖兵，多调狼卒，凭借兵力以威劫把持，谓为可久之计，则亦末矣。"王阳明作战首选以谋胜敌，认为这样可以避免自己过多地伤亡，也可不那么过分地杀戮敌人。这既体现了王阳明的仁者之心，也体现了他以谋胜敌的思想。

《虎钤经》认为，"用兵之要，先谋为本"。一是要考虑到矛盾的双方，吉凶、险易、利害都要考虑到。对自己不利的方面用心防备，困难或灾难就可解除。对自己有利的方面充分利用，敌人的困难或灾难就会增加。二是要考虑到胜败可以转化，"败势可以为胜，胜势可以为败"。由胜转败有泄密、不团结、狐疑不决、贻误时机等。

面对瞬息万变的社会，要想把自己的事业做好，"勇"和"谋"缺一不可。王阳明博览群书，悟性极好，善于用兵布阵。在谋略方面，王阳明很崇拜诸葛亮，"纵擒徒羡孔明才"的诗句可表明他的心迹。在他的文集中曾多次提到孔明。他学习诸葛亮的韬略，筹划精密，变幻莫测，使用了许多的奇计，都是随机决断，韬略过人。王阳明出任兵部主事时，参与平定了南方流民暴动、南昌宁王朱宸濠之乱、广西之乱，展现了他的军事智慧，称得上是罕见的文武全能之大儒。

不打无准备之仗

做任何事情之前都不宜急于行动，而须悉心准备，包括做好物质上的准备和精神上的准备。《礼记·中庸》有言："凡事豫则立，不豫则废。言前定则不跲，事前定则不困，行前定则不疚，道前定则不穷。"凡事预于先，谋于前，做足准备，往往能占据主动，确保事情的成功。否则，事发突然，或计划赶不上变化，往往让人手忙脚乱，陷于被动之中，穷于应付。

从战争的视角看，战前的准备工作是战争所必需的，是取得战争胜利的保证。准备多做一分，相应的风险就会减少一分。《孙子·军争》有言："军无辎重则亡，无粮食则亡，无委积则亡。"军队没有军械会灭亡，没有粮食会灭亡，没有财物也会灭亡。只有解决了基本的后勤保障，才有精力去作战。

王阳明打有准备之战，是他从没有打过败仗的重要因素。弘治十七年（1504），王阳明被任命为兵部武选清吏司主事，在这个岗位上忠诚履职和历练，使他对全国军事情况有了全面了解，为可能担当的使命做好了准备，冥冥之中似乎也暗示着他这一生将与军事战争结下不解之缘。

明朝发展至中期以后，处于内忧外患的激荡旋涡之中。江西南部连接广东、福建、湖广三省，山势险要，森林茂密。盗贼盘踞其中，每三人中就有一人为盗贼，伺机剽掠，成为当地老百姓的祸患。南赣汀漳一带地形极为险峻，历来是匪徒盘踞之地，治安状况极为混乱。贼匪"劫掠州县"，杀官吏，抢库藏，焚官舍。近二十年间，巡抚换了几任，贼匪抢劫商人，抗拒官兵，有不可收拾之势，成为难以除去的毒瘤。王阳明虽然反对战争，却多次被动地卷入战争之中，成为一名"救火队员"。

如果说，王阳明在庐陵任上不过是牛刀小试，到了南赣任上才充分展现心学大智慧的靓丽风采。正德十二年（1517）正月十六日，王阳明受命巡抚南赣汀漳，来到了赣州，这是他军事生涯的开始。

初为封疆大吏，王阳明到赣州上任，百废待兴。他不急于用兵，而是首先对山川地理、道路险夷、匪军据点分布、敌我对比、兵力来源、军饷筹措、军事设施、"山贼"的内线进行周密细致的调查研究，作出了官军会剿、利在速决的正确分析，推行了一系列特殊措施。

清除内奸，实行"十家牌法"。当时，匪军隐藏于农民家中，民匪不分，不利于官军进剿。一些人成为"洞贼耳目"，官府的行动还没有付诸实施，"贼寇"已经提前知道了。王阳明责问军门的一个老隶，获得实情。根据这一情况，他活用王安石的保甲法，创造性地提出了"十家牌法"：即每十家为一个相互管理、相互监督的组织，开列各户姓名、年龄、相貌、行业，每天轮一家，黄昏时分沿门按牌审察动静，一旦遇有面目生疏之人，踪迹可疑之事，妄行狡伪欺窃之事，乃至私通贼寇、传递情报、窝藏奸宄，能够及时发觉，立即报告官府。若查处一户有匪徒，其他人家都要受到惩罚。此法厉害，在战时很管用，硬是把强盗的后续给掐断了，没有上山继续当土匪的人了，也没有人送饭送粮给土匪，很快匪徒就无处隐遁。

"十家牌法"是王阳明针对赣南剿匪实情制定而成，其根本目的是对百姓实行定位化管理，有效地自治，通过连坐之法加以严格约束，断绝平民与"山贼"接触，断其内应和粮食补充，从源头上减少盗贼和叛乱的出现，促进社会风气的改变。"十家牌法"推行后，又推出了保长法，与"十家牌法"一道，构成了保甲法。

选练民兵，以配合正规部队。王阳明针对明朝官兵战斗力低下的弊端，主张大胆地选用民兵，实现"家家皆兵"和"人人皆兵"，以此推进兵制的改革。他在《选拣民兵》告示中说，我到任十天，未能走遍所属各处，仅就赣州一府的情况来看，财用枯竭，兵力脆寡，没有抵御强寇的力量，用他们去剿匪就如驱羊攻虎。在民间挑选"骁勇绝群、胆力出众之士"，每县多则十几人，少则八九人，充实到军队中来。"大约江西、福建二兵备，各以五六百名为率；广东、湖广二兵备，各以四五百名为率"，从中再选出勇力、胆识出众者，用为将官。还要选出武艺出众、有实战经验者，教会民兵掌握战斗技能，再推到战争前线，平时保卫县城，战时可由各省兵备调遣。巡抚衙门则时加督察，偶尔进行调遣，检验其机动能力。这支民兵在后来剿匪的战斗中，起到了核心和骨干作用。

为提高快速反应能力，改造部队编制。王阳明对他的这支部队怎么进行管理呢？每二十五人编为一伍，伍有小甲，即伍长；两个伍即五十人为一队，队有总甲，即队长；二百人为一哨，设一哨长；四百人为一营，设一营官，两个参谋；一千二百人为一阵，每阵设有偏将；两千四百人为一军，每军设有副将。副将以下的官员，王阳明有权提调惩处，这大大增强了其指挥军队的权力，抓住了主动权，不贻误战机。

阳明先生说

> 正恐后之罪今，亦犹今之罪昔耳。

高超的攻心术

王阳明"攻心"为上、"义战"为实的用兵思想，淋漓尽致地体现于他巡府南赣时期。

平定漳南之后，王阳明将重点转到南康、赣州。这一带的桶冈、横水、左溪的贼寇荼毒三省。盘踞在赣粤边境的浰头贼，贼首池仲容，放纵部下烧杀劫掠，自立为"金龙王"，妄图割据一方。

王阳明是心学大家，又是谋战高手，在战争中他的拿手好戏之一便是一次次采取攻心术。上次平漳南时，妥善处理漳南"新民"，领着家属投降的人差不多已经安置复业了，让当地百姓安居乐业、长治久安，这是他心学的大智慧所在，足见王阳明忠君爱国，从利国利民的根本利益出发，体恤百姓。

这个时候，还剩下很多土匪没有剿，大家都以为王阳明会继续出兵，结果出人意料，按兵不动，休养生息，实施长治久安的制度建设。王阳明给落草为寇、躲在山洞里的人们送去牛、酒、银子和布匹，让他们的家属先暂时食用。王阳明写了一封信给各地的"山贼"，简称《告谕浰头巢贼》，这是把"良知"思想贯彻到剿匪的重要实践。

王阳明是文章大家，在龙场悟道的过程中，写了几封信，难题迎刃而解。如同古人所言："感人心者，莫先于情。"在平定乐昌、龙川贼寇时，王阳明又写给土匪一封信，面对冥顽不灵的贼匪，采取"重抚轻剿"的方略，不是站在朝廷的名义上说话，也不是战斗檄文，而是站在人性的层面上说话，设身处地地深入体验理解对方内心世界，层层剖析对方心理，晓之以理，动之以情，酣畅淋漓，感人肺腑。

"人之所共耻者，莫过于身披盗贼之名；人心之所共愤者，莫甚于身遭劫掠之苦。今使有人骂尔等为盗，尔必怫然而怒。尔等岂可心恶其名而身蹈其实？又使有人焚尔室庐，劫尔财货，掠尔妻女，尔必怀恨切骨，宁死必报。"文中虽然把对方定性为"贼"，但也不是一棍子打死，他对这些人进行分类区别，"审知当时倡恶之贼不过四五十人，党恶之众不过四千余众，其余多系一时被胁"，强调道德教化，并给他们改过自新的出路。

考虑剿盗胁从者众多的原因，所以先礼后兵，先行告之，申明不搞"不教而杀"，以免徒增伤亡，同时谆谆教诲，诚意满满，正义济济，晓之以理，菩萨心肠。如若不知幡然悔过，则仁至义尽，就一定率领大军围剿杀灭，此乃天杀之也。"人同此心，尔宁独不知；乃必欲为此，其间想亦有不得已者，或是为官府所迫，或是为大户所侵，一时错起念头，误入其中，后遂不敢出。此等苦情，亦甚可悯。"这里指出了大多落草为寇者，是"为官府所迫""为大户所侵"，一时错起念头，误入其中，必然引起流寇同感。

王阳明接着从三个方面帮助他们解除顾虑：第一，你们真心投降，就是朝廷赤子，官府不会妄杀；第二，你们当初为"贼"，劫掠官府、百姓，是走向死路；今日本院让你们改恶从善，归服即可保留生命，是指明生路，也给盗匪吃了一颗"定心丸"；第三，你们以勤苦精力，用之于耕农，运之于商贾，劝说推心置腹。

信的结尾有情、有意，仁至义尽，根在王阳明"意诚"、仁爱万物，因势利导，顺情而为。"吾言已无不尽，吾心已无不尽。如此，尔等不听，非我负尔乃尔负我，我则可以无憾矣。呜呼！民吾同胞，尔等皆吾赤子，吾终不能抚恤尔等而至于杀尔，痛哉！痛哉！兴言至此，不觉泪下。"

按道理给匪寇的信件应写成战斗之檄文，这封信却写得如情书一般，字里行间不仅有理、有据、有节，陈之以利害，而且有情、有意，最后余音袅袅，不绝如缕，体现出"致良知"的品行。只有坚持人性本善的思想家，才能如此披肝沥胆地进行告白。借用一位贤人所言："盖其忧之也深，故其言之也切；其虑之也远，故其说之也详。"

王阳明这封信收到奇特的效果：住在山洞里的部族酋长黄金巢、卢珂等人颇受感动，立即率贼来投诚，表示愿意改恶从善，"愿效死以报"，得到了官府的宽待。后来他们参加了围剿战，卢珂破池仲容时还立了战功。南赣匪患一举解决，让百姓免受战乱蹂躏。

阳明先生**说**)))

> 吾言已无不尽，吾心已无不尽。如此，尔等不听，非我负尔乃尔负我，我则可以无憾矣。呜呼！民吾同胞，尔等皆吾赤子，吾不能抚恤尔等，而至于杀尔，痛哉！痛哉！兴言至此，不觉泪下。

此心不动，随机而动

"此心不动"是出于报国丹心而发动的认识功能，从容悠闲，充满内涵的悠远，展现涵养和理智；自心恬淡，宁静致远，洞悉万物，守得清明，不受外在因素侵扰。老子曾说，"致虚极，守静笃"。"静之徐清。"一杯浑浊的水只有静静沉淀，方能清浊分明。《孟子·公孙丑上》有言："我四十不动心。"《孟子正义》焦循注解为："不动心"就是"志气已定，不妄动心。"朱熹《四书集注》的释义："任大责重如此，亦有所恐惧疑惑而动其心乎？"

此心妄动，对自己的念头过于执着，急于决策行动，结果就不可能及时看到事实的本相，乱了方寸阵脚，使危机失控。一个人的心经常处于"妄动"状态，这些未经开发和修行的潜意识是混乱的、扭曲的、狭隘的、顽固的，以维护自我为中心。当我们被潜意识所控制时，潜意识往往在驱使着自身行为，这种行为偏离了真实，处于程度不同的失控状态，甚至滑向深渊。

"此心不动，随机而动"，这八字真言是王阳明心学的至高精华、核心思想之一，也是成大事的第一义谛。大意是：我当下的心不受一丝一毫杂念的影响，不会因事物产生波动，不拘泥于一时一事的得失，对事物的深谋远虑，胸有成竹而临危不乱，随应事物的变化做到随机而动。要做到随机而动，亦即捕捉到事物的本质，在恰当的时机作出恰当的行动，其前提是此心不动，先让你的心安定下来，泰山崩于前而面不改色，麋鹿在眼前跳跃而目不转睛，只有"此心不动"，方能本心呈现，养成的气度和格局，而行走于大道之境。

王阳明于正德十二年（1517）正月赴赣，途经万安时，"遇流贼数百，沿途肆劫，商舟不敢进。先生乃联商舟，结为阵势，扬旗鸣，如趋战状。贼乃罗拜于岸"。初试牛刀，王阳明便临机而应变，自如地运用虚张声势之术，震慑宵小流贼。

在难事、大事、急事、要事上多磨炼，就能将内心打磨得成熟豁达，沉稳有定力，静亦定，动亦定。心里不慌、不长草，就不会患得患失，就能在大事来临之时，气定神闲、沉着冷静，决胜于千里。在征剿浰头盗贼时，王阳明纯熟地运用随机应变的战术，嘱咐属下："一应临敌制度，俱在各官相机顺应。若贼势难为，兵力不逮，或先散离其党与，或阴诱致其腹心，声东击西，阳背阴袭，勿拒一议，惟求万全。"

桶冈的谢志山等山匪被攻破之后，最难对付的池仲容招兵买马，日夜操练。王阳明派人责问其备战行为，池仲容给自己找借口，说他早有归顺之意，只是防龙川盗贼卢珂袭击他。王阳明决定将计就计，假装对已投诚官府的卢珂"擅自用兵"勃然大怒，故意将卢珂抓捕入狱。王阳明与卢珂暗中商量好的苦肉计，故意让池仲安看到，以便其能说服池仲容，促其归降。池仲容来王阳明军营后，"见各营官兵皆已散归，而街市多张灯设戏为乐，信以为不复用兵。王阳明巧妙利用黄金巢、池仲安、卢珂等上演了一系列反间奇谋，最终将池仲容拿下。

在三浰被攻破之后，还有800名精悍贼人又啸聚九连大山。九连山横亘数百里，四面陡绝，须半月始达，而贼已据险。王阳明随机应变，"在九连山战役中，王阳明命令'选锐士七百余人衣所得贼衣，若溃而奔，取贼所据崖下涧道乘暮而入'。贼以为其党也，从崖下招呼。我兵亦佯与和应，已度险，扼其后路。明日贼始觉，并力求敌，我兵从高临下击败之"这一奇妙的战术，通过天险，乔装混入敌军，占据有利地势，四路设置伏兵，使山寇皆擒之，抚其"降酋"张仲全等200余人。

军事是变幻无常的，越是到了危疑震撼之际，越是遇到急事、大事、难事，愈要澄心定虑，大脑飞转，先想出处理危机事件的方案。王阳明提出"此心不动，随机而动"的八字真言时，正值江西的宁王朱宸濠在南昌起兵叛乱。他迅速占领南康、九江，并计划兵取南京，进而北上。面对国家蒙难、民众受苦的危急关头，作为当地的最高官员王阳明并没有自乱阵脚，他改变了辞官的决定，在未得到朝廷允许的紧急情况下，主动担负起平叛宁王的重任。他迅速投入新的战斗，紧急调动当地军队与宁王展开了一系列斗智斗勇的平叛行为，体现了极为可贵的民族大义。

朝廷接到王阳明的奏疏，立刻作出反应，将钱宁、陆完等朱宸濠的同党论罪下狱，革除朱宸濠王爵，向南方诸省通报宁王反情，着令地方官员配合王阳明剿灭叛军。吉安附近的大小官员、军队、有志青年都以吉安为圆心，从四面八方赶赴而来，总共七八万号人，把吉安围个水泄不通，只等王阳明一声令下，为国效命。王阳明下令在城外安营扎寨，按兵不动。他的一个下属想与宁王对战。情急之下冲进营帐，要问个明白。王阳明问他：兵法的要义是什么？这个下属答不上来。王阳明随即讲了他的兵法要义："此心不动，随机而动。"如果我们的心处于"妄动"状态，其行动就有点像是"盲人骑瞎马，夜半临深池"。

伍文定得知王阳明下令按兵不动，很不理解，急切地问："为何不发兵？现在大家士气高涨，正是出兵的大好时机。"王阳明解释说："时机未到。此心不动，随机而行，此为兵法最高奥义。起初敌强我弱，需要用计拖延敌军，争取时间。如今我军实力大增，可以与敌人抗衡，但宁王毕竟经营江西多年，根深蒂固，若贸然出击攻城，必然久攻不下，人心思乱，断不可行，不如龟缩不出，示弱于叛军。"伍文定心悦诚服，不再有异议。

王阳明利用反间计和虚假情况迷惑宁王，离间朱宸濠与谋臣的关系，取得明显成效。朱宸濠有两个重要谋臣，即李士实、刘养正。王阳明命参谋龙光伪造了一封给李士实的信，在信中谈到李、刘二人做内应之事，然后遣信使将这封信分别送给李士实、刘养正。两信使皆被杀，信落入朱宸濠手中。

朱宸濠看到信件后，内心失去平静，导致慌乱、焦躁、胆怯、不自信，猜疑李、刘进攻南京的策略，"内心妄动"不断，连续出现战略失误。王阳明趁机增派兵力，加固南京方向的防守力量。在区区42日之内，王阳明平定了这场震撼天下的大叛乱，其战略家的谋略、胆识、定力，令人击节赞叹。

成大事者不仅要有谋略，还要有在关键时刻随机应变、果断行事的能力。王阳明评定的《武经七略》，认为战争的胜负之关键在于"校之以计而索其情"，因神明妙用全在校量计画中。战场上情况瞬息万变，呈现双方力量对比的变化，战略战术的变化，军队情绪的改变，因而没有一成不变的战略战术。当形势发生了改变，就不能机械地与兵书一模一样地加以重新演绎，作战计划要随着战场情况的变化而变化。

不论是战场还是官场，处处都会有浅礁暗流，成功者懂得顺应时事而变化，及时调整自己步伐。王阳明运筹帷幄，在军事方面的特殊才能和智慧，通过几次军事行动得到了长足的显现。对于边远地区少数民族的动乱，他不主张军事围剿，而乐于怀柔招抚；把杀人越货的盗贼和被迫铤而走险的贫苦民众区别开来，把首恶和胁从区别开来，把愿意改恶从善和坚持不改区别开来，看认罪的态度来决定处罚。

我们不妨学一学王阳明的心学智慧，先"此心不动"再"随机而动"，这既是兵法要义，也是处事指南。此心不动，遇事不怒，或含怒不激、不屈于辱，忍辱负重，收敛锋芒，藏中有露。时而藏，时而露，适当沉默，相机而动，适时而出，假装糊涂，避免嫌疑。正如老子所说："无为而无不为。"只有不该做时不做，才能无所不做；唯有不该为时不为，才能无所不为。明代思想家吕坤有言："天地万物之理，皆始于从容，而卒于急促。急促者尽气也。"

"此心不动，随机而动"的功夫，保持从容镇定，心境平和，举重若轻。"每临大事有静气，不信今时无古贤"，出自清朝三代皇帝的老师翁同龢之手。一旦动心，你的情绪就会发生波动，理性思维就会受影响，往往凭借一时冲动或个人喜好作出错误的决策。有些人往往因为不冷静，愤怒之下做出了错误的事情，一旦冷静下来，就会发现事情远比我们想象的要好。

羽翼未丰，不可高飞。《易经》中的"潜龙在渊"，就是指君子要善于保存自己，待时而动，循序渐进，不可轻举妄动，贸然前进。南朝梁人萧统《靖节先生传序》有"圣人韬光，贤人遁世"之说。《隋书·薛道衡传》则提出"韬神晦迹则紫云腾天"。遇到有利于自己发展的机会时，及时主动出击，以便获取大胜；当环境与形势不利于自己的时候，保持沉默，敛藏才能，以柔弱示之，积蓄力量，等待有利时机，以再展雄风。

"此心不动，随机而动"的功夫，助人眼界开阔，胸襟豁达，挺过如磐风雨，包容万千气象，寻得生命真谛。曾国藩修心之初，饱受好动轻静、心无定向之苦。他曾在日记中坦言，内心"素有忿恨不顾之习，偏于刚恶，自宄所病只是好动不好静"。曾国藩修心初见成效后又说："心动则神疲，静则神裕。""务求息息静极，使此生意不息。"曾国藩给郭嵩焘写过一副耐人寻味的对联："好人半自苦中来，莫图便益；世事多因忙里错，且更从容。"曾国藩妙用"此心不动，随机而动"于建功立业，成为"同治中兴"的第一名臣。

阳明先生 说)))

　　若人真肯在良知上用功，时时精明，不蔽于欲，自能临事不动。不动真体，自能应变无言。

抓住战机，每战必胜

　　王阳明的后半生在南方各地，几乎都是马背上度过，指挥接踵而至的平叛战争。王阳明研习古典兵略，有着独立思考和独到识见。王阳明认为，战与不战，都应该以我为主，牢牢把握主动权，一旦出现战机，那就要乘势发起，致命一击。

他对《军争篇》点评："善战不战，故于军争之中，寓不争之妙。"他巧妙运用了《老子》的"不争之术"，对《孙子》的"军争之法"进行解读，强调了"不争"的作用。他对《孙子·火攻篇》要言不烦地点评："火攻亦兵法中之一端耳，用兵者不可不知，实不可轻发。"这样的点评，与孙子"非危不战"高度契合。他认为"乘间"不如"用间"，即等待对方内部出现间谍，不如自己主动使用间谍，"用间"方为制胜第一妙法，如此，再坚固的堡垒也会被攻破。

正德年间，官府处置失当，遂使新起的流民与山里的惯匪连成了一片。官军扑来，变乱者如鸟散入深林，东追则西窜，南捕则北奔；大军困在山中，竟似涸泽之鱼，收效甚微。在来赣州的路上，王阳明听说赣州居民中有不少人为"山贼"提供情报，往往官军还没有开始行动，"山贼"就已知晓，做了防御准备；官军一走，盗匪又出来活动。

王阳明到任后，找到了突破口。他通过几次小小的试探，发现一名老吏形迹可疑，断定是"山贼"的密探。王阳明摸清了老吏的底细后，便把他叫到自己的卧室，历数了老吏几次向"山贼"通风报信的来龙去脉，问他要死还是要活，若要活就交代联络图、联络点。

老吏无所遁形，吓得扑通一声跪下，大喊"大人饶命，大人饶命"，把奸贼的名单如数供出，还把土匪们的最新情报报告出来。王阳明将计就计，一番布置后，让老吏做起双面间谍：一边给盗匪传递假消息，一边帮官兵获取新情报，使官军形成了战略上的优势。他也按照之前的许诺，赦免了老吏的罪行。

当时江西、湖南、福建、广东四省交界地区（属于四不管地区），土匪、恶霸、盗贼非常猖獗，肆无忌惮，百姓苦不堪言。有上百股大大小小的"山贼"，最远的一股"山贼"，即在福建、广东交界的地方，其头子是詹师富。"兵者，诡道也。"詹师富这一股"山贼"因为最远，相对较弱，最没有防备，仗相对好打，而最近的、最强的、最弱的那几股都有防备。王阳明心生一计，向最远的"山贼"开战。

王阳明公开扬言：现在正值农耕，官兵都解散回家种地，从漳南山区撤兵；一边放出风声，先围剿桶冈、衡水之匪，秋后再进攻漳南。漳南的詹师富团伙开始杀猪宰羊，设宴相庆。王阳明说，漳南匪寇以为我们不会出击，这正是我们出击的好时机。他驻扎上杭"前线"，命令假装撤军，扬言秋季等大军来会剿。

几天后，王阳明从赣州领兵进驻福建长汀、上杭，向分散在各处的"山贼"发起进攻。漳南山区的山贼没想到突然遭受袭击，猝不及防，纷纷退回象湖山据守。王阳明指挥官军及民兵，兵分三路，齐头并进，全线突袭，直捣象湖山，一时间鼓噪穿插，喊声遍山野。山贼凭借山势险峻，用滚木巨石抗击官军。战斗从早上一直进行到中午，双方死伤惨重。

另有四千官军受王阳明密遣，由间道从贼匪的后方突然发起猛烈攻击。山贼腹背受敌，死伤无数，只有溃散而逃，想攀登到悬崖绝壁上去，没想到上面早有王阳明布置的从小道上去的伏兵，从上面滚下圆木石头，山贼只好四处逃奔，离开了老巢又失去了地利。官军在象湖山周围完成了合围，彻底把詹师富装进口袋里头，山贼被消灭了。官军乘胜追击，攻破长富村、水竹、大重坑等四十三处据点。

这次平漳战役，王阳明麻痹敌人，以退为进，出其不意，主动出击，持续了三个月，山贼被杀2700余人，俘虏1700余人，贼首詹师富在可塘洞被俘，有4000余名山贼被招抚，安插复业。这是南赣汀漳巡抚设置以来，从未有过的大胜仗，也是王阳明有生以来亲自部署、指挥的第一仗，展现了他卓越的军事才能。这种麻痹敌人、出其不意发动进攻的方法就是对兵家诡道的最好诠释。王阳明在民众那里获得了极大的肯定。在班师途中，他受到了老百姓焚香顶礼的跪拜。

阳明先生说

　　虽千魔万怪，眩瞀变幻于前，自当触之而碎，迎之而解，如太阳一出，而鬼魅魍魉自无所逃其形矣。尚何疑虑之有，而何异同之足惑乎？

制胜战术变化多端

　　王阳明强调军事态势不是一成不变的，用兵并无常道，在于随机应变，主张"兵贵在活"，针对具体情况采取灵活变化的战略战术。弘治十三年（1500），王阳明在《头捷音疏》中说："臣以为兵无常势，在因敌变化而制胜。"王阳明契合了孙子"涂有所不由，军有所不击，城有所不攻，地有所不争，君命有所不受"的军事策略。综观王阳明指挥的几个战役，灵活、机动，策略运用得十分娴熟。在多次征战过程中，他灵活制定制敌策略，随机应变、果断行事。比如王阳明撤军的时候，敌人以为他是真的撤军，可是王阳明在暗中布置，然后出其不意，发动突然袭击。为了给胁从者、愿意悔改者机会，王阳明先发布告，劝谕误入迷途者改恶从善，弃旧图新。

　　在王阳明的指挥下，到正德十三年（1518），南赣基本被平定。历史没有给王阳明休整的机会，一个更大的使命等待他去完成。这时候朝廷命令王阳明去处理福建的士兵哗变。

正德十四年（1519）六月，居住南昌的宁王朱宸濠发动叛乱。朱宸濠是朱元璋的五世孙，即朱元璋的第十七个儿子宁王朱权的后裔。朱宸濠对皇位早有觊觎，说到底还是私欲盛而天理蔽。在朱宸濠看来，皇位才是天理。让我们来看看王阳明征讨朱宸濠之始末与经纬。

蓄谋已久的宁王组织了十万大军，举兵叛乱，顺江而下，势如破竹，准备占领南京，自立皇帝。当时形势紧急，事出仓促，宁王已率军沿长江南下，若不及时起兵，一旦其攻破安庆，很快抵达南京称帝，形成南北对峙的局面，将会引起更大内乱。而若向正德皇帝禀告，等朝廷旨令，就是用快马，来回也需要十天，那什么事就都来不及了。

此时，王阳明作为南赣巡抚，只带了几个随从、幕僚，正乘坐官船北上，赶去福建处置士兵哗变，在没有得到正德皇帝命令的情况下，冒着很大的风险发兵抵抗，充分发挥了他的聪明才智。朱宸濠派了一千多人的精锐部队，企图把王阳明抓回来。这时候，王阳明已经到了丰城县。县令顾佖等人告知宁王起兵谋反的消息。当天晚上，王阳明和他身边的龙光、萧禹、雷济这些人，潜入渔舟，换上便装，摆脱了朱宸濠的追兵。

龙光、萧禹等人跟着王阳明连夜赶到临江（今江西樟树）。临江知府戴德孺急忙出城迎接，并恳请王阳明入城调度。王阳明所想的是如何尽快调集兵力，平灭朱宸濠叛军；如何尽快通报各地，及早做好防御准备；如何尽快上报朝廷，调兵进行围剿。而这一切又都需要时间。因此，得想办法打乱朱宸濠的部署、延缓朱宸濠出兵时间。

王阳明一面大施疑兵之计，假造两封兵部文书，诡称朝廷早有防备，各路人马正分道并进，夹攻南昌，让本以计划出兵的宁王误以为各路大军已对其组成合围态势，瞻前顾后，不敢出兵；然后利用反间计，伪造朱宸濠亲信的投降秘状，四处散布，使宁王猜疑部下进攻南京的策略，其谋士们也心怀疑惧，本来打算一鼓作气攻取南京，竟然滞留了十几天，不敢出兵进攻南京，这为官军的集结赢得了非常宝贵的时间。

真假文书发出之后，王阳明告别戴德孺，赶往吉安，调集军马。吉安知府伍文定，也是一个文人，遇事敢作敢为，从不奴颜媚骨，是王阳明南赣平匪患时手下最得力的一员大将。《明史》评价伍文定："忠义自许，遇事敢为，不与时俯仰。"两个人惺惺相惜，实乃平生知己。王阳明说："我就是奉旨平宁王之乱的。"伍文定一听，仿佛吃了一颗定心丸。

据史料记载，到了七月二日，宁王朱宸濠从鄱阳起兵，始率大军先期夺下南康、九江，来到了安庆城下。要打南京，第一关就是安庆。朱宸濠信心满满，只留了一万人守南昌。

王阳明召集众官员，讨论进兵方略。伍文定等人请求先救安庆："安庆一失，南京危矣。"南京一失，宁王势已成，大局就很难扭转了。王阳明指出：九江、南康已经被敌军占领，如果我们越过南昌跨江救援安庆，就会腹背受敌。此时应该抓住对方薄弱的地方，采取"围魏救赵"之战术，转头直接攻打朱宸濠的老巢南昌，通过里应外合不日攻下后，迫使进攻南京的朱宸濠挥师回救南昌，而这时可以派出几路人马分头截住回南昌的宁王朱宸濠军队，实施合围，就可以集中少数的兵力一举将宁王的叛军歼灭。

王阳明破朱宸濠叛乱，非常重视"攻心术"的运用，通过舆论宣传、用计等手段攻敌之心，迷惑、瓦解对手，征服人心，目的都是为了用小牺牲换大胜利。这种"攻心术"是王阳明心学在军事活动中的具体运用。王阳明先派人在南昌城张贴布告，说几十万官军即将攻进南昌，弄得留守城内的一万多兵士人心惶惶，以为宁王大势已去；然后把樟树镇官军集合起来，多做战阵、旗帜、战鼓，声势浩荡地杀奔南昌，以绝对优势迅速扫灭南昌外围宁王驻军。

七月十九日深夜，伍文定带着先头部队，抵达南昌广润门外。第二天黎明，开始攻城。城中守军借着滚木、石块、火器、毒弩，拼死抵抗。王阳明来到广润门外，申明军纪，诸将必须听鼓而进。一鼓附城，二鼓登城，三鼓不克斩其伍长，四鼓不克斩其将。同时又让人用弓箭将招降书射入城内，以涣散守军斗志。各路将领身先士卒，冒着箭雨，架起云梯。士兵们前仆后继，一鼓作气登上城墙。守军碰到伍文定这种凶悍的对手，便迅速逃跑。南昌全城便被王阳明拿下。

事实证明，王阳明是正确的。这种正确判断来自他对现实环境及时局准确的评估。后来果真如王阳明所料，宁王首尾无法兼顾，只好率大军回救南昌。宁王朱宸濠是个赌徒、守财奴，放不下已有的东西，立刻派吴十三、凌十一带两万先锋部队先回南昌，自己率领大军随后回援。打蛇打七寸，王阳明一下打在朱宸濠的七寸上。

这时，南昌城内听说朱宸濠大军回救南昌，所有人大惊失色：这两万多人能守住南昌吗？军事会议上，大多数人的意见是凭城自守、坚守不出，等到勤王之师来救南昌，里外合围。王阳明的眼光总是超越众人："我们是正义之师，朱宸濠的部队虽说是正牌军，然而经过长途跋涉，连克南康、九江等城，其实没有遇到劲敌。现在安庆知府张文锦手下一两千人，就把他堵在了安庆，叛军进退两难，士气已消沉、沮丧。根据叛军千里回援疲乏的特点，我若先出锐卒，乘其惰归，主动出击，夜袭敌营，他们将不战自溃。所谓'先人有夺人之气，攻瑕则坚者瑕'也。"这又是根据双方当下的情况作出的正确判断。

王阳明随即排兵布阵，让吉安知府伍文定、晓州知府邢珣各率五百人正面迎击叛军两万人，等伍文定和凌十一他们正面接触之后，袁州知府徐链、南安推官徐文英、万安知县黄冕、宁都知县王天与各派数百、数千人，从各个角落斜插包围。

朱宸濠的先锋凌十一作为三军主帅，也不交代其他人，径直指挥水师的主舰，冲上去和伍文定杀作一团，两人杀得难解难分。前后左右各方向突然窜出各路兵马战船，把凌十一的水师搅得一片混乱。凌十一、吴十三紧急退兵至鄱阳湖东畔的八字淖，等待朱宸濠的大军。

吃了败仗的朱宸濠退到樵舍，然后将所有的船用铁索连接在一起，结为方阵，可以战船上跑马，决心第二天与王阳明决一死战。消息传来，王阳明又发现战机，哈哈大笑，正好可以用火攻："贼复退保樵舍，连舟为方阵，尽出其金银以赏士。臣乃夜督伍文定等为火攻之具。"让伍文定准备火药、火箭。其间，王阳明下令将写有"宸濠叛逆，罪不容诛；协从人等，有手持此板，弃暗投明者，既往不咎"字样的多面免死牌，扔入鄱阳湖中。第二天凌晨，王阳明全军出动，朱宸濠也孤注一掷，双方大战于鄱阳湖。这一战杀得天昏地暗，朱宸濠把所有的金银财宝都拿出来重赏三军，一开始叛军势猛如虎。伍文定奋力督战，炮管发热，竟然烧着了伍文定心爱的胡须，他也全然不顾。

当双方都疲惫至极的时候，王阳明模仿赤壁之战的战术，吩咐部队用火攻，火炮齐轰，火箭齐发，火借风势，风助火威，大火熊熊烧起。朱宸濠铁索连船后，叛军的大船一片火光，导致进退不能，船队火势变得凶猛，敌军将士纷纷落荒而逃，朱宸濠的妃子也投水而死。朱宸濠立刻弃了主舰后退，伍文定手下趁势大喊："宁王败了，朱宸濠被杀了。"此刻叛军之中一片大乱。叛军将士发觉败势已现，又突然看到江中漂着大量的木牌便纷纷去捡木牌，留以保命，军心动摇。

接着，王阳明采取迂回战术一举将宁王的残部击败。为了谋反而苦心经营多年的朱宸濠看到大势已去，无可奈何，带着金银财宝，跑到芦苇丛中，跳上芦苇中一条小船，没想到船夫将小船划到了王阳明的军中，直接被抓了个正着。

自宁王举兵叛乱到被擒，前后不过才40多天时间。王阳明一生最大的军事功绩，就是用很短时间就平定了宁王朱宸濠的数万精兵，粉碎了危急江山社稷的叛乱，且是"以万余乌合之兵，而破强寇十万之众"，赢得"大明军神"称号。宁王谋反，本来极有可能酿成一场涂炭生灵的大动乱，却被王阳明以迅雷不及掩耳之势扑灭。对于宁王朱宸濠的平叛过程，体现了王阳明谙熟军事、长于用兵的军事谋略。书生带兵能有如此成就，使他成为后世文人追捧的偶像。晚清曾国藩、左宗棠等人，在治军打仗上深受其影响。

阳明先生说)))

> 儒者患不知兵。仲尼有文章，必有武备。区区章句之儒，平日叨窃富贵，以词章粉饰太平，临事遇变，束手无策。此通儒之所羞也。

兵法与儒学融通

明代英宗时期实行文人治军政策，涌现了大批儒将，"兵""儒"两种身份在此合二为一，出现了兵儒融合趋势。王阳明、戚继光、袁崇焕身上体现了明显的兵儒合流的特征。

王阳明将所悟之心学与兵学相结合，形成了其独特的军事心理思想，并成功运用于其军事活动中。王阳明的兵学思想源于早年习学兵法。他15岁时游历边关，考察边防实情。25岁研习《武经七书》(《孙子》《吴子》《司马法》《李卫公问答》《尉缭子》《三略》《六韬》)，打下扎实的军事理论基础。28岁撰写《陈言边务疏》，提出八项举措。王阳明在娴于政务之际，下大力气精研古代兵典，征战无数，打的都是大仗、恶仗，甚者直接关系社稷存亡，但他善于在战场上灵活地运用兵法，常以少胜多，速战速胜，每仗必胜。确如一贯主张的"知行合一"那样，他将兵家的用兵谋略与儒家的治国安邦之策结合起来，通过用兵理论与战争实践的结合，推动了兵学与儒学的融通，真可谓左手不释卷，右手不离剑。

王阳明登临阅江楼，写下雄浑大气、意象博厚、饱含家国情怀的诗篇《登阅江楼》：

> 绝顶楼荒旧有名，高皇曾此驻龙旌。
>
> 险存道德虚天堑，守在蛮夷岂石城。
>
> 山色古今余王气，江流天地变秋声。
>
> 登临授简谁能赋，千古新亭一怆情。

王阳明身经百战，指挥过很多大仗和恶仗，消灭过土匪，平定过宁王叛乱。他登临这座军事预警楼，抒发的不是穷兵黩武、以军事立国的感想，而是江山之固在于修明德治、安抚四夷的感想，可谓别开生面。"险存道德虚天堑，守在蛮夷岂石城"，蕴含哲理，颇有启迪意义，与孟子"域民不以封疆之界，固国不以山溪之险，威天下不以兵革之利"之意，具有异曲同工之妙。

在建立军功的豪迈之余，王阳明在深度反思如何从根本上杜绝叛乱的发生。王阳明很重视用战争解决南赣问题，但并不把战争视为单纯的军事行为。南赣汀漳的"山贼"问题既是军事问题，更是社会问题，需要综合治理，而不是仅仅用军事行动。军事行动与地方治理并举，增强了地方政权有效性管理。王阳明认为，即使镇压造反者，也要以说服教育为主，尽量减少杀戮。"莫倚谋攻为上策，还须内治是先声"，"穷搜极讨非长计，须有恩威化梗顽"。

从正德十二年（1517）正月至次年六月，王阳明到南赣一年半的时间。他深刻认识到，"破山中贼易，破心中贼难"，只要"心中贼"不灭，就会生出无数"山中贼"，永无宁日。王阳明认为，南赣地区"山贼"为患，根本原因是民风不善；要彻底清除山中的"贼"，就必须清除人们心中的"贼"，亦即节制私欲恶念，修炼人格。民风不淳是因为教化没有彰显。现在贼寇稍为平定，可以进行开导和训诲。王阳明要抢夺的制高点是人心，他要擘画的大蓝图是万世开太平。

从战场到战后，王阳明每平定一地区，往往力倡教育先兴，乡约先立，社学先办，致其良知，启迪民心，以文化人。王阳明在南昌、吉安、赣州讲学时多加论及的，就是"致良知"。正德十六年（1521）五月，王阳明集门人于庐山白鹿洞书院，在当年朱熹和陆九渊讲学论道之处，开坛讲授他的"良知"之道。王阳明稳坐盟主高坛，与洞主蔡宗兖、江西巡按唐龙，弟子于中、国裳、汝信、惟浚以及邹谦之等人大力阐明心学，十分快意。"致良知"之说遂广布于天下。

王阳明在求索中形成了以"教"为首、以"惩"为次的思想。发布《南赣乡约》，设有约长、约正、知约和约赞等职务，由推举产生；设置了"文薄三扇"，主要用于"彰善""纠过"。乡约规定"以月之望"为期，由乡长组织，其内容是彰善和纠过，并形成处罚机制。《南赣乡约》是通过民众的自治，"务和尔邻里，齐尔姻族，德义相劝，过失相规，敦礼让之风，成淳厚之俗"，倡导礼让之风，推崇淳厚之俗，达到社会的和谐。《南赣乡约》推行后，南赣地区的社会秩序逐渐走向正规，民众懂得讲礼节，民风习俗得到很大改善。

王阳明又在赣州、南安力倡和督导兴立社学，兴建书院，聘请教师教育子弟，演习礼仪，使人们自觉地接受道德规范约束，不再为匪为寇。王阳明曾颁发《兴举社学牌》《颁行社学教条》和《行雩都县建立社学牌》三块牌谕，大兴社学之风。正德十三年（1518），南赣地区已消弭山野匪患四处抢劫的混乱局面；村民出门不再是袒胸露背、行事鲁莽冲动，百姓穿衣打扮得体，街头巷尾歌声欢快，人们坦诚相待，礼让谦恭，呈现一派和谐繁荣气象。

在巡抚南赣汀漳的任上，王阳明所作所为，看似军事行为，实际上却是一个治理地方的"系统工程"。王阳明用兵生涯中，从其"良知"学出发，在坚守道义的前提下求取事功，在建功立业的过程中伸张道义。打仗是"在事上炼"的教学实习，在事上炼的关键是炼意包括感受力、理解力、判断力、想象力，在用其所学去打仗、体验知行合一，以"破心中贼"而最终"破山中贼"，成就其"立功"之功业，功比开国元勋，成为中国历史上极为罕见的三不朽伟人之一，受到所经之地百姓的欢迎和拥戴。"师至南康，百姓沿途顶香迎拜。"所经州、县、隘、所，各立生祠，"夫公之事功，如日月之丽天，容光皆照"。

王阳明的最后一役，是他生命中最后两年的广西之役。广西夷乱长达百余年，令朝廷十分棘手，特诏已染疾的王阳明前往征伐。嘉靖六年（1527），王阳明奉命，一路向西南，到广西平祸患。此前，姚镆率八万官军，平定了岑猛匪寇。因姚镆严刑峻法，激起岑猛原来手下卢苏、王受在田州思恩起兵，以图自保，发展到七万人马。姚镆完全处于被动，广西局势严重失控。

王阳明经过了解认为，卢苏、王受本质上质朴，他们是不得已躲进深山，开始造反，内心也希望有个安定幸福的生活，应该可以招降。卢苏、王受看了王阳明的招降书，条分缕析，头头是道。他们听过王阳明是个军事奇才，曾以迅雷不及掩耳之势剿灭了江南的匪患，又在很短时间里平定了号称十万之众的宁王叛乱，但是怎么也没想到他会来广西平定造反。王阳明告诉他们，要知道我这有 10 万大军，兵力了得。为了表示诚意，王阳明把四省的部队都遣返回去了。卢苏、王受最终决定缴械投降，但他们手下还有七万人马。王阳明说，我亲自去安抚，去犒师。

王阳明孤身前往卢苏、王受大营，向七万受降将士演说。王阳明说，朝廷以后不再对你们欺压，会创造各种条件，让你们幸福、安宁地生活。大家佩服王阳明，都心甘情愿地解散、回乡。卢苏、王受身边只留下几千人。王阳明没费一兵一卒，就将这场广西的叛乱消弭于无形。

平定叛乱之后，王阳明又在广西兴建了思田、南宁等学校，通过教育，推行他的社会教化，以此来加强对少数民族的管理，这也成为王阳明毕生教育的一部分。

此后，王阳明认定断藤峡和八寨之匪是两广的毒瘤，一定要清除。他凭借出色的战斗策略，兵分两路，手下弟子王大用和林富，各带八千人，先主攻八寨，再辅攻断藤峡。在攻八寨的时候，任用对八寨情况最为熟悉的卢苏、王受作前锋，八寨之敌一溃千里，四处逃散。

断藤峡那边，王阳明采用火攻，又趁八寨之敌一灭，让官军大喊八寨已败，断藤峡之敌无心恋战，纷纷溃退。一日之间，连克八寨、断藤峡，简直就是奇迹。后又深山清剿土匪残余一个月，彻底荡平了八寨和断藤峡"一百六十年来所不能诛之巨贼"。

王阳明曾自谦地说自己"不习军旅"和"将略平生非所长"。《明史》认为"终明之世，文臣用兵制胜，未有如守仁者也"。

由于翦灭了为患几十年的"巨寇"，抚南赣、平宁藩、征思田，功名事业之盛，在历代大儒中绝无仅有。王阳明在剿匪之中，不是统统以打仗论英雄，不论他采取何种战略方式，其基本信念皆出于"良知"之学及"致良知"之理，这些是二十年前他在贵州龙场时悟出的道理。王阳明秉持天地万物一体之仁，实践内圣外王之道，以心性之学行于事功之上。

平定地方动乱时，王阳明从不单纯依靠武装镇压来剿灭叛乱者，他总是从当地民情出发，因地制宜地制定精准的安抚或惩戒策略，以最小的代价取得最大的成功。对多股"山贼"，武力上的消灭耐久性不强，从道义上取得胜利才能长治久安。他多次通过书信让泯灭的人性复苏，采用真诚和说理的方法感化盗匪、征服人心。朝廷认为他"具拨乱反正之才，展救世安民之略"，将他由正四品的都察院左佥都御史，升为正三品的右副都御史。王阳明平生事业不寻常，九死一生悟龙场，兵儒融通平寇乱，良知谋略永留芳。

阳明先生说

凡劳其筋骨，饿其体肤，空乏其身，行拂乱其所为，动心忍性以增益其所不能者，皆所以致其良知也。

韬光养晦，以退为进

人生中遇到大事、要事，需要运筹。如果能面对不同的事情运用不同的计谋，达到炉火纯青的地步，就可以获取成功。圣人韬光，能者晦迹，收敛锋芒，隐藏才能，这一直是成大事者的必定策略。韬光养晦，是指暂时敛藏才能，以拙愚示人，蓄势待发，这样才有肩鸿任钜之力。此乃不利环境下的一种计谋，有两个基本点：一是韬晦，即收敛锋芒，隐蔽自己的本来面目和真实意图；二是待机，知难而退，强而避之，等待时机，以图东山再起，一展个人宏图。

韬晦术作为历代有谋之士的枕箱秘笈，有明确的目的性和极强的进取性。韬晦之策并非权宜之计，不是简单地隐姓埋名，而是一种谋略。其关键在于不暴露自己的意图，却也不改变自己的目标，敛翼待时，展示了一种人生智慧。在表面上有许多退却忍让，却显示人的韧劲与忍辱负重的内在力量。有时虽有失正道的嫌疑，在大义上却又不失为正，这是由于心中的本意是正直的缘故。

王阳明一直将做圣贤当作是自己的终身理想，所以才在官场中不局限于那些名利权欲。因此，成就了王阳明在官场的清心寡欲，让他做一个真正追求圣贤、不为名利的好官。王阳明认为，智者为官的理想结局就是功成身退，辞官归乡。一个懂得功成身退的人其实也是一位十分识时务的人，也是一位具有大智慧的人。也只有这样的大智者，才能够以儒雅潇洒的风度来笑对官场和人生。

在乱世之中，面对上有昏君、下有权倾一时的宦官这样的政治局面，王阳明依然能够立足，可想而知他是拥有大智慧的人。《王阳明为臣智慧》一书认为，在王阳明的为官之路中，以退为进则是他能够驰骋官场的重要法宝。他曾经七次受到提升，却六次辞官，这样的境界和胸襟是无人能比的。王阳明正是用这样以退为进的方式赢得了上级的欣赏和信任。

1510—1511年，王阳明先在江西庐陵担任知县，后来升为南京刑部四川清吏司的主事。王阳明在这期间一心一意地报效国家和研究学问。

正德七年（1512），王阳明又从吏部考功司郎中，升迁为南京太仆寺少卿，掌管国家的内部事务，进入了正四品行列，可谓位高权重。他上疏请求皇上让自己回乡探望自己年事已高的祖母。王阳明因皇上没有答应，继续任职。

正德十一年（1516），兵部尚书王琼将自己颇为赏识的王阳明推荐为都察院左佥都御史，帮助大明王朝处理一系列久患之疾。他上疏请求辞官，理由是这次平定了福建等地的民乱，全是朝廷计划周到，自己不敢邀功，这次辞官亦没有成功。

王阳明奉旨平定了九连山等地的山贼和民乱，朝廷再次加封王阳明为锦衣卫世袭副千户。王阳明再次上疏请辞，指出疾病缠身，力不从心，结果仍没有得到批复。

宁王被擒之后，江西等地夏季洪涝灾害严重，王阳明主动上疏弹劾自己，将责任全都揽在自己身上，结果依旧没有得到批复。

正德十一年（1516）六月，王阳明升任南京兵部尚书，十二月获"新建伯"封号，他上疏请求辞去这个封号。嘉靖当时没有看到他的奏折，请求也未成功。

嘉靖七年（1528），广西田州岑猛作乱，嘉靖封其为都察院左佥都御史，命其立即前往广西讨伐岑猛。当时王阳明上疏，陈述自己体弱多病，缺乏军事指挥才能，祖母年事已高需返乡侍奉，请求辞去这个职务，嘉靖没有准许，王阳明只好奉命前去讨伐。

王阳明拥有极高的个人素质与能力，用其所建立的学说指导实践，建功立业，实现了对于"学术"与"事功"的完美结合，用其功业证明了其学说的正确性。王阳明因有功多次被提升，总能够在声名显赫的时候急流勇退、多次辞官。在他心中，这些权势、金钱经繁华过后都是空。王阳明这种藏锋敛迹的做法，恰恰是一种高深的为官智慧。

没有取胜的把握，不去四处张扬，放弃个人的虚荣心，踏踏实实走好人生。王阳明经常拿三国时期的许攸来告诫自己的弟子们，在为人处世和做官中一定要懂得知进知退，不可为人多傲、不懂进退。东汉末年，许攸献计帮助曹操战胜袁绍，可他居功自傲，屡次轻慢曹操，最终也难逃被杀的下场。

为了实现自己的梦想、暂时的低头并不是懦弱，暂时的俯身就是"以退为进，以柔克刚"，是一种方圆处世的态度。韬光养晦实则是一种积极进取的精神。在暂时没有受到重视，或受人冷遇的环境里，并不意味着你的一生都失去了发展机会。工作比较超脱时，拥有闲适的空间，可以搞一些"自选动作"，如去享受读读史书的"奢侈"生活，去完成一项你思虑已久却没空去做的任务。

总将才华毕现，往往会招致嫉恨和打击，导致事业的失败，不是智慧者所作所为。至若美人招妒，英雄多难，非养晦何以存身。为了前进而暂时后退，为了成功而暂时忍屈受辱。《易经》说："尺蠖之屈，以求信也；龙蛇之蛰，以存身也。"《韬晦术·隐晦卷四》强调"晦以谋成"；并指出，"谋晦当能忍，能忍人所不能忍，始成人所不能成之晦，而成人所不能成之功"。李白诗云："大贤虎变愚不测，当年颇似寻常人。"在一些特殊场合，人要有猛虎伏林、蛟龙沉潭那样的伸屈变化之胸怀，让人难以预测，而自己则可在此期间从容行事。

韬晦术也可用作处世之道，用于人生应变之术，目的在于不露锋芒，少露锋芒，"威时常作衰时想，上场当念下场时"。高明的领导有时要弱化自己，摒弃在授权过程中明授暗不授、易授难不授的愚蠢做法，更不要恃才恃权恃财而咄咄逼人，"只从波平浪静处安身，莫向掀天揭地处着想"，免得招惹是非。

王阳明《睡起偶成》诗云："四十余年睡梦中，而今醒眼始朦胧。不知日已过亭午，起向高楼撞晓钟。起向高楼撞晓钟，尚多昏睡正懵懵，纵令日暮醒犹得，不信人间耳尽聋。"此诗充分展示了王阳明爱国拯民的担当情怀，不贪功、不恋权，以崇高的道德感染人、影响人，为致良知而勇毅前行。

王阳明56岁那年，奉命往征思田（西南边隅），归途病发，去世前微笑着说："此心光明，亦复何言！"他曾在《复过钓台》一诗中，回顾自己的"碌碌"一生，未辜负天地之生，当得起"君子所性"，"忧劳"未尝停歇片刻，念天下苍生，做人做到了极致，我是从不考虑禄利恩宠啊！周建华认为，王阳明巡抚南赣汀漳时所取得的"军事胜利与其说是兵战的胜利，毋宁说是心战的胜利；其实践'既成雄，更成圣'"。

我们赞美急流勇进的开拓者：善于抓住时机，见机而进，展现英雄之本色。唐代韩愈说："江海永清晏，宇宙重开拓。"我们也敬佩急流勇退的非凡人，能见好就收，适可而止，进退得宜，亦悦亦福。范蠡能够功成身退，逍遥于名利之外；张良也是一位能抛开名利的高人。

老子认为，以退为进是为官之道和处世哲学的最高明的方法之一。老子揭示了进退、荣辱、正反等互相转化的辩证关系，势盛则渐衰、物极则必反，奉劝人们成就了功业就应引退，见好就收，进退得宜，亦悦亦福。只知前进而不知退守，就会盛极而衰。老子很有学问，而且不巴结权贵。

他看到周朝日益腐败衰落，诸侯争权夺利，于是不愿在王朝继续做官，骑着牛向西域荒漠走去。后来他写了一本《老子》，即《道德经》。

阳明先生说

> 以宾阳才质之美，行之以忠信，坚其必为圣人之志，勿为时议所摇、近名所动，吾见其德日进而业日广矣。

延伸阅读

西塞山怀古（节选）

刘禹锡

王濬楼船下益州，金陵王气黯然收。

千寻铁锁沉江底，一片降幡出石头。

简析　这四句诗叙史事，剪裁重点，描写生动，气势雄浑，展示出一幅气势磅礴的历史风云画卷，不失为精警之笔。诗人精选西晋灭吴事件，在对比中写出了双方的强弱、进攻的路线、攻守的方式、战争的结局，淋漓尽致地表现出西晋军队摧枯拉朽的气势，嘲讽东吴统治者顶礼膜拜"王气"、恃险固守，只能是枉抛心力。

第七章

人须事上磨
方能立得住
——论强韧之心

人生遇到挫折、磨难很痛苦，但并不可怕，也不可耻，苦难不是无期的牢房，可怕的是灰心丧气、轻言放弃、偃旗息鼓。"古来忠烈士，多出贫贱门。"贫贱、困苦、忧患，本来是不好的条件，却成为磨炼人们意志、成就人们事业的绝好熔炉。

经历磨炼，坚韧不拔，方成大器。当遇到困难和挫折时，不要把它当作绊脚石，而要把它当作铺路石。在可能失败或失败时，激励自己不要灰心，不必动摇，定能有最后之收获。孟子说的"动心忍性"，就是让自己的心惊动，使他的性情坚韧起来。想象自己像打造一把宝刀一样，在火焰里经受锤炼，做到这样的"动心忍性"之后，让自己的心灵变得强大起来。

一个人不求顿悟而重视在一个个事情上磨炼自己，提升自己的心灵，才能使内心强大起来，从根本上增强自己的素质，才能经得起各种险恶环境的考验，向做好的自己的人生目标奋进。如果只喜欢和依赖宁静安逸的环境，常在静养中发呆，而没有经过各种复杂环境的磨炼，遇事就会忙乱，终究不会有多大长进。王阳明正是由于在一件件事上得到磨炼，苦其心志，劳其筋骨，动心忍性，才有瞬间的"悟道"，才有阳明心学诞生。

有志向、有抱负的人，必须学会忍耐，不计较一时的荣辱，不意气用事，宁可自己吃亏，始终注视着自己的远大目标，"咬定青山不放松"，能够忍耐、能屈能伸，方为大丈夫。忍耐是一种修养、一种智慧。面对委屈、误会、嘲笑、攻击，都要忍耐。忍常人所不能忍，容常人所不能容者，才能为常人所不能为。正如清代文豪蒲松龄所言："有志者，事竟成，破釜沉舟，百二秦关终属楚；苦心人，天不负，卧薪尝胆，三千越甲可吞吴。"

面对恶政，只身斗虎

年年岁岁劝善，岁岁年年有恶。凡是奴性很强的人，一旦做了主子，一定是趾高气扬、凶神恶煞。一帮伺候皇帝和妃子的阉人，手持令箭，那威风可想而知。宦官的贪虐横暴，比起外戚来更厉害。宦官大都出身于门第低的家庭，又是刑余之人，可是他们对于权势、财富的欲望十分炽烈。

刘瑾小时候经常在村中偷鸡摸狗，变成一个市井无赖。镇守太监刘顺将他收为养子，十几岁的时候入宫当了小宦官。刘瑾受到腐败官场尔虞我诈的熏陶，从老宦官那里听到太监王振的传闻。他仿效那些野心家、阴谋家的权术，施展察言观色、见机行事、阳奉阴违、挑拨离间等看家本领，以骗取主子的信任。

朱元璋建立明朝后，反思历朝败亡原因，深刻认识到宦官之危害，极力压制宦官。但较为讽刺的是，宦官始终是一颗毒瘤，蛮横一世，兴风作浪，如王振、刘瑾、魏忠贤。宦官专权，始于明英宗时的王振。王振为官狡诈，因得英宗宠信，权势益炽，门庭若市，跋扈不可制，干预朝政，蛊惑皇帝，专权祸国7年，大明王朝由强转衰。在土木堡一战中，王振被愤怒的士兵杀死，明英宗被瓦剌俘虏。正是："前车倒了千千辆，后车过了亦如然。"

明朝已处于封建社会的晚期，各种矛盾日趋尖锐激烈。弘治十八年（1505）五月，明孝宗朱佑樘驾崩，15岁的太子朱厚照继位，即明武宗。明武宗自幼很聪明，能骑射，善于决事，如果善加诱导，可能是个很不错的皇帝，只可惜很早就坠入太监刘瑾之手。为了掌握更大的权力，刘瑾私自下令修建豪华的豹房，这是一座多层的宫殿，两厢设有密室。其中养了一些虎豹等猛兽，供朱厚照一伙角斗游玩之用，更主要的是养了一些能歌善舞的美女，专供武宗享乐，使极贪淫乐的明武宗对这个淫窟，流连忘返，深陷其中。刘瑾使尽浑身招数，每天花样翻新地向皇帝进献歌妓、舞蹈、鹰犬等供其玩乐，勾引年少的皇帝夜间微服出游，寻欢作乐，厌恶政事。朱厚照宠幸的太监有刘瑾、马永成、谷大用、丘聚等八人，被称为"八虎"。

刘瑾专门在皇帝玩得高兴，甚至光身嬉戏之际，捧来奏章要皇帝批示，终于引来自己盼望已久的一句话："以后这样的事，你看着办吧，不要再来问我。"从此，刘瑾代替皇帝批答奏章，决定一切。昏庸的朱厚照并不认为刘瑾窃取大权，反而认为他很会处事，愈发宠爱他。朝廷政治环境险恶。"常将冷眼观螃蟹，看你横行到几时？善恶到头终有报，只争来早与来迟。"

凡有良知的官员都痛心疾首。正德元年（1506）冬天，正直官员戴铣、薄彦徽等20余人愤然上疏朱厚照皇帝，要求严惩宦官刘瑾。上奏说道："皇上新政宜亲君子、远小人，不宜轻斥大臣，任用阉寺（指宦官）。"刘瑾听说后大怒，立刻在皇帝面前诬奏戴铣、薄彦徽等人，结果戴铣等人反被逮捕，打入死囚大牢。

三位顾命大臣刘健、李东阳、谢迁发动朝廷有正义感的官员上疏皇帝。没有骨气的文人、吏部尚书焦芳通风报信，告诉了刘瑾。当天夜里，权倾朝野的刘瑾与其同党一起跑至皇帝的寝宫，摆出一副委屈的样子诉苦，围着小皇帝磕头，哭泣道："下臣胆敢直谏皇上，那是因为司礼监无人掌管的缘故。"皇帝朱厚照不明事理，反而听信这帮人的谗言，命令刘瑾执掌司礼监，权力落在刘瑾手中。结果一夜之间，刘瑾等"八虎"迅速翻盘，开始血腥报复，开展大清洗，为此受难者不计其数。

刘瑾专权，焦芳等士大夫投靠，遂成阉党。阉党集团由一群心理扭曲的小人组成，阉党政治的特点就是小人政治、流氓政治和特务政治。眼看阉党横行霸道，满朝文武噤若寒蝉，均对刘瑾谈虎色变，谁还敢进言？一些老臣被迫辞职还乡。就在这危难时刻，任职兵部的年轻主事王阳明义愤填膺，冒着"朝中大臣之大不韪"，挺身而出，毫不畏惧，"敢同魔鬼争高下，不向霸王让寸分"，挺身斗刘瑾"八虎"。王阳明讲究策略，先给明武宗皇帝写了一篇《乞宥言官去权奸以能圣德疏》的奏折，可以看出王阳明身上那种敢于担当的精神。

奏折说，皇帝是仁君，"君仁臣直"，作为臣子才敢直言不讳，唯一的诉求就是皇帝赦免薄彦徽等人。王阳明接着说，南京这批文官们言者无罪，如果说错了，皇上您应该包容；如果说对了，您就应该嘉奖。这样您就可以听到不同的声音。不然的话，今后再有关系到社稷安危、无法定夺的大事，皇上到哪里去听意见和建议呢？其言辞表面委婉平和，但语气犀利，请求皇帝主持公道，以正视听，企图通过仁君仁政之说劝告皇帝广开言路，同时也是为戴铣等官员喊冤，请求皇帝以仁慈之心宽宥释放戴铣等人，堪称天下奇文。

明武宗看了奏疏，气愤不已，这个小小的六品芝麻官，竟敢对皇帝说三道四，直指皇帝之非，于是极不耐烦地说："这些小事就不要烦我了，你自己看着办吧。"刘瑾看了王阳明的奏折，一眼就看穿了这奏折里的本意："权奸"二字分明在说我嘛，你公然让这些官员复职，这分明就是挑衅。刘瑾对王阳明等人恨之入骨，当即把王阳明抓了起来，身陷锦衣卫的诏狱，一个月后遭廷杖四十大板，血肉横飞，几乎致死。复苏后，贬为贵州龙场驿丞，时年仅三十五岁。王阳明对自己的所作所为没有后悔，也没有退却。

王阳明是刘瑾时代为数不多活下来的忠臣良将，即便囚居在牢狱，也怕安饱虚度，于是研读《周易》，苦苦思索。当年周文王被囚禁羑里，演绎成《周易》。如果周文王处在此时，他会演绎出什么学问？王阳明在这艰难的逆境中，并没有表现出失意与愤懑，也没有担忧自己的安危与前程，只见天地间充溢着浩然正气。他在狱中写道："囚居亦何事？省愆惧安饱。瞑坐玩羲易，洗心见微奥……俯仰天地间，触目俱浩浩。箪瓢有余乐，此意良匪矫。幽哉阳明麓，可以忘吾老。"他以光明磊落的胸怀和坚定的信念，在艰难困苦中以苦作乐，心中依旧光明、皎洁。

王阳明在狱中的日子里，静心研究《周易》，并写下了《读易》一诗；也曾和狱中难友相与讲诵，根本不知道外面发生了什么事。王华在明孝宗时是皇帝的老师，这时已然成为文人的精神领袖。刘瑾处理王阳明也就特别重，并派人向王华示意，企图拉拢王华。王华虽然焦虑儿子的命运，但是文人的气节绝不可退一步，绝不肯向刘瑾求情。后来王华也被贬官，贬至南京任吏部尚书（闲职）。

刘瑾看王阳明挺过了廷杖和诏狱，居然没死，就将他贬到贵州龙场驿做驿丞。贬谪龙场，是一场比锦衣卫大牢更为严峻的生死考验，是王阳明人生的一个重大转折。王阳明没有逃避，也没有自暴自弃，而是把贬到荒远的贵州龙场作为生命的又一次超越，在艰难险阻中践行心学学说。

阳明先生说)))

若违了天理，便与禽兽无异，便偷生在世上百千年，也不过做了千百年的禽兽。学者要于此等处看得明白。比干、龙逢，只为他看得分明，所以能成就得他的仁。

彼此良知，忍耐做去，不管人非笑，不管人毁谤，不管人共辱，任他功夫有进有退，我只是这致良知的主宰不息，久久自然有得力处。

磨难炼吾心，定会有洞天

人的意志品质，并不是先天就有的，却是人人都可以获得的，关键在于培养和锻炼。每一次磨砺，都是一段内心成长的历程。《菜根谭》有句妙语："欲做精金美玉的人品，定从烈火中锻来；思立掀天揭地的事功，须向薄冰上履过。"要想具备精金般赤纯美好、美玉般光彩照人的品格，必定经过烈火的锻炼；要想成就惊天动地之功业，必须时刻如履薄冰般地要求自己。只有如同烈火炼精金一样，经历炙热的考验，才能使人格高尚、初心永葆。只有如同临渊履冰一般，坚守道德的原则，才不会走向堕落、邪路，才能最终创建伟业丰功。

通过长期磨炼，养成坚强的意志品质，是人生的宝贵精神财富。岁月不居，时间如流，青春可以逝去，容颜也会衰老，但是主体意志品质却永远伴随着你，在人生的路上散发着最美的光芒。王阳明《传习录》有言："哑子吃苦瓜，与你说不得。你要知此苦，还须你自吃。"不经历痛苦的磨难，没有挫折的考验，就不会成就伟业。

王阳明的一生道路常常是山叠嶂、水纵横，礁石险滩随处可见，他的一生可谓困境重重，他生命中的风云机变如此繁多。王阳明28岁中进士，之后他担任过刑部主事、兵部主事。正当他要为朝廷出力的时候，遇到了人生最大的挫折。正德元年（1506），南京科道官戴铣、薄彦徽等人上疏朝廷弹劾宦官刘瑾，被逮捕入狱。王阳明当时任兵部主事，率先上朝谏疏营救戴铣，又触怒了刘瑾阉党，也遭到无端诬陷，银铛入狱，还被廷杖四十，被贬谪贵州龙场，当一个没有品级的驿丞。

万里投荒、九死一生、百难备尝、百死千难，是王阳明一生的真实写照。

王阳明从牢狱中出来，在奔赴龙场的路上，发现自己的身后总是有人不远不近地尾随盯梢。王阳明断定，这是宦官刘瑾为了报复自己而企图在去往龙场的路上加害自己。所以，他日夜兼程。

他在钱塘江将这些锦衣卫的爪牙摆脱，月黑风高，脱掉身上的衣物，来了个金蝉脱壳之计。在纵身跳入江中之前，他留下一首诗：

自信孤忠悬日月，岂论遗骨葬江鱼！
百年臣子悲何极，日夜潮声泣子胥。

诗中大意说，我相信自己对朝廷怀着一片赤胆忠心，如同日月一样高洁光明，我无愧于天地，无愧于自心，即便葬身江底，也无遗憾。当年伍子胥谏吴王夫差而被处死，直至今日，奔流不息的江水涛声还在为伍子胥哭泣。

浙江官府和他的家人都信以为真，在钱塘江中四处寻找尸体，还在江边哭吊了一场。王阳明潜逃到了福建，想隐姓埋名，了此一生，又担心影响家人的安全，只好想方设法避过追杀，到贵州赴任。

他在江中被一艘商船救下，掩藏行迹，却不料遭遇台风，经过一天一夜漂泊至福建沿岸，幸免于虎口。当下心中却是一片灰暗，感觉到了从未有过的心灰意冷。于是他打算隐居山林之中，逃避现实世界的黑暗。

在一所寺院之中，大难不死的王阳明巧遇20年前在江西铁柱宫中相与论道的道士。王阳明将自己隐居山林、平凡地度过下半生的想法说了出来。道士知道他身处祸患之中，心痛不已，可仍对他说："你隐居山林倒是没什么，但是你还有亲人在世，万一刘瑾因为找不到你而将罪名加到你父亲身上，然后将你父亲抓起来，给你安上叛国投敌的罪名，那时候你们百口莫辩啊！你势必进退两无据呀。""大丈夫一诺千金，既然朝廷将你贬职，又委命你去贵州为吏，一日身有官名，就有责任在身，虽然仕途险恶，你还是上任去吧。"王阳明听后，佩服道士的识见和鼓励自己的心意。

道长见王阳明不说话，于是为他占卜一卦，得"明夷"两个字，意思是贤达之士暂时遭难，郁郁不得志，如能将磨难视为对自身的磨砺，那么会迎来光明。经过道士劝解和告诫，王阳明决定不再逃亡，决意远赴龙场谪地。这时，他提笔写下了著名的《泛海》诗：

险夷原不滞胸中，何异浮云过太空？
夜静海涛三万里，月明飞锡下天风。

这首诗展现一种光明磊落的胸怀。尽管从京师到贵州一路艰难险阻、穷途未卜，对王阳明来说如同天空中飘过的一朵朵浮云。诗中不见穷途末路般的自我哀怜，也不见屈原式的激愤，尽显自己超拔一切阻碍的洒脱豪迈，他的心灵依旧犹如眼前高悬的明月那样光明和皎洁。他将乘天地之正气下山，去迎接前途与命运的任何挑战。诗中"浮云""太空""海涛""月明""天风"等意象阔大，意境高远，与贬谪的情形成强烈反差。钱穆先生评价道："他在极踌躇的境地，吐说出极超脱的话；他在极困厄的时候，发越出极自在的情态。"

随后，他绕道南京，去看望父亲。几日后，王阳明见到了父亲。虽然只是短短几个月没见面，父亲却苍老、憔悴了许多。向来不苟言笑的王华见到了儿子，也喜极垂泪。王阳明不敢久留，告诉父亲自己决心去贵州龙场赴任。

王华知道儿子的秉性，便鼓励儿子说："我儿尽管放心前去，家中的一切你莫挂念。那龙场驿在万山丛林之中，此去路途迢迢，龙场条件艰苦，凶多吉少，但是吉人自有天相，你这一去，挺过来了，必会有大作为！你我父子，或许还有团圆之日！""父亲保重！"王阳明不由地也落下泪来。听了父亲的鼓励鞭策，内心踏实多了，心结也解开了。

王阳明又鼓起勇气，带着父亲为他挑选的三个仆人，向着偏远的贵州龙场进发了。他明知山有虎，偏向虎山行。为的只是践履心中的一份责任，谨守君子之道，渊默之行。他饥寒交迫，浑身也没力气，奔走在大山之中不辨方向，无处投宿，忽然看到一座寺庙。他到寺庙借宿，敲开了门，一个和尚竟然丝毫没有慈悲之心，根本不搭理他。无奈之下，王阳明在黑夜中又往前走，好不容易看到一个残垣断壁的土地庙，里面只有几案，上面都积满了灰尘。王阳明困顿至极，实在撑不住了，趴在香案上就呼呼大睡。

这个野庙本是一只老虎的容身之所。老虎看到熟睡的王阳明便吼声连连，以示抗议，谁知熟睡之中的他硬是一动没动，老虎摇摇尾巴让出了自己的地盘。第二天早晨，他一觉睡醒，发现昨晚遇到的和尚来了："你竟然没事，老虎没有吃你？"

王阳明恍然大悟，明白这个和尚不收留落难人的卑鄙用心：前面有个破庙，已成了老虎的窝。如果途经之人被老虎吃了，和尚第二天便可以去破庙卷走行人的财物。《阳明先生年谱》记载，和尚"见先生方熟睡，呼始醒，惊曰：公非常人也！不然，得无恙乎！"和尚没想到，老虎不吃这个人，他必非平常人，于是邀请王阳明顺道去自己的寺庙共进早膳。

修心、修为不仅仅在养心上、理智与潜意识的调节上，更主要的是勇敢地面对苦难，在苦难的磨砺中不断修炼自己。越是艰难处，越是修心时。挫折和逆境能磨砺人的意志，使人变得成熟，增强毅力，走向坚强。向往成就一番事业，往往要经历许多磨难，甚至是流放、膑脚、宫刑、坐牢。先贤们能坦然面对磨难，意志不屈，精神不减，发愤努力，不辱崇高使命，用生命书写理想之歌。王阳明历经了那么多的人生磨难，心性和能力比以前更强了。经过艰苦跋涉，正德三年（1508）春，王阳明一行终于来到贵州龙场驿……

真正的英雄不仅仅是一个名分，而是有一种意志品质，有一种美好情怀。与其说一个个挫折、痛苦是人生的劲敌，毋宁说它是人生的忠实侍从。它伴随着你走向成熟，走向坚强，使你的才干获得锻炼和荟萃。王阳明从15岁时出游居庸关逐胡儿骑射，到55岁以重病之躯从浙江出发，长途奔波赴广西思田，征讨广西卢苏和王守，平定八寨、断藤侠乱贼。40年间，王阳明屡屡在艰苦卓绝之地，行艰险之事，备尝艰辛，九死一生，磨炼意志，增长才干，面对一个个棘手的艰难险阻，用自己的聪明睿智和文韬武略，儒兵融合，巧妙周旋，七战七捷，成为中国历史上屈指可数的立德、立功、立言"三不朽"的人物。倘若王阳明一直在京城的仕途中顺风顺水，没有多少挑战和压力，就不会有五百年间难遇的彪炳史册的圣贤之人，也不会有非凡智慧的心灵导师和一代伟人。哈佛大学教授杜维明曾说："21世纪将是王阳明的世纪。"因为他的心学智慧永不过时，他的人格魅力光照古今。

逆境磨炼人的意志

美丽的桂冠，往往是由荆棘编织而成的。孟子曾列举担任治国重任的有名人物，都在社会的底层经历过艰苦的磨炼，进而得出一个结论："天将降大任于斯人也，必先苦其心志，劳其筋骨，饿其体肤，空乏其身……"孟子从天命出发，把"大任"视为天降，是不对的。但他认为逆境能磨炼人的意志，激励人们去奋斗，逆境能造就人才，逆境出英雄，却是历史所证明了的。人生出现挫折、磨难很痛苦，但并不可怕，也不可耻，不会打入无期的牢房，可怕的是灰心丧气、轻言放弃、偃旗息鼓。"古来忠烈士，多出贫贱门。"贫贱、困苦、忧患，本来是不好的条件，却成为磨炼人们意志、成就人们事业的绝好熔炉。

王阳明到了流放之地贵州龙场，每天面对着猛兽毒蛇出没、瘴疠的肆虐，没吃的，没住的。面对险恶环境，自己琢磨，首先必须得活下去。有人说，王阳明身处偏远的深山之中，何必如此执着？与其留下来逆来顺受，不如选择逃避，隐居山野。也有人传言说，刘瑾派人在路上追杀没成，仍然十分不满流放此恶劣环境的王阳明，现在仍有加害之意。王阳明说道："我对于得失荣辱都可以置身度外，唯独生死一念，我时常独自醒悟，觉得自己尚未能获得超脱。"

王阳明便命人在山洞中为自己打造石棺，就是石头棺材，他居然不住在"何陋轩"中，每天晚上就睡在那个石棺里，用心体会圣贤之心，澄心净虑，寻找生命和人生的真谛，胸中洒然，泰然自若。他说："从此我就在这里等死，至于其他的还用考虑什么呢？"

　　古代中国有一种独特的文化现象——"贬官文化"。古代的贬官数不胜数，常常有饱读诗书之人，他们在贬谪之地都留下了口碑和政绩，特别是留下了华彩文墨，成为彪炳史册的文学家或思想家。周文王在囚牢写《周易》，孙子膑脚写《兵法》，左丘明失明著《国语》，屈原在流放的途中写成《离骚》，司马迁用自己的血和泪，写成《史记》。正是：英魂绝唱血泪铸，磨难孕育文英豪。王阳明不论是身处顺境，还是遭逢困厄，廷杖四十，流放贵州，后来"东山再起"，他都凭借着心学的智慧，不悲不喜、无宠无惊地泰然处之，成为"文武双全"的大儒。

　　王阳明惨遭此祸，从繁华、恬静、文雅、舒适的万户京城，陡然被贬至荒远的贵州龙场。1508年的春天，王阳明带着几个随从漂落到偏僻荒凉、寂寥冷漠的地方，心境自是彻底孤独、深悲大戚、苦闷寂寞，而龙场不相信眼泪。龙场驿站被漫山的荆棘包围，在这里等待着王阳明的是肆虐的瘴疠，随处出没的野兽和毒蛇。他抵达了处在贵州西北部的龙场。居住的都是少数民族，属于一个语言不通的荒蛮之地。他风尘仆仆地来到这里，举目无亲，衣食无着，不由得产生一种巨大的失落感，仿佛由天堂坠入地狱，陷入无所依傍的万丈深渊。在天地之间，除自己这颗本心，还有什么是最后的依靠？

　　王阳明面对着驿站，眼下选择的只是立刻在附近找块空地搭建个草棚，作为暂时居所。这个草棚不过到肩膀的高度，人进去只能弓身，可想而知环境是如此恶劣。为什么在各种灾难之中会有人奇迹般地挺过来，靠的就是"心之力"，亦即别人没有的意志力，让心灵强大起来。往往身处逆境的人，此时的磨难反而不是一种苦果，而成了锤炼人心的学府。王阳明有一首诗《啾啾吟》写道："丈夫落落掀天地，岂容束缚如穷囚？"他相信自己能化一切不利因素为有利因素，能在逆境中生存发展，大死一番而后大活，置诸死地而后生，咬紧牙渡过一个个难关。由此观之，一个人只有心灵经历了千锤百炼的考验，才会产生一个质的飞跃，让自己的心达到一个全新的高度。

王阳明蜗居草庵不久，发现驿所东北方龙冈山腰上有一个称"东洞"的古洞，便迁入洞中，并改名"阳明小洞天"。洞内阴暗潮湿，但比"草庵不及肩"好多了，可以抵挡频繁而至的雨水。就在某一日的深夜熟睡之时，一只狗熊闯进洞中，尽管有惊无险，这也让王阳明见识了在深山中生存的法则。

没过多久，三个随从因不习惯贵州的气候生活，经常患病。王阳明亲自采薪汲水，煮粥喂食，像对待自己的亲人一样，做得极为周到。为调剂病人抑郁的心情，王阳明经常为仆人做心理疏导，讲述历史的故事，吟唱家乡的小曲，跳起欢快的舞蹈，杂以诙笑，来驱逐大家对这种残酷环境的沮丧，忘掉思乡的痛苦以及疾病带来的疼痛。

此时期，他们随身带粮不多，需要挖野菜填补。王阳明亲自卷衣挽袖，攀爬危石采蕨作食，"采蕨西山下"。没有粮食和蔬菜下锅，就去树林里找果子，挖野菜充饥。他按照药书所说采集植物，消除瘴气之毒。王阳明性格洒脱豪爽，幽默风趣，常常与普通人谈笑风生。

王阳明开始动手开荒种地，精耕细作，"方园盈亩，蔬卉颇成列"，勤除草，不间断培植，种出的农田苗列齐整，引水浇地，建篱挡野兽，小块地不仅够吃，还有余粮请客，救济"贫寡"。苗民刀耕火种的地，旱涝不顾，任野兽糟蹋，产量极低。王阳明种田的出色表现感动了苗民。苗民对王阳明态度日益热情，主动前来交流。"龙场之民，老稚日来视。"苗民老幼络绎不绝，前来做客。

在和当地百姓的相处过程中，淳朴善良的百姓给予了王阳明无私的援助，当地人为他修房建屋，帮助他渡过难关，使他感受到人间的真诚善良，深感良知多么可贵，从中得到很多启示和灵感，使他看见了希望的曙光，有了生活的勇气，从而走上一条艰苦、独特的道路。而这条道路成为他人生中的一大转折，成为他学术思想的新开端。

走过风雨征程的岁月，方知来路的艰辛。无论遭遇到多大的打击，我们的心都是坚韧不拔、清澈明亮又不受杂物侵袭的。林则徐曾要求其族人学习王阳明这种在逆境中以成大器的大丈夫气概。一切的磨难、忧苦与悲哀都是铸就优秀品质的资本，使得人格、本领得到提高。林则徐在新疆期间，尽管身处逆境，仍然以国家民族利益为重，不计较个人的荣辱祸福。林则徐撰联自勉："偶然风雨禁花落，再起楼台待月明。"他把自己遭贬受挫当作是"偶然"之事，热切期望有朝一日重整戎装，为国效力。

林则徐把自己比作"荷戈西戍之老兵"，带领人民兴修水利，倾全力于边疆屯田垦荒。"迢迢一片龙沙路，待听扶犁叱犊声"，反映了他办理垦屯工作的欣慰心情。著名的坎儿井"林公井"，就是林则徐带领大家修建的宏大工程——井渠地下引潜流，戈壁黄沙变绿洲。

面对人生诸多沉浮，我们的心大可不必左右摇摆，而是要以一种从容淡定的心情去对待之。经历过风雨洗礼的雄鹰才会矫健，饱尝过风吹雨打的树木才能茁壮成长。走出失败和挫折的阴影，方知苦痛并快乐着的内涵。

阳明先生说)))

　　人若着实用功，随人毁谤，随人欺慢，处处得益，处处是进德之资。若不用功，只是魔也，终被累倒。

让吾心强大起来

任何通向成功的道路上往往布满了荆棘，在崎岖而陡峭的小路上攀登，充满了数不清的艰难与困苦、辛酸与煎熬；如何做到积极进取，又从容不迫，内心的强大至为重要。子路有一次问他的老师孔子，怎么样才算是真正的"强"？孔子说精神的力量远远强于健壮的体力，君子之强在于"和而不流""中立而不倚"。真正的强是待人和顺而不随波逐流，刚柔相济却柔中有刚，宁死而不改变志向和操守，永远坚持自己的信念而不动摇。只有经得起一个个小考和大考的人，才能领略无限绮丽的风光，才能绽放生命的芳华，才能体验到人生价值的最大化。

让吾心强大起来，就不要畏惧艰难困苦，使他的意志品质受到磨炼。王阳明在《传习录》里引用孟子的话："凡'劳其筋骨，饿其体肤，空乏其身，行拂乱其所为，动心忍性以增益其所不能'者，皆所以致其良知也。"凡是一个人的筋骨受到劳累，身体忍饥挨冻，使他总是做事不顺。这样一来身体受到痛苦，生活受到贫穷，做的每一件事都不能顺利、称心如意，这样便能使他的心惊动，振奋他的心志，坚韧他的性情，提高他的能力。有人问王阳明："如何才能让我的内心强大起来？"王阳明答："人必须对事物进行磨炼。当磨炼到位时，人就强大了。"经历重重苦难，跨越千山万水，外在的磨炼成为内在的磨炼，生活才会感到充实，趋于完美，才会实现人生价值的最大化，人生才有了不同寻常的意义。

在龙场驿站，王阳明第一次陷入这一生的回忆中。这一路走来可以说是风风雨雨、曲曲折折，常常是山叠嶂、水纵横，做圣贤之人、走圣贤之路，好艰辛啊！许多往事怎能是过眼烟云，人生的岁月如同一幅幅展开的画卷。王阳明17岁时，研究成圣之道，也是朱熹的"粉丝"，遍读朱熹全书，耗费巨大精力钻研理学，却并未找到成圣成贤之道。朱熹的新儒学是理学，他认为理是一切的根本。朱熹讲"格物致知"，就是格物才能明白事物的理，主张多观察事物，根据经验加以分析，然后得出结论，却没有教人具体的操作办法，让人不知如何下手。

一日，王阳明思考朱熹所说众物必有表里精粗，一草一木皆涵至理，恍然有悟，于是一头扎进自家后院的竹林，对竹子认真"格"起来，探索其中之理。经过执着关注，废寝忘食，眼前出现了幻觉，好像所有的竹子都在嘲笑他："你原本是要一心做圣贤的，连竹子里的简单道理你也没有悟得啊！"王阳明在心中反问道："这里根本就没有道理，让我怎么格？"他格竹七天七夜，体力透支殆尽，大病一场，第一个回合就败下阵来。

这件事情自然是幼稚可笑的，但也反映出王阳明想到什么就执拗地做到底的性格特征，同时让他对朱熹等人代表的学说产生了隔膜感，懂得了成为圣贤不能靠模仿，别依葫芦画瓢，悟出了成圣需要执着的坚持，需要有明确的方向、正确的方法。他感觉到自己面对一次打击倒下去之后，再以顽强的姿态站起来之时，自己的内心比以前强大了许多，对儒学提出了自己的看法。王阳明认为的格物致知是以吾心为出发点的，吾心对所有事物都有一个直接感受，这是一种自觉，所有的学问、道理都会根植于这种直觉。

要做个内心强大的人，就不要畏惧别人的流言蜚语。内心强大的人，是活在自己的世界里，而不是活在别人的眼中和嘴上。《孟子·尽心上》中说："仰不愧于天，俯不怍于人。"意思是，人的言行举止，应该正直坦荡，抬头无愧于天，低头无愧于人，不做任何不道德、亏良心的事，至于是颂扬或者批评，让后人去评说吧。不管外面是电闪雷鸣还是疾风暴雨，自己的内心依然是风和日丽。王阳明在"百死千难"中悟出内心深藏的"良知"，提出"致良知"思想，用王阳明的话来说，要非常感谢张忠那帮奸臣对我处心积虑的诬陷，在这场没有战火的争斗之中，50岁的王阳明毫发无损，而心学又一次得到大突破，他将《孟子》的良知说与《大学》的致知说相结合，正式提出了"致良知"思想。

苏轼的友人王定国，当过工部尚书，被贬谪到岭南荒僻之地广西宾州（今广西宾阳县）。有一名歌女柔奴，眉目娟丽，善于应对，毅然随之。多年后，柔奴复随王定国还京。

苏轼拜访王定国时见到柔奴，问她：岭南的日子过得很苦吧？不料柔奴却答道："此心安处，便是吾乡。"如此富有哲理的回答说到了苏轼心里，引起共鸣。在苏轼看来，偏远荒凉的岭南不是一个好地方，但柔奴能像生活在故乡京城一样处之安然，从岭南归来的柔奴，长得比原来还年轻漂亮，怎么活得这么滋润呢，不由得一番感慨。在那么困顿的环境里，究竟是听从外在的声音，还是听从内心的指引？你的心灵安静了，外在的困顿就左右不了你。于是苏轼填词《定风波》，后半阕是："万里归来颜愈少，微笑，笑时犹带岭梅香。试问岭南应不好？却道：此心安处是吾乡。"从岭南归来的柔奴，笑容里仿佛带着岭南梅花的清香，这便是不论在什么样的环境里均能安之若素，方可心无烦忧。即便身处泥泞之中，仍能遥看满山花开。

人生是痛苦与快乐相伴相生，没有痛苦也就无所谓快乐。现实生活并不是一马平川，往往是一条布满荆棘的崎岖小路。有人出上联"莫言路遥余秋雨"，把三位作家的名字连在一起，形成一个意境：切莫说路途遥远、秋雨绵绵，使人联想起苏轼《定风波》中的名句"竹杖芒鞋轻胜马，谁怕？一蓑烟雨任平生"，联想起王阳明艰苦跋涉于贵州万山丛棘之中，有着异曲同工之妙。

有人对出下联"可染悲鸿林风眠"，也有三个人物：李可染、徐悲鸿、林风眠，其意境也很深远：人须在事上磨，不惧怕风风雨雨，勇敢面对人生磨难，看得开、放得下，迅速化解负面情绪，泰然自若，怡然自得。

从某种意义上说，我们应当感谢伤害你的人，因为他磨炼了你的心志；应当感谢轻视你的人，因为他激发了你的潜能；应当感谢绊倒你的人，因为他强化了你的本领；应当感谢挫折和逆境，它使你磨炼出坚强的意志品质，"咬"住目标不放松，走出人生低谷，将我们的生命演绎得波澜起伏、跌宕有致、日臻完美。

阳明先生 说))))

> 人须在事上磨炼做功夫乃有益。若只好静，遇事便乱，终无长进。那静时功夫，亦差似收敛，而实放溺也。

不求顿悟，须事上磨

王阳明强调静坐澄心的工夫，更看重动中工夫即事上磨炼。古今中外，能经历磨炼、走出逆境并取得成就的人，绝不是寥若晨星。"天将降大任于斯人,必先违其所乐而投之于其所不欲,所以衡心拂虑而增益其所不能,是玉之成也,其在兹行欤!"王阳明所以能够做到立德、立功、立言"三不朽"与他这种不畏艰险,事上磨炼的人生履历有很大关系。

36岁的王阳明被贬到贵州龙场,龙场驿地处偏僻的贵州西北部。万山丛棘中,魑魅昼见,瘴疠蛊毒,苦不可言。加上谪贬带来的悲愤、抑郁、凄楚、思乡等,简直就要把人压垮。从中原流放到边远荒芜之地的人,处境贫困之极,异乡天涯,居无室,食无粮,大多都死在路途中。他们即使到了流放地,没有生活来源,生病无法医治,以至饿死病死。

王阳明初到贵州龙场,置身于如此险恶、艰难困苦的地方,而且瘟疫肆虐,他心中还思考着:圣人在此种境遇下会怎样做?于是他以圣人对待困境的态度作为精神支撑,将这种种艰难险阻看作走圣贤道路的磨炼,坚持"学做圣人",苦思冥想、殚精竭虑、反省自我、格物致知,因而他并不灰心和气馁。他在《初至龙场无所止结草庵居之》中写道:"草庵不及肩,旅倦体方适。开棘自成篱,土阶漫无级……污樽映瓦豆。尽醉不知夕。缅怀黄唐化,略称茅茨迹。"他用内心的意志品质抵抗物质的贫瘠,不在意谪居龙场的困苦,成为他人生中的一大转折,成为他学术思想的新开端。他曾感叹说:这就是古圣人当囚徒而忘了自己是囚徒,我也应当这样度过一生。他在绝望中选择了坚强,"动心忍性",不急不躁,才有了"龙场悟道",奠定了心学的基石:"心即理""知行合一""致良知"的基本理论框架,为他成为圣贤奠定了基础。纵观历史,"心即理"、"知行合一"以及"致良知"的理念,影响了无数儒学后人以及政治家、军事家。

如若只是在静坐中用功,难免会"遇事倾倒",心乱难定,且易养成空寂之性。据《传习录》记载,陆澄(官至刑部主事)问王阳明:

当我处于安静的状态时，我感觉思路清晰、心智澄明，可是一旦遇到事情的时候，往往会偏离本心，不能按照那种思路去做了，这是什么缘故呢？

王阳明答道，这是因为你平时只注意静心修养，而没有下工夫克制自己的私欲，以为安静的时候的工夫就是全部，而遇到事就会站不稳脚跟。"人须在事上磨炼，做功夫，乃有益。若只好静，遇事便乱，终无长进。"良知贯彻到行为中去，在处理事情中磨炼自己，多做"克己"功夫，在应事接物时随时随地观照心体的气机实相，避免贪嗔好恶攀附心体，这就是"事上磨"。修炼内心，百经磨炼，功夫到了，才能达到"静止时有定理，行动时也有定理"的境界。

一个人不求顿悟而重视在一个个事情上磨炼自己，提升自己的心灵，才能使内心强大起来，从根本上增强自己的素质，才能经得起各种险恶环境的考验，向做好的自己的人生目标奋进。如果只喜欢和依赖宁静安逸的环境，常在静养中发呆，而没有经过各种复杂环境的磨炼，遇事就会忙乱，终究不会有多大长进。正是由于王阳明在一个个事上磨炼，苦其心志，劳其筋骨，动心忍性，才有瞬间的"悟道"，才有阳明心学诞生。

艰难险阻的事上磨炼，炼就了承受挫折的能力，提高了他沉着冷静应对各种事物的能力。事上磨炼是真正的心学工夫。人在急难险重的时候，正是心上用功的最好时机。他在和学生陆九川对话时指出："人须在事上磨炼做功夫乃有益。若只好静，遇事便乱，终无长进。那静时功夫，亦差似收敛，而实放溺也。"王阳明与学生陆澄也说过类似的话："人须在事上磨，方立得住，方能'静亦定，动亦定'。"在朱宸濠举兵谋反后，当地地方官员要么投降，要么慌作一团。王阳明出奇地沉着冷静，制定策略，调兵遣将，在很短时间内平定了内乱。在一次又一次艰难困苦的磨炼中，王阳明积累了过人的智慧和经验，培养了随机应变的能力。

曾国藩一生恪守着传统儒家所谓的"臣道"，重于做实事。他认为，咬牙忍耐，世上没有过不去的事。曾国藩23岁考取秀才，24岁考取湖南乡试举人，然后远离家乡赴京师会试，两次会试都落第了。他并不气馁，他在一首诗中写道："竟将云梦吞如芥，未信君山铲不平。偏是东皇来去易，又吹草绿满蓬瀛。"曾国藩说："打脱门牙之时多矣，无一次不和血吞之。"可见其坚忍卓绝的意志，刚毅不屈的气度。毛泽东在1969年1月的一次谈话中说："曾国藩是地主阶级最厉害的人物。"曾国藩现象值得继续研究。

心灵的磨炼不单单是在安静的环境中修身养性，人只有在做事的过程里磨炼自己，感受艰难困苦中修身养性，才能达到最佳境界。如果你的心光明正大，坦坦荡荡，什么都奈何不了你。多次被贬谪、依然不忘忧国忧民的范仲淹，能够在百折千磨中愈挫愈勇、屡败屡战的曾国藩，他们即便被打倒，但内心却很强大，永远不会被击垮。世界上的圣人，每一个都是经历过身体和心灵的双重磨炼，遭遇过无数艰辛困苦后才成为圣人的。

阳明先生说)))

事徒知静养，而不用克己工夫也。如此，临事便要倾倒。人须在事上磨炼，方能立得住，方能静亦定，动亦定。

人须在事上磨炼，做功夫，乃有益。若只好静，遇事便乱，终无长进。

英雄亦有忍辱时

平定南昌宁王朱宸濠的武装叛乱之后，由于各种错综复杂的关系，当时的处境很险恶，军功给王阳明带来的是更多的阴谋陷害。他遭到张忠、许泰等人的嫉恨和刁难，他的弟子冀元亨很有文人气节，朱宸濠给的东西一样不要，所有礼物主动交给官府，撇清关系。就因为他到宁王府上给朱宸濠讲过课，最后竟被宦官诬陷，说他勾结宁王朱宸濠，最后下到牢狱，折磨得元气尽失，出狱之后五日就去世了。跟随自己立下军功的将士也得不到公平的对待。王阳明忍辱负重，冷静处置好战后的各项事宜后，主动辞官，潜入九华山，每日宴坐草庵中。王阳明历经磨难，愈发相信"良知"足以使一个人身处逆境而不屈，出入生死而不折。

正德十四年（1519）七月朱宸濠兵败被俘，明武宗好大喜功，以亲征藩王为名率军南下，自称威武大将军。为此，王阳明上疏让武宗止兵。宦官张忠与个别嬖幸之臣，在皇帝身边肆意诬陷王阳明。王阳明从中看到了这些奸佞小人的龌龊与肮脏。

宦官张忠、许泰要王阳明放囚，纵朱宸濠去鄱阳湖，让明武宗擒拿显功。王阳明因怕京军突然到来，征收粮饷，祸害无辜的百姓，没有听从，将朱宸濠以及逆党囚犯直接移交至宦官张永手中，然后给武宗皇帝上疏乞请告老还乡。这样触怒了阉党，张忠、许泰、江彬在皇帝面前污蔑王阳明"必反"，是宁王同党，迫于形势才反戈一击。王阳明处境十分危险。张忠、许泰等人托称搜捕余党，领兵进驻南昌，滥杀平民以充军功，百姓受到的骚扰甚于宁王之乱。为了让正德皇帝早日回京，朱宸濠被擒一年后，王阳明重新撰写捷报，上疏称颂皇帝运筹帷幄于千里之外，全程遥控了平叛战争，并将张忠、许泰等人都列为平叛功臣。

王阳明在应对军事与政治的双重危机中，之所以能够做到泰然不动，与自信其心以及义理担当密切相关。当时王阳明处于"君疑"之地，诽谤四起，身边僚属亦危惧不安，王阳明把毁谤当作是对自己的砥砺，唯一依靠的只有自己的精纯之心，从而把全副精神凝定于此，不惧不惑，故能镇定如恒。

自贬谪龙场驿后，这两三年经历的朱宸濠叛乱以及随之而来的张忠、许泰之难，是王阳明的第二番磨难，是他从"天理"转向"良知"的又一次重要契机。在这些惊心动魄、性命交关的大事磨难之中，王阳明淬炼了学问精髓，使思想转进到一个全新的境界，对本心的体认愈为真切，至善的涵养愈为纯熟，逼出了"致良知"之说的完整提出，知行合一、心气动静涵养、克治省察等工夫皆被纳入其中，一炉而冶，从而迎来了思想创新的又一个灿然生辉之高峰。

所谓"良知"，是人皆有之的是非之心，是分别善恶之心。良知之在人心，人人皆有，个个自足，强盗也不例外，是一种不假外力的内在力量。在许多磨难中，王阳明越来越体悟到人们心灵深处的"良知"尤为重要。他说："致良知"的"致"，知行合一的"行"，都在实践中，就是把良知用在日用伦常之中。王阳明称"致良知"之说是自我一生中"百死千难"中悟将出来的，非是容易见得到此。"就算全天下人都说我行不掩言，我也只依凭自己的良知行事"。王阳明引导人们追求"致良知"，就是从内心到行为务必都要按照一定的规则进行修炼，将道德观念和修养行为融为一体，避开尘世间的杂念，让大大小小的私欲都随风消遁。

"忍"能使人懂得"弯曲巧避"锋芒。"大丈夫能屈能伸"，是从老子委曲之道中演绎而来的。这是总结人生从遇到挫折到走向成功得出来的经验之谈。忍耐能够使自己冷静思考，帮助自己审时度势，让自己懂得进退自如，学会退一步海阔天空。领导者在工作实践中，都应该体现出一种韧性和耐力。忍耐是一种潜在的意志，蕴涵着坚韧不拔的毅力和对奋斗目标的矢志不渝，对工作的坚持不懈，耐得住清贫和寂寞，经得起磨炼，才能走向成功。

忍辱负重是一切仁人志士、英雄豪杰的重要气节之一。"忍辱负重"，即能够忍受屈辱，承担重任。要成就一番事业，有时会蒙受屈辱、经受打击，此时能挺住而不辱使命，此谓忍辱负重。忍辱是手段，而完成使命才是目的。屈辱能使人发愤、催人奋进，是一种无形的动力。

英雄也有屈辱时。真正的大勇者见辱能忍，不惊，不怒。黑夜总有尽头，正义迟早会战胜邪恶。晋代名将陶侃因战功卓著，任荆州刺史。有人妒忌他，在上级面前说他坏话。于是陶侃被降职，调到偏远的广州，但他没有灰心，每天早晨把一百块砖头从书房里搬房外，晚上又把砖头搬回屋里。人们问他为什么这样做？陶侃说："我身在南方，但心里想的是收复中原，不能闲散啊，每天借这个练练筋骨。"后来，朝廷把陶侃提升为征西大将军兼荆州刺史。无论职位高低，陶侃还是不负使命。

心有所向，定会苦尽甘来

王阳明初入官场，胸怀大志，一心为国，却被奸臣刘瑾暗算，贬谪到贵州荒远的龙场，忍受莫大屈辱。他并未向奸臣屈从，也没有速死以求解脱，他选择了坚持和忍耐，巧妙地躲过了锦衣卫的追杀，走马上任。他的隐忍，暂时打消了刘瑾的疑心，保住了性命。等待的目的是使自己能够安心地韬光养晦，为的是有朝一日能够一振而飞。

王阳明最初到龙场，无所居住，结草庵以居之，草庵高不及肩，却可以暂时缓解疲惫的身心。后来王阳明在山中发现一个石穴，就打扫一番住了进去，并将其命名为"阳明小洞天"。他在龙场时作《采薪二首》其二：

> 倚担青岩际，历斧崖下石。
>
> 持斧起环顾，长松百余尺。
>
> 徘徊不忍挥，俯略涧边棘。
>
> 同行笑吾馁，尔斧安用历？
>
> 快意岂不能？物材各有适。
>
> 可以相天子，众稚讵足识！

文字是思想的载体，诗文是思想的诗化表达。这首诗描述了王阳明在荆棘丛间遇到一突兀长松，"百余尺"高的长松却生于崖下，埋没在无人问津处，借松喻己，托物言志：通过对砍树的认识告诉人们每个人都有自己的长处，都有可能对社会作出贡献，不可轻易地去损伤人的长处。觉得长松不失为良材而不忍挥斧，反倒被同行者所笑。对身怀良才却只能流落在蛮夷之地发出怨怼。

这首采薪诗，与西晋诗人左思的《咏史（其二）》有异曲同工之妙："郁郁涧底松，离离山上苗，以彼径寸茎，阴此百尺条。"诗人用"涧底松"和"山上苗"作对比：郁郁葱葱的高大青松却只能身处"涧底"，然而那无名的野草却踞山巅，因着自身所处的地势之高，遮盖了山谷下面百尺之高的松树的伟岸，用以比喻出身微寒的贤人志士却埋没在低下的官职、世家子弟不问贤愚却窃居高官之位，抨击了不合理的门阀制度的黑暗。

王阳明开始了教书育人的生涯，凭借对梦想的坚持，将龙场打造成传道授业的人文中心。他邀请土著人来听课，并且将周边喜欢读书的年轻人吸引过来。很多学生都喜欢听王阳明讲授基本的文化知识，讲述人生理想，发现这位王先生满肚子都是学问。当地一些知识分子，也纷纷慕名而来。王阳明讲课不拘一格，有时候在户外，有时候在空旷的山谷之中。他讲述了孔子周游列国的辛苦，孟子的果敢，庄子的潇洒，荀子的睿智，还将自己遵循的圣人之道、吾性自足讲给大家听，告诉大家所有的人都能成为圣人。他讲述了做人处世不可以自我贬低、自我颓废，越是艰难的情况下越要使自己的心灵坚强起来，方可修好身心，不沾染一点尘埃，成就一番事业。

龙场驿的特殊环境与经历，是王阳明心学顿悟的重要节点。王阳明将龙场看作自己生命中的桃花源，看作圣贤之路的最佳修行地，对于人生的真谛终于"大彻大悟"："圣人之道，吾性自足，不假外求。"我完全能够凭着我的心性、我的精神走上成圣的道路，不需要依靠任何心外的东西。天理在人的心里，过去从外物求天理是舍本逐末了。人心就是天理在人间的精微化呈现。王阳明的龙场悟道，开辟了中国哲学史上的一座高峰，开启了他的人生价值之路。

龙场属荒蛮之地，此前没什么正经的学校，尤其没有能代表儒家精神的书院。王阳明在艰苦的条件下，追寻圣人之道，第一个建起龙冈书院，多年的追求已经得到了归宿，他归宿于儒家，归宿于唯心的理想主义，沿着这个方向走下去，不复徘徊。为了克服语言障碍，他把教学内容编成易于记忆的词曲，采用歌咏的方式让学生边唱边学，取得明显效果。他向各民族学生解读《五经》，教授琴、射、驭等技艺。他倡导"教学相长"，鼓励师生间自由讨论、相互点评，受到当地官员、学者的欢迎。很多人都是慕名来听课，老百姓也纷纷围坐而听。传统夷夏观在这里发生了重大变化，夷民不再是"文身""鸟语"的异类，而成了未经雕琢的璞石、未经裁剪的良木。"黔中之有书院，自龙冈始；龙冈之有书院，自阳明先生始。"这件大事可以浓墨重彩地写进明代贵州文化史。

过了一年，38岁的王阳明德声远播，贵州提学副使席书聘请他主持贵阳书院。席书带着贵阳诸生，是以拜师礼请王阳明到贵阳书院去教书，带头行师礼的也包括席书。王阳明开始向贵州的读书人宣讲"知行合一"新说，给弟子们讲授研究事物深奥微妙的方法，以及了解事物发展的规律，还教少数民族青年学习汉语、认识汉字，学习礼仪，深受当地民众的爱戴。王阳明在贵州不只是悟道、讲学，他与这里各民族、各阶层的人友好相处，播撒中原文化的种子，以仁德感化四方。王阳明认为，天下没有不能被感化之人。

到了1508年，王阳明又在贵阳书院提出了"知行合一"的学说，已经臻于炉火纯青的境界。所谓"知"，指的就是道德意识及思想意识；而"行"指的则是人的道德实践以及实际行动。王阳明认为，知是行之始，行是知之成。一说知便有行，一说行自有知在，知行本是一回事，二者本来是一个功夫，并不意味着知行分割，两者互为表里，不可分离。知必然要表现为行，不行不能算是真知。良知，无不行，而自觉的行，也就是知。

王阳明热爱少数民族地区的民众，是一种儒者的普世情怀。《与安宣慰》的两封书信，表达了王阳明与当地少数民族之间情真意深。他所写的《居夷诗》百余首，还有《玩易窝记》《何陋轩记》《君子亭记》《宾阳堂记》，记述了他在贵州期间的心迹，具有重要的史料价值和思想内涵，从一个侧面折射出王阳明"龙场悟道"时的生命境遇和心灵涤荡。如王阳明写的《何陋轩记》，立意高远，夹叙夹议，情理融合，文章波澜起伏，将夷人的淳朴与伪君子的内心丑恶作比较，由此及彼，深入浅出。王阳明认为"伪君子"才是真正的"陋"。"夷人"倘若加以教化，必改旧貌，以此反衬夷人的质朴美。

从龙冈书院到贵阳书院，王阳明讲学的影响力不断扩张，他的名声越来越响，被人称颂。王阳明一生无论是失意之时，还是得意之时，都坚持创办书院，不光自己办，还联合同道去办。他人生最喜欢的事就是教学，他受邀登坛讲学，即在龙冈书院中招收"诸夷弟子"，传道、授业、解惑。师生之间的问答、切磋、歌咏、弹琴等一系列教学活动，也应运而生。当时，汉族知识分子、少数民族的子弟，在贵阳以及贵阳周围一些在职的官员都从四面八方赶来，听王阳明讲课，问学求教，"士类感慕者云集听讲，居民欢聚而观如堵"。

王阳明虽然离开贵州，但他的思想学说在这里得到发展，带出了贵州一大批人才。各类书院纷纷兴建，贵州首开科举考试，贵州的人开始走出大山。到了清末，贵州呈现出6000举人、700进士的壮观局面。

正德四年（1509），王阳明在贵州贬谪期已届三年，朝廷的一道文书下到贵州，任命王阳明为江西吉安府庐陵县知县。不是当道的刘瑾放过了王阳明，而是王阳明的知行能力很强，加之与朝中要员们的关系一直很好，经常有书信来往，朝中友人作了很大努力，使得王阳明得以从贵州龙场脱身而出，信心满满地来到庐陵。

曾经是正五品官员的王阳明被贬谪到龙场做驿丞（连九品都算不上），能够将负面情绪转化为追寻梦想的正能量，成为毕生事业和成就的巨大动力，并从此建立了自己的心学。王阳明这次去庐陵做七品知县，是在1510年，他39岁时。通过龙场悟道，王阳明坚信：只要坚持初心，"为政以德""以开导人心为本"，亲民爱民，就一定能处理好许多行政事务，把庐陵治理好，获得民众的拥护。辉煌与低谷，成功与失败，都只是人生的一段旅程，今天的辉煌不代表日后的成功，今天的失败也不能代表日后的低谷。

王阳明在南赣剿匪之余，他并没有忘记讲学，与弟子们一起讨论心学，然后让弟子们到现实生活中去锻炼。为了大范围传播心学，让更多的人去私欲杂念，严整自身的状态举止，检点自己的言辞，他在赣州期间，兴建了义泉书院、正蒙书院、福安书院、镇宁书院、龙池书院。王阳明人生最为得意的地方，正在于自己集天下英才而教育之。平南赣匪乱、平宁王之乱、平广西匪患，王阳明在功业上不得了，其实他是不喜欢打仗的，他自己反复说过。他最喜欢的是讲学，因为他经常到各地打仗，就把好多弟子带在身边，只要有空就给学生上一课。作为教育家的王阳明，其实是以一代思想家、军事学家为基础的，因此，这个教育家完全不同寻常。他开辟的讲学之路，在中国思想史、文化史上别开生面，颇有特色。

王阳明一生痴迷于心学研究，他始终将书院教育作为其生命中不可或缺的一部分。他走一路讲一路，从事教学和指导的书院有14所。儒学成为教化弟子和众人的工具。在创新的理论贡献中，他孜孜以求的依然是思想的完善。王阳明的执着如一的追求，恰恰是心学奠定的精神之念。

阳明先生说

诸君只要常常怀个"遁世无闷，不见是而无闷"之心，依此良知，忍耐做去。

其后谪官龙场，居夷处困，动心忍性之余，恍若有悟。

璞玉打磨，绽放光彩

一个人在这个世界上立得住，就必须像不甘平庸的璞玉那样，忍受折磨、痛苦，经过切、磋、琢、磨，去掉生命中那些劣质、腐朽的东西，才能呈现美丽的纹理，生命才会展现精华和靓丽。正如《诗经》所言："如切如磋，如琢如磨。"也如同《礼记·学记》所云："玉不琢，不成器；人不学，不知道。"人生就像一块璞玉，必须经过切、磋、琢、磨以后，才能成为光亮璀璨的艺术品。

在这方面，历史上有不少成功的事例。当年周文王被纣王囚禁，能泰然处之，研究《易经》打发时光，心中以周代商之志不移。越王勾践折腰忍辱做侍臣，被赦免回国后卧薪尝胆，最后以三千越甲吞灭吴国，迫使夫差自刎。张良在桥下爬着给老人捡鞋穿鞋，从此他胸怀帝师的智谋。韩信从别人胯下爬出，后来官拜淮阴侯。

《传习录》中记载，王阳明的学生陆澄暂居鸿胪寺时，忽收家中来信，说儿子病危，甚是担忧，心乱如麻，以致无法认真学习。王阳明开导陆澄：人就是在艰难的时刻才能得到意志的磨炼，这是一个磨炼心性的机会，学会把控自己的心灵。这时候还能实实在在地做学问、下真功夫，才能够真正提升自己的能力。

人生最珍贵的东西是内心的良知。良知会给我们带来长久的喜悦，远远胜过生理感官从外界获得的快乐感。良知会引导我们战胜一次次迷人的诱惑，使我们成为一块精致细腻的"美玉"。王阳明曾说："常人之心，如斑垢驳杂之镜，须痛加刮磨一番，尽去其驳蚀，然后才纤尘即见，才拂便去，亦自不消费力。"王阳明讲圣人之心与常人之心时说，圣人的心如镜子般明亮，丁点纤尘都无所容。普通人的心灵如同布满斑驳污垢的镜子，须将镜面消磨刮削，把上面的尘垢除掉，才能做到纤细的灰尘一落上面，一拂拭就能擦掉。

艰难方显勇毅，磨砺始得玉成。经历磨难原本就是生命旅途中一道不可或缺的风景，总是在经历磨炼方显人生价值。自从离开父母之乡，来到龙场三个年头了，在这历尽瘴毒、如此艰难的龙场，凭着乐观与信念（从没有忧戚的情绪）顽强地活了下来。王阳明曾多次谈到艰难困苦在其思想学说形成过程中的作用。"事上磨炼"功夫就源于阳明本人的功夫实践。他在《与王纯甫·壬申》一文中谈道，"及谪贵州三年，百难备尝，然后能有所见，始信孟氏'生于忧患'之言非欺我也"。

王阳明一生没有被百死千难吓倒，没有被诬陷和屈辱挫败，没有被多次升迁和封赏而狂妄自大，而是在筚路蓝缕中愈挫愈奋，让他的心灵世界强大起来，有着巨大的心灵嬗变，形成不为功名利禄、不为诽谤攻击等外界因素所扰的可贵品格，可谓人情事变上用功之楷模。用门人的话说，"先生用功，到人情事变极难处时，见其愈觉精神"。

一个人经过反复的心理磨炼，心中的杂念便会越来越少，心灵也越发平静平和。王阳明认为，诽谤是从外面来的东西，虽然圣人也避免不了。人贵在自我修养，假如自己确确实实是个圣贤之人，纵然别人都来诽谤他，也不会对他有任何损害，就好比浮云遮蔽太阳，它怎么可能对太阳的光明有所损害呢？王阳明认为，能够容忍他人故意冒犯和侮辱的人，即是心境平和之人，"任他天动地动，只是我心不动"。这样的人遇到紧急情况能够迅速调节心态，能够忍住恐惧和慌乱的情绪，从容地接受失败和挫折，处理好棘手事情。

成圣贤意味着"内圣外王"的实现。"内圣"自我转化，代表着修身境界，"外王"则标志着建功立业，是转化世界。在这一目标引领下，王阳明在逆境中坚守本心，苦苦思索成圣贤之路，有着永不退缩的勇气和毅力，从37岁时龙场悟道起开始建构心学体系，到50岁时揭示"致良知"之教，标志着其心学体系的最后成熟。

"致良知"学说是宁王朱宸濠平乱过程中社会背景、自身现实经历的深切感悟，也是圣人之门的核心所在。"我此良知二字，实千古圣圣相传一点滴骨血也。"他还说："某于此良知之说，从百死千难中得来，不得已与人一口说尽。只恐学者得之容易，把作一种光景玩弄，不实落用功，负此知耳。"王阳明从来不是单纯的"读书人"，早年骑马射箭游塞外，26岁时苦读兵法，用果核排列成阵形演练；他不是战将出身，却能用兵如神，终于创建了卓越军功，成为一代圣贤。

一个人只有在艰苦的环境中考验，遇到挫折而不退缩，经受思想和意志品质的各种磨炼，经过心志与机体的劳苦之后，才能活出生命的不同寻常的意义，方能承担大任。王阳明就是抱着这种经历千苦百难的磨炼到达崇高的人生境界的心态，慢慢磨炼自己的心性，慢慢体味人间百味，在恶劣的环境里慢慢雕琢自我，渐渐将心性打造成了精致细腻的"美玉"。

曾国藩23岁考取秀才，24岁考取湖南乡试举人，然后远离家乡去京师会试，却落第了，但他不气馁。他写道："竟将云梦吞如芥，未信君山铲不平。"他起事于湖南后，不断受到湖南巡抚以下官员的嘲讽、排挤和打击，曾经屡战屡败，走投无路，却能在奏折中将"屡战屡败"改为"屡败屡战"，百折不挠，度过冷遇期，终获成功。

曾国藩凭借一个"挺"字，在困厄中寻求出路，在苦斗中积聚能量，不因生死安危而改变初衷，"以坚忍为第一要义"，有苦从不说出，徐图自强。他缘何写了一千多封书信、日记？那是他在砺志！他无论在军营还是在朝廷，每天一听到鸡叫就起床，直到夜半才休息，几十年如一日。曾国藩凭着坚韧挺劲的意志，有着"慰天下豪杰之望、尽大臣报国之忠"的胸襟，成为晚清江山倾圮中的柱石人物，中国封建统治的最后一尊精神偶像，赢得"中兴名臣"之美誉。

阳明先生 说)))

> 若常人之心，如斑垢驳杂之镜，须痛加磨刮一番，尽去驳蚀，然后纤尘即见，才拂便去，亦不消费力。

坚韧不拔，强吾内心

人的一生如潮涨潮落。不论身处顺境逆境，都应以积极有为的心态，面对个人的荣辱得失，自强不息，愈挫愈勇。一个人不是铁打的，为何有的人具有钢铁一般的意志？一个人只有在苦难岁月、恶劣环境、复杂斗争、重大挫折中，经历一个个屡仆屡起、屡败屡战、不屈不挠，才能逐渐磨炼和培养出钢铁般的意志，成就强大高尚的内心世界，就像凤凰必须在烈焰中诞生一样。

王阳明在极其恶劣的"诏狱"中硬是能挺过来，从流放至毒蛇遍地、野兽奔走的贵州龙场逆境中活过来，成就一个个奇迹，靠的不是聪明的头脑，而是他强大的内心、坚定的意志，以及他对圣贤追逐的笃定。李白《沐浴子》云："沐芳莫弹冠，浴兰莫振衣。处世忌太洁，至人贵藏晖。"正如印度瓦鲁瓦尔所言："大象虽中箭受伤，仍然岿然挺立；刚强者身处逆境，决不松懈斗志。"

王阳明在龙场，从低矮草庵住进了附近的山洞里，在洞穴内钻研《易》经，同时把洞穴取名为"玩易窝"，这里的居住环境依然是阴冷，比监狱大牢还不如，晚上还经常有毒蛇、毒虫出没，夜里想睡都不敢睡。王阳明和三个仆人就地取材，从山上砍来木材，搭建了简易房屋居住了进去，为防夜间野兽的侵扰，他们经常在夜里点起篝火，吓走野兽。王阳明的随行仆人因为水土不服而生病，无法照料主人的生活。王阳明便照顾他们，亲手砍柴、煮粥，唱家乡小曲给仆人听，希望消除他们的不适感。

玉不琢不成器，不经历风雨怎能见彩虹？世间不存在无法克服的艰难和困苦，只要我们怀着坚定的信念勇往直前，将磨难和不幸当作垫脚石，不断攀登人生之路，以百折不挠和笑脸直面人生，我们定能创造属于自己的辉煌。所以当你面临逆境时，首先要做一个精神上的强者，坚忍不拔、威武不屈，用百倍的勇气来应付一切的不幸，才能掌握自己的命运。

正德十六年（1521），明武宗去世，明世宗继位。朱宸濠起兵反抗朝廷。王阳明率兵征伐，用三万民兵对抗宁王的十万王牌军，擒获了朱宸濠，为朝廷立了大功，拯救了大明王朝。

王阳明将朱宸濠押解到了南京附近。昏庸的皇帝朱厚照却换上军装，御驾亲征，一声令下，让手下的将士将放出来俘虏又抓了一次，重新装进囚车。接着皇帝装着凯旋的样子，向南京出发。

受正德皇帝宠信的江彬，很嫉妒王阳明的功绩，认为王阳明夺走了自己建功立业的机会。于是散布流言："王阳明原本就是朱宸濠的同伙，后来听说朝廷派兵征伐，才反戈一击，将朱宸濠抓获，以自我解脱。"言外之意，王阳明是两面三刀的机会主义者，皇帝身边的一些人说，王阳明是跟皇帝争功。如果不相信可以让王阳明来南京面圣。王阳明在赶往南京的路上，张忠派人阻拦，导致他在芜湖停了半个月之久。

王阳明一心把自己磨砺成圣人，此志始终如一。王阳明为朝廷平定了"宸濠之乱"，立下了赫赫战功，却反遭诬陷：权阉宵小之流的谗毁、诬陷、构害之事，接踵而至。王阳明委屈至极，处于"君疑"之地，"若有一毫激作之心，此身已成齑粉"（《王畿集》，凤凰出版社2007年版，第343页），随时会有杀身灭门之祸。王阳明面对乱臣贼子的诬陷，面对皇帝的昏庸和胡闹，能够处变不惊，从容应变，不去辩解，"平时愤怒者到此能不愤怒，忧惶失措者到此能不忧惶失措"。他从未动摇过成圣的信念，把毁谤当作是对自己的砥砺，唯一依靠的只有自己的精纯之心。他认为退隐是个好办法，于是他称病只身去九华山修养，继续从事自己的心学研究。他形象地比喻道，如因害怕雷声，而产生忧惧之心，只会自乱方寸，于事无补。其所以泰然自若，是有深意所在。

幸好有个受武宗信任而又头脑清醒的太监张永从中调停。张永回到朝廷，对明武宗说，王阳明忠诚为国，平定朱宸濠叛乱有功。如今这样对待他，将来国家再有危难，谁还肯为国家尽忠呢？明武宗终于明白了事情的始末，就免除了对王阳明的处罚，命令王阳明回到江西。此后，明武宗再也不相信江彬之流诬陷王阳明的话。

王阳明从九华山返回南昌，预料在皇帝身边这些嚣张小人，总有一天会对皇帝下手。他要保护皇帝，威慑这些小人，不能让他们得逞，于是他多次举行军事演习。这些小人变本加厉地诽谤、诬陷王阳明：私吞了国家财产，手握重兵企图与宁王一起谋反。王阳明对这些诬陷坦然处之。

王阳明一生几次落第，遍尝艰辛；当他被廷杖四十，贬谪龙场，处于人生的低谷时，历经困顿，百折不挠；当他遭权奸污蔑、多次嫁祸、恶人告状、小人算计时，并未自暴自弃。王阳明的一生大起大落、荣辱兼备，而他的最大成功是练就了内心的强大，坦然自若，淡定从容，积极面对，以一种强大的内心力量超越苦难；当他建立了不世之功、其功业如日中天时，各种诽谤、非难也汹汹而起、纷至沓来，他仍是以强大的内心、坚强的毅力，胸怀天下，睥睨群伦，"成就自心"。

回眸历史，记载着那些在挫折和逆境中英勇不屈的英雄传奇。郑成功同贪图富贵、向清朝政权胁肩谄笑的父亲郑芝龙决裂，单独跑到南澳岛，既无兵将，更缺钱粮，但他凭着不屈不挠的奋斗，建立起水师，收复了荷兰人强占的台湾岛。郑成功在《复台》诗中流露出欣慰："开辟荆榛逐荷夷，十年始克复先基。田横尚有三千客，茹苦间关不忍离。"

一个人遇见突如其来的伤害，蒙受莫须有的诽谤，遭到不公正的待遇，引来他人耻笑、讥讽，能够迅速从阴影中解脱出来，迎着别人嘲讽的目光，不急不躁，静观其变，重新开始，这种忍辱负重、能屈能伸的精神，尤为值得提倡。有些人难以忍受突如其来的侮辱，把心中的愤怒一下子发泄出去。在条件不许可的情况下，这样做只能使自己遭到更多的侮辱，步入可悲的境遇。与别人发生误会时的忍耐，那只是一时的容忍。难得的是在漫长时间里，在钩心斗角的环境中，忍受着各种各样的折磨，而只为完成心中的理想。忍耐不是目的，是一种策略，是一种修养。站在矮檐下，暂时低下头，而内心保持不屈，以圆容方，是为了再一次昂起高贵的头。

历史上的陆逊，之所以能忍受部将对他因误解而产生的不敬，是因为他身负抵御蜀汉大军的重任，他不能因小失大。同时他也坚信，随着最终打败蜀汉的进攻，一切误解也将烟消云散。陆逊在面临老将军们蔑视小看他、不听指挥的困难情况下，忠厚待人、忍辱负重，不以统帅自居，对各行其是的将领们晓之以理，动之以情，终于以超众才能和智慧战胜了刘备。这种为了大局委曲求全的处事态度，最终得到了将领们的尊敬和信服。陆逊的忍辱负重，是一种大将风度。

忍一时风平浪静，退一步海阔天空。想要有本领、卓尔不群，就要有鹤立鸡群的资本。忍受不了打击和挫折，承受不住忽视和平淡，怎么会走向成功呢？如果你有些不如意，要相信自己不会总是处于人生的低谷期，总有一大能冲破重重云层。只有一个穿越了生命低谷的人，才是苦难的征服者，而不是挫折的臣服者。

阳明先生说)))

岂能"以不忍人之心，而行不忍人之政"，则虽茅茨土阶，固亦明堂也：以幽、厉之心，而行幽、厉之政，则虽明堂，亦暴政所自出之地邪？武帝肇讲于汉，而武后盛作于唐，其治乱何如邪？天子之学曰辟雍，诸侯之学曰宫，皆象地影而为之名耳。然三代之学，其要皆所以明人伦，非以辟不辟、泮不泮为重轻也。

延伸
阅读

落梅（节选）

陆游

雪虐风饕愈凛然，花中气节最高坚。

过时自合飘零去，耻向东君更乞怜。

简析　前两句起笔不凡，描写中有议论，面对狂风大雪施虐的恶劣
条件，梅花毫不畏惧，凛然傲立，不屈不挠。接下来把梅花
和群芳对比，得出梅花最为高洁坚贞的结论，揭示了越是艰
苦越能考验品格的人生哲理。后两句描述严寒过后，梅花宁
肯随风飘逝，零落尘埃，也绝不留恋枝头，更不会向春神乞
怜偷生，寄托了诗人不惧挫折、保持高风劲节的品格。

第八章

反省吾心 察觉己过
——论自省之心

凡是成就大业的人，都把躬身自省作为修身的重要方法。自省吾身，涵养"检身若不及"的自觉，经常自我检视缺点不足，加强思想改造，不断增强意志力、坚忍力、自制力，人生才能越来越完美，王阳明很看重自我省察，提出在意念发起之时，进行省察克制。王阳明把"格"解释为"正"，即纠正的意思。返身自省，才能看到自己的不足之处；总是把过错推给别人，是不会成功的。王阳明提出道德修养和日常行为皆要省察克治，扫除私欲杂念之遮蔽，始终保持良知之纯一。他用比喻的手法，生动描述了省察克治的紧迫性、重要性和主动性。

镜子能照出人的容颜，而反省能照出自己灵魂中隐藏的"小"来。自省和剖析自己的过程，实质上是内在的自我检查、正确认识自己，找出并改正自己的错误的过程。在《传习录》中，王阳明有言，人须在事上磨，方能立得住。改过也要在事上磨，须从心上用力，自思内省，痛自悔咎，洗涤旧染。改过要以"惟以改过为能，不以无过为贵"的态度检视自身，正视自己的缺点错误，主动改正，完善自我。

懂得自省，是大智；敢于自省，是大勇。进行反省，始终"惴惴如临深渊，矜矜如履薄冰，栗栗如不满日"。刘少奇同志在《论共产党员的修养》中说：要像古人那样，"吾日三省吾身"，"需下苦功夫，郑重其事地去进行自我修养"。彭德怀多年来有个习惯，就是无论工作多忙，总要挤出一定的时间，"闭门谢客，闭门思过，坚持真理，修正错误"。对自己有功不念，有过常念；对别人有怨不念，常念报恩。通过自省，让自己的身心经受了一次智慧与道德的洗礼，使小过不至于发展成大过，这是理性认识自我、改造主观世界的重要一招，是对自身形象的最好维护。

自省：洗涤心灵的流泉

夏朝的伯启，勇于自省，值得称道。大禹时代，有一个叛变的诸侯有扈氏率兵入侵，夏禹派他的儿子伯启带兵抵抗，却大败而回。他的部下很不服气，要求继续进攻。伯启说："不必了，我的兵比他多，地也比他的大，却被他打败了，这一定是我的德行不如他，带兵方法的不如他。从此以后，伯启每天早早起来，粗茶淡饭，兴利除弊，礼贤下士、体恤百姓，政通人和。过了一年，有扈氏知道了，不敢再来侵犯，主动投降了。

躬身自省，是中华传统文化的瑰宝，是做人、做事的基础之一。《大学》有云："自天子以至于庶人，壹是皆以修身为本。"在儒家修身之学中，自省是修身之本、重中之重。孔子提出"内省不疚，夫何忧何惧？"（《论语·颜渊》）经过自省之后，问心无愧，有什么忧愁和害怕的呢？并多次表述"内自省"的思想。孔子说："君子之过也，如日月之食焉。过也，人皆见之；更也，人皆仰之。"这句话的意思是，日食过后，太阳更加灿烂辉煌；月食复明，月亮更加皎洁明媚。君子的过错就像日食和月食，人人都看得见，但是改过之后，会得到人们的尊敬。

宋代卫湜《礼记集说》曰："修身之道，自省而已矣。"自省是洗涤心灵的一股清泉，将内心里的浅薄、浮躁、消沉、阴险、自满、狂傲等污垢涤荡干净，心灵在自省中纯净明澈，重现清新、昂扬、雄浑和高雅的旋律，让生命重放光彩、生气勃勃。王阳明诗云："不离日用常行内，直到先天未画前。"儒家自省首先是一种道德实践，将"致良知"融入日常生活。

在我们自以为是、沾沾自喜时，在灵魂遭到扭曲时，自省能让我们的心灵清澈、纯净。人们常说"一个巴掌拍不响"，遇到问题首先从自己的身上找原因，看看是自己哪里做错了。在王阳明看来，自省是一个办法，不是目的。人要学会自省，才能有所悔悟。自省在于不断地反省自我，承担生命的那一部分责任，抛弃浅薄、摒弃浮躁、丢掉自满。悔悟就像治病的药，如果握在手里，看着不吃下去，病还是不会医好。自省是一次自我解剖的痛苦过程，需要巨大的勇气。认识到自己的错误或许不难，但要用一颗坦诚的心灵去面对它，却不是一件容易的事。自省才能自制自律，自律才能自尊自重，自重才能自信自立。人应该通过自省悔悟，来不断超越自己，这样才有可能走向成功。

每个人在道德认识上都须自省，在道德实践上检点自治，在道德追求上自我超越。王阳明在《示诸生三首》中写道："尽道圣贤须有秘，翻嫌易简却求难。只从孝弟为尧舜，莫把辞章学柳韩。不信自家原具足，请君随事反身观。"这里的关键之"秘诀"亦即"随事反身观"，就是"吾日三省吾身"。王阳明教导自己的部下自省吾身，及时改过。当讲话讲到兴头、颇有快意时，是否过分；当工作有了业绩、得到众人夸奖时，是否忘乎所以、乐以忘忧？当发火、嗜好、敛财无节制时，是否能及时改过从善？

王阳明的门生南大吉在任时，对自己的过错颇有"自悔之真"。有一次，他对王阳明说道："自己身上所犯的过错可以勉力纠正，但心里所犯的过错有什么纠正的办法呢？"王阳明答道："你以前镜子尚未打开，可以藏垢纳污。今天镜子既已打开，容不得丝毫灰尘落脚，明白了这层道理，离圣人就不远了，可以由此自勉。"在这里，良知自知，可以自救，不必依赖他人。

只有时刻保持谦虚反省的态度才能树立威信、稳步发展、善始善终。

一个不善于反省自己过错的人，把过错推给别人，结果只能使事情变得糟糕。察觉私欲恶念，需要自己有很强的反省能力，既要有见贤思齐的良知，又能跳出"当局者迷"的局限。自省并不是一个简单安逸的过程。知道和认识自己的短处并不难，难的是敢于面对和纠正。割毒瘤可能会有难忍的疼痛，也会留下疤痕，却是根除病毒的唯一方法。一个人只要光明磊落行事，"坦荡胸怀对日月"，心胸开阔做人，就不怕自省带来痛苦。只要"坦荡胸怀对日月"、内心光明磊落，自省的勇气就会倍增。

自省吾身是党员领导干部不断提高自身的品质和能力、不断提高政德修养的重要"功课"。党员干部要保持自省、常找不足，闻过则喜、虚心改正。在独处之时，要加强自身反省：是否人前人后一个样，八小时内外一个样？所思所想是否与群众的"急难愁盼"一致？一言一行是否与党中央的路线方针政策合拍？所作所为是否与党纪国法有悖？尽可能把错误克服在萌芽之中，使小过不至于发展成大过，就像生活中经常洗澡一样，冲洗一下心灵的灰尘，以防久积成垢。

阳明先生说)))

　　学须反己。若徒责人，只见得人不是，不见自己非。若能反己，方见自己有许多未尽处，奚暇责人？

　　凡人言语正到快意时，便截然能忍默得；意气正到发扬时，便翕然能收敛得；愤怒嗜欲正到沸腾时，便廓然能消化得，此非天下之大勇者不能也。

省察己过，擦亮心镜

自省是一种心理活动的反刍与回馈，自省是道德完善的重要方法。自省是治愈错误的一剂良药，是提升自身素质的有效途径。人生之难，不是看不清外界，而是识不准自我。再多的看见、听见、遇见，都抵不过觉悟后的自见。自省是道德完善的重要方法，是治愈错误的良药，可以使我们无忧无惧、身心轻松愉悦。

春秋时，卫国大夫蘧伯玉寡过知非、德行出众，善于自省。孔子在卫国时曾住在他家。有一天，蘧伯玉派人拜见孔子，孔子向使者询问他的近况。使者答道：蘧夫子正设法减少自己的缺点，只是苦于做不到。使者走后，孔子对弟子说：蘧伯玉每一天都会反省前一天所犯的错误，力求做到今日之我胜过昨日之我，每一年都要反省前一年的不足，到了五十岁那年，仍然深刻反省一生所犯的过错，所谓"年五十而知四十九年非"。

"自省"两字，意蕴深矣。人都会犯错，一定要善于自省改过。从孔子到王阳明，都强调改过，孔子盛赞颜回"不贰过"，同样的错误不犯两次，这已经是很高的要求了。以安静的心境自查自省，才能克服意气情感的干扰，发现自己的本来面目，捕捉到平时自以为是的过失。经常敢悬"明镜"照自己，如履薄冰般省察和剖析自己的不足和过失，让真理昂首，使谬误退却，调整心态，净化心灵，保持崇高的德行，可以使我们无忧无惧、身心轻松愉悦，能培养一种乐观、进取、向上的精神和高尚的人格，专心致志地投入到事业中。其精神状态清澈明朗，如同旭日东升，光彩照人。

王阳明在戎马生涯中，一直有一批学生跟着他。有一次，王阳明说，我每次在战争中不管作了什么决定，总会问自己：到底我回来面对诸君时，是不是能感到心安？有一个人性格不太好，容忍度比较低，经常因为一些小事而生气指责别人。王阳明提醒他：人要经常自省，若老指向外面，责备别人，看到的只能是别人的错误，就不会看到自己的缺点，这都是私欲遮蔽良知的表现。为学功夫是向内求的事情，应当经常反身自省，时时戒慎恐惧，就能看到自己有许多不足之处，哪里有闲工夫责备别人呢？总是实实在在地用功，不去论别人的是非，不去指责别人，这样就会处处得益。如果不用功，那么自己就会被这些是是非非累垮。

如履薄冰般审省和剖析自己的不足和过失，调整心态，净化心灵，能培养一种乐观、进取、向上的精神和高尚的人格。从前有一个智者，每天晚上，他总是吹灭灯火，一个人独自坐在书房反省自己：今天使我敦品力行的人是谁？今天使我增加智慧的人是谁？今天使我浪费光阴的人是谁？今天使我贪图享受的人是谁？今天使我闯祸惹麻烦的人是谁？

王阳明在《传习录》中，借舜和象的典故作了精辟阐释。舜的父亲和后母偏执，宠爱弟象，而憎恶舜，"舜犹内治，靡有奸意"，对后母没有一点怨恨。象把舜看作眼中钉，"日以杀舜为事"（《孟子·万章上》），舜毫不嫉恨，仍对父母恭顺，对弟弟"能谐柔之"（《列女传》卷一），温馨友善，与之和睦相处。帝尧经过多年的观察和考验，选定舜做他的接班人。

舜能感化象的傲气，其关键是不盯着象的不是之处。舜意识到与其责象之过不如责己之过——与其去纠正象的奸恶，不如注重仁义德性的熏陶感化，此类的自我检讨、自我纠错、自我揽责、自我负责精神的理想化呈现，促使了象的自我改过，和谐了兄弟之间的关系。

自省是照亮心灵的一缕光芒，是为灵魂指路的灯塔。"欲识长空月，先除眼内尘"。只有谦虚地反省自身不足、接受他人建议，才能不断充实提高。人的一生处理每一件事，都要自我反省。如果被人轻视、冒犯、侮辱、痛恨，首先要迅速从窝火的心态中"跳"出来，以反思自己的勇气和理智，退而反省自己。不要总是盯着别人的是非不放而责备别人，通过对言行自省、扪心自问，及时知道自己近期的得与失，进而打扫灵魂深处的污垢，净化自己的精神境界，专心致志地投入到事业中。

自省是一棵智慧树，只有深植在思维里，它才能与你的神经互联，为你提供源源不断的智慧。王阳明说："省察是有事时存养（天理），存养是无事时省察（天理）。"自我反省，寻找自身的毛病，要从心上用力，才能使自己不断进步。要学会把自己的看法、意识、观念、思想等无形的东西作为自己观察的对象，在每日三省吾身中擦亮自己那颗被遮蔽的心。

改过，要充分发挥自我的主动性和决定性。王阳明铭记《中庸》的教诲："君子戒慎乎其所不睹，恐惧乎其所不闻。莫现乎隐，莫显乎微，故君子慎其独也。"君子在他人看不到、听不到的地方对自己也要严格要求，要真正地从隐秘细微之处下手，遵循心中的道德律。此外，还需要朋友劝诫。王阳明曾慨叹："人在仕途，比之退处山林时，其工夫之难十倍。"盖因人处宦海仕途之中，比居家时要更多地当利害，经变故，遭屈辱，对他的心性与情感而言是一个更大的挑战与锻炼。如得不到朋友时时劝诫警示，其不堕落者少之又少。为了使朋友能够接受劝诫，要抱着对朋友忠爱之心，劝导的方式方法要妥当，使对方听得进去而欣然改过，在知行合一中磨炼自己，使问题向好的方面发展。

王阳明紧扣"成圣贤"这个主题，论述了如何"改过"，闪烁着真理之光。王阳明认为每个人都难免会有过失，即使圣贤，也难免犯错，关键是如何对待的问题。对此，毫不迟疑地反思自省和改过自新必不可少。"夫过者，自大贤所不免；然不害其卒为大贤者，为其能改也。故不贵于无过，而贵于能改过。"王阳明认为，即便犯了大错，甚至于曾作过盗寇，只要敢于正视自己的过失，有心改过，通过事事物物、时时处处为善去恶，总会有一天，恶习自消，贪念自去，成为君子，达到"从心所欲而不逾矩"之境界。

王阳明在《传习录》中说，人须在事上磨，方能立得住。改过也要在事上磨，须从心上用力，自思内省，痛自悔咎，洗涤旧染。改过要以"惟以改过为能，不以无过为贵"的态度检视自身，坚持自我革命，正视自己的缺点错误，主动改正，完善自我，保持自身的纯洁性与先进性。

古往今来，凡是成就大业的人，都把躬身自省作为修身的重要方法。我们是共产党人，应该比古人更高明些吧。我们能不能做到一日一省，一周一省，半月或一月一省呢？在1962年"七千人大会"上，毛泽东指出："有了错误，一定要自我批评，要让人讲话，让人批评。"并诚恳地说："去年6月12号，在中央北京工作会议的最后一天，我讲了自己的缺点和错误。我说，请同志们传达到各省、各地方去。事后知道，许多地方没有传达。似乎我的错误就可以隐瞒，而且应当隐瞒。同志们，不能隐瞒。凡是中央犯的错误，直接的归我负责，间接的我也有份，因为我是中央主席。"

每天对自己的所作所为进行德行上的省察和检视，是一种高度的自觉，是对自己的解剖，是对灵魂的自我净化。这是人生一难，也是人生一宝。

阳明先生说)))

省察是有事时存养，存养是无事时省察。

子夏笃信圣人，曾子反求诸己。笃信固亦是，然不如反求之切。今既不得于心，安可狃于旧闻，不求是当？就如朱子亦尊信程子，至其不得于心处，亦何尝苟从？

意念发起时，省察克治

内省是我们保持头脑清醒、抵御诱惑、战胜自我的一剂"良药"。修养须从自己内心省察、从小事做起，从小毛病改起，防微杜渐。屈原说"闭心自慎，终不过失兮；秉德无私，参天地兮"，确是一种境界和修养。孔子说："见贤思齐焉，见不贤而内自省也。"（《论语·里仁》）看见贤人，便要向他看齐；看见不贤之人的不道德行为，也要进行反省，检查自己身上有没有类似的问题，以便引起警觉，避免犯同样的错误。"如有周公之才之美，使骄且吝，其余不足观也已。"在孔子看来，即使有人能像周公那样高尚完美，但是骄傲自满又吝惜改过，那么他的德才也不足为观。

人需要经常反躬自省，虚心接受别人的提醒和批评，认真改过，才能进步。在这个世界上，有谁没有缺点、不犯一点错误？有时犯点小错，无可厚非，怕的是自以为是、刚愎自用，或碍于情面不能及时改正过失。"反听之谓聪，内视之谓明，自胜之谓强。"（《史记·商君列传第八》)。能够听取不同意见，自我反省，察纳雅言，这是聪睿；能够反省自身，正视缺点，这是明智；能够克服缺点，虚心改过，这是强者。

改过首先需要知过，知过就需要日日内省吾身，对自己进行自我审判。通过内省吾身，找出自身缺陷和不足，调整自我，修持涵养，在致良知上下工夫，驾驭好人生之舟。王阳明在引导学生南大吉改过时说："人言不如自悔之真。"唯有自己悔悟过错，改过工夫方能真切。要省察自己平日在廉耻忠信方面的行为是否有所欠缺，也要省察自己有没有"薄于孝友之道，陷于狡诈偷刻之习"。

在痛自悔咎的基础上，洗涤旧染乃是改过工夫的关键一招。王阳明很看重自我省察，提出在意念发起之时，进行省察克制。与朱熹把"格物"理解为研究和调查外物的意义相反，王阳明把"格"解释为"正"，亦即纠正的意思。他在《传习录》中说："格物，如孟子'大人格君心'之'格'，是去其心之不正，以全其本体之正。"唯有在"动时"用工夫格物，存养天理，才能做到程颢所说的"动亦定，静亦定"。一旦见己之过，须戒慎恐惧，即时改之，不让过错积累成难以克治的"习染"。正德元年（1506），王阳明向皇帝朱厚照上疏救戴铣、薄彦徽等人时，就劝谏皇帝"明改过不吝之勇"，意在使皇帝勇于直面己过，并痛加悔改。

《传习录》记载，当地一位官员听王阳明讲课，听得非常开心和解渴，很折服王阳明的人格魅力。有一次课后，他对王阳明说，先生讲课很精彩，我恨不得每天都来听，来跟着您修行，只是我每天处理的公务繁忙，没那么多时间来跟着您修行，真遗憾啊！王阳明回答说，心学不能脱离具体事情，应当在应对人情事变中"事上磨"。我并不是要你离开诉讼案件公务去学。你可以从诉讼案件上入手求学，这便是真正的格物。比如审理某一案件时，不能因为当事人说话无礼就升起发怒的心；不能因当事人托人说情，而刻意加倍惩罚他；不能因当事人的哀求，而不经意屈从当事人……不能因为当事人巧言令色，而刻意从轻处罚。上面说的各种情况，许多都是私心的表现，只有你自己知道，必须精细自省、体察、克治，唯恐自己内心有一丝一毫的偏私和不正，导致断错了是非、偏离天理行为发生。如果脱离了具体事物而求学、为学，反而是着空、无学。

王阳明的良知之说，即明心见性，就是以心为理，一切都在心中。致良知的功夫须包括自省、自律、改过，不可间断。王阳明有言："省察克治之功，则无时而可间，如去盗贼，须有个扫除廓清之意。无事时，将好色、好货、好名等私欲，逐一追究，搜寻出来。定要拔去病根，永不复起，方始为快。"态度要坚决，不能姑息迁就，这样才能扫除廓清，达到治心效果。

只要"坦荡胸怀对日月"，心地光明磊落，自省的勇气就会倍增，下次别再重蹈覆辙。《菜根谭》有言："忙处事为，常向闲中先检点，过举自稀；动时念想，预从静里密操持，非心自息。"繁忙时候事情多，在清闲时经常反省检点，过错自然就会减少；思想上不时冒出的非分想法，事先在清静时多加控制，非分想法就会自然平息。反省吾身的"省"含有忏悔的因素。有悔才能有改，不断地改正才能成为真正的圣人。自省就像亲手割掉身上的毒瘤，会有痛苦，留下疤痕，却是根除病毒的好方法。

躬身自省是改造主观世界的重要手段，对自尊心是最好的保护，对自身形象是最好的维护，其目的在于使自己的道德修养逐渐达到高尚的境界。刘少奇同志在《论共产党员的修养》中引用了曾子"吾日三省吾身"等修身格言，并进行了新演绎，增添了新思想，赋予了新的生命力。革命前辈谢觉哉在心灵深处开设一个"道德法庭"，对自己的过失不留情，既当"被告"，也当"法官"，跟自己"打官司"，表现了一种严格要求自己的高尚品质。这种向自我宣战应提倡，放弃主观臆断、固执与偏见，大踏步地前进。以严的精神触及思想、剖析问题、荡涤心灵，不遮遮掩掩，不回避问题，不避重就轻，不推卸责任，敢于揭短亮丑，勇于接受批评，敢于纠正过错，制订解决问题的具体目标、方法和步骤，树立良好形象。

阳明先生说)))

> 省察克治之功，则无时而可间，如去盗贼，须有个扫除廓清之意。无事时，将好色、好货、好名等私欲，逐一追究，搜寻出来。定要拔去病根，永不复起，方始为快。

心灵盘点，向善改过

自省是一面莹澈的镜子，它可以照见心灵上的污垢，继而照亮前进的路途。若知一个东西的轻重，需用秤称一称；若知它的长短，需用尺量一量；若知许多事物的究竟，要经过某些标准的衡量。一个人应该经常自省吾身，才能认识自己、完善自己。

能够时时自省和改正的人，才可能把情绪安定下来，才会指引我们遇事作出正确抉择。反省可以敢于正视缺点和不足，把问题亮出来，找准"病根子"，开好"药方子"，为以后的行动打下基础，让我们超越以前的那个自己。越是在沾沾自喜的时候，越要找个安静的空间自我反省。太过陶醉于自己的成绩只会文过饰非，干扰自己的内心，掩盖自以为是的过失。

一个人为什么失败，要分析诸多原因，并有针对性地进行自省，才能起到纠错的作用。《宋书·颜延之传》说：有的人平时没有积累信用，产生了仇怨嫌隙，有的人天性不合群，就会积累责怪和怨言，有这样的毛病就不能免于受人排挤和毁谤。假如反省自身，而不去责怪他人，必然会有通达的鉴戒，显示其宽广的胸怀。明代吕楠说："人能反己，则四通八达皆坦途也。"

王阳明十分赞同孔子的这句箴言："见贤思齐焉，见不贤而内自省也。"（《论语·里仁》）看到比自己优秀的人，就要争取进步与之齐头并进；见到素质差的人，就要反省自己有没有同样的错误或者坏习惯，并加以改正。王阳明认为，一个人从反躬自省中完善自己，充分发挥自己的优势，才能获得成功。

通过反省来发现问题，去掉负面的东西，才可以让心中的良知恢复光明，从而提高自己。王阳明认为人生最大的美德就是谦虚自省。他在一次同友人的对话中说，若达到真正的格物致知，就必须仔细省察克制，不要让心中有丝毫的偏离。能够一心一意地反省自己，重新审察自己的所作所为是否正确，找出自己思想和行为中那些坏的毛病和行为。王阳明自己也做到了这一点。他明明为朝廷立下汗马功劳，却拒绝加封；他遭人诽谤，却从不辩驳。当他的学生们都为他高尚的品德称颂时，他则认为，"天外有天，人外有人"，许多人都比自己做得好。

王阳明指出："悔悟是去病之药，然以改之为贵。若留滞于中，则又因药发病。"省察祛除心中的私心杂念，须真实用功，犹如猫之捕鼠，眼睛看着，耳朵听着，只要有一念萌动，即要克去，并且要克得斩钉截铁，不可姑息、窝藏、放它出路，让心灵觉悟，回到原本的纯净，进而发挥本心的潜力和智慧，使自己立于不败之地，在做事和做人当中收获意想不到的成功。

那些认真审视自己、时刻反省自己的人，能认识、悔悟自己做的错事、错误的习惯不容易。王阳明认为，即使悔悟了，要想战胜习惯的力量，改正这个错误更加不易。世间没有完美无瑕之人，总是会犯这样那样的错误，怕就怕同样的错误一犯再犯，知错能悔能改是一种难得的品格，须下一番见善即迁、有过即改的真工夫。正如王阳明所言："一念改过，当时即得本心。人孰无过？改之为贵。"通过摆正心态，通过事事物物、时时处处的为善去恶，在错误中学习，从失败中成长，达到"从心所欲而不逾矩"之境界。王阳明在《教条示龙场诸生》中，系统阐发了由立志、勤学、改过、责善构成的独特的自我改过论。

在《教条示龙场诸生》一文中，王阳明要求前来龙场（龙冈书院）求学的青年才俊，在日常生活尤其是道德修养过程中，一定要勇于"改过"，过而不改是耻辱："夫过者，自大贤所不免，然不害其卒为大贤者，为其能改也。"在王阳明看来，伟大的贤人，包括孔子以及他的弟子七十二贤人，也在所难免犯错，但是这并不妨害他们成为圣贤，因为他们有了过错能立即改正。王阳明认为，圣贤之所以终归为圣贤就在于能改过。对于有志于圣学的学者而言，可贵的不在于没有过错，而在于能改正过错。对此，毫不迟疑地反思自省和改过自新必不可少。只要具备改过从善之心，彻底洗涤旧错，即使过去是盗寇也不妨碍他成为君子。

在论及朋友之间的责善之道时，王阳明强调劝勉朋友从善，必须拿出自己全部的真诚和爱心，委婉地点出劝对方的过错。责人之过要

"悉其忠爱，致其婉曲，使彼闻之而可从，绎之而可改，有所感而无所怒"，善意地引导对方。如果径直揭露他人的错误，且去严厉指责，致使对方无地自容，就会把对方激怒，很可能使对方一错再错。在王阳明看来，凡是对我善言相劝、指明缺失的人，其忠言虽为责过，但都有益于自我改过，因而要乐于接受且心存感激，应引为我的师友。

王阳明要求弟子门人勇于"改过"，对于自己的家人子侄辈也有同样的严格要求。正德十三年（1518），时在江西南赣带兵平乱的王阳明，时常收到自己胞弟王守俭、王守文、王守章等从家乡（绍兴）寄来的信函。信函之中，三人均表示愿意追随并效法兄长守仁（王阳明），笃志于圣贤之学，并"有悔悟奋发之意"。对此，作为兄长的王阳明，感到很欣慰，出于呵护、提携弟辈的良苦用心，复函《寄诸弟书》，尤其强调了"改过为贵"的理念："本心之明，皎如白日，无有有过而不自知者，但患不能改耳。"

在《寄诸弟书》中，王阳明向诸位胞弟强调的重点就是：没有犯了过错而不自知者，但令人担心的是他不能及时改正错误。作为一个凡人，谁没有过错？勇于改过，才是最可贵的。王阳明在此还借用了成汤、蘧伯玉、孔子等圣贤的"改过"之语，来说明勇于"改过"之于成就君子之学乃至圣贤大业的重要性。

作为新时代党员干部，要有一颗自省之心、是非之心，分清是非对错、善恶美丑，处理好公与私、义与利、苦与乐的关系。常常想一想自己入党时的那份纯真情怀还在不在，那种无私奉献精神还强不强，经常用革命先烈的忠贞情怀来检验自己，用"为共产主义事业奋斗终身"的美好誓言来激励自己，以"功成不必在我"的精神境界，把崇高的事业推向前进，书写仰无愧于前人、俯不负于后人的华章。

阳明先生说)))

悔悟是去病之药，然以改之为贵。若留滞于中，则又因药发病。

见贤思齐焉，见不贤而内自省，则不至于责人已甚，而自治严矣。

莫放纵言语，弭意念不正

为政要谨言慎行，一直是古之圣贤倡导的一个座右铭，是经得起考验的品格。《论语》说："如临深渊，如履薄冰。"屈原《橘颂》说："闭心自慎，不终失过兮。秉德无私，参天地兮。"凡事从开始到结局都要谨慎。"奔骥不能及既往之失，千金不能救斯言之玷"（《抱朴子·广譬》），飞奔的骏马不能追回已做出的错事，千金重价不能补救回已说出的错话。口无遮拦，言语不当，往往会招惹是非，自己吃亏。

王阳明的一封书信中曾经写道："凡今天下之论议我者，苟能取以为善，皆是砥砺切磋我也，则在我无非警惕修省进德之地矣。"世事纷繁复杂，真真假假，当是非降临时，我们也不必害怕，人间最大的力量不是枪炮或者拳头，而是忍，忍最终能将流言在真理面前击碎。做人应该以恕己之心恕人，以责人之心责己，一个真正的忍者，对待恶骂、打击、毁谤都要有承担、忍耐的力量。

一个人心地再好，如果嘴巴不好，也不能算是好人。如果一个人言语不谨慎，总是滔滔不绝地讲话，话里自然而然便会暴露出来问题。放纵自己的言语，会惹来麻烦。王阳明对弟子们说过："言不可尽善，善不可尽言。"意思就是让弟子们注意自己的言辞行令，好话不宜说过头。王阳明的弟子周道通请老师谈谈言语诽谤他人的问题。王阳明在给他的回信中说："以言语谤人，其谤浅。"用言语来攻击他人的行为，是一种十分肤浅的诽谤行为。口不择语、信口开河，毫无顾忌、妄下结论，往往是浅薄之人。谈吐行为过于散漫，口无遮拦，信口雌黄，讥讽嘲弄，会让人觉得你是个"乌鸦嘴"，太没有修养，对你产生一种厌恶轻蔑之感。轻举妄动、贸然行事，会招来失败。

在一些场合，话多不如话少，话少不如话好。说话讲究技巧，拿捏得恰到好处，才不会把聆听者灼伤，也不会让他感觉到冷漠。王阳明在对弟子们传授心学时，强调"为官者一定要小心谨慎，言辞不可露骨，切不可因事小而懈怠"，有时候尽管你是好意，但是一说出来往往被人误解，甚至会让人抓住把柄。慎言，可以让自己不做话语的奴隶，还可以让自己获得尊重和威仪。朱熹有言："辞达则止，不贵多言。"尤其是比你强的、陌生的、有经验的、有见解的人在座时，你说多了，便暴露出自己的弱点和愚蠢。

王阳明强调讲话要谨慎，也主张要有讲真话的勇气。在各项与说话相关的原则中，讲真话一直被视为正直人士的标签。讲真话有时候也得分对象，分地点场合。真话可以说，但不能"随便"说。因为我们的每个倾诉对象都是不一样的，所以要学会有所鉴别、有所取舍。人们常说沉默是金，不仅是保住自己不惹祸端的好方法，更是一剂绝妙的做事药方。当我们面对自己不熟悉的或不擅长的事务之时，不如沉默以待，反而能更好地完成任务。如同王阳明所说，面对讥谤、无礼要做到不发怒不怨恨，而这又需要多么博大的胸怀。总是对别人吹毛求疵，这个人一定不受欢迎。你想要彩虹，就得宽容雨点。如果雨点滴到身上的那一刻便勃然大怒，又怎么能在彩虹出现的时候以一份怡然自得的心情去观赏那美丽的风景呢?

王阳明接受两广新命的时候,当朝的小人对其的诬陷仍然不断,朝廷没有对其给予任何的澄清,但是王阳明把天下百姓的安危放在最重要的位置,不顾病体,踏上了前往广西收拾残局的道路。没有私心也就自然能够容忍小人的不仁。我们虽然没有机会面对这样的重大选择,但也应该学学王阳明,凡事不要总考虑自己,心自然就能容纳更多。

应把谨言慎行作为一种责任、一种修养,防止"失语"现象。谨言慎行是远离危险、预防骄奢、确保安全的良方,是避免失误、稳操胜券的保障。谨言慎行是一种修养、一种作风、一种品德,也是一种智慧,标志着政治上的清醒和成熟,显示出对自我的控制能力。《元史·许衡传》说:"凡是一言一行,都要研究怎样说、怎么做,以及为什么这样说、这么做,不受个人爱好所影响,不被厌恶所蒙蔽,不听凭一时高兴,不出于一时愤怒,做到胸襟开阔,心术端正,反复思量,慎重处理,即使有不准确之处也很少了。"清代金缨说:"修己以清心为要,处世以慎言为先。"西方有句谚语:"上帝之所以给人一个嘴巴,两只耳朵,就是让人多听少说。"慎言不是使每个人都成为没有生活乐趣的"木头人",而是官德的至境,是引导人们去摘取身心愉悦之果实。

阳明先生说)))

> 凡今天下之论议我者,苟能取以为善,皆是砥砺切磋我也,则在我无非警惕修省进德之地矣。

延伸阅读

枯鱼过河泣

乐府

枯鱼过河泣，何时悔复及。

作书与鲂鲹，相教慎出入。

简析　这首诗既像寓言，又像童话，富于哲理，言约意丰，妙语警
示，对人颇有启迪。诗中以新鲜奇特的想象，写一个遭到灾
祸的人以枯鱼自比，鲜明地显示了警世诫人的主旨。开头起
笔不凡，出人意表，先说结果，后叙原因，突出悔恨自己不
慎被捕，悔不该当初独自游弋，麻痹大意，经不起食物的诱
惑而轻率上钩，成了枯鱼。三四句描述枯鱼自知气脉将尽，
仍不忘写信给鲂、鲹（代指鱼类，亦即鱼的伙伴），述说亲
身经历的痛苦遭遇，真诚地告诫伙伴以后出入风波的时候，
格外小心，慎之又慎。

淡泊明志
畅达不狂

第九章

——论淡定之心

淡泊，是人生历练的结晶。《老子》曾说，"恬淡为上，胜而不美"。名利乃身外之物，不能贪而为之。淡泊使内心世界宁静、清醒，保持理性，使人明智，得之不自恋、自狂，失之不失态、失志，宠辱不惊、去留无意，达观进取，笑看人生。当你在山重水复中，体会着"行到山穷处，坐看云起时"的那份豁达；经历过灵魂上百转千回的"炼狱"，思想上会走向成熟，走进了"柳暗花明"的精神高地，这是一种恬淡悠然的精神境界。

王阳明七次擢升，他六次要求辞官，一次又一次地上书，恳求辞官：或者借体弱多病，恳请归里休养；或者恳求回乡探望亲人，离开朝廷。虽然不被皇帝批准，但是他始终知道自己要的是什么。

淡泊，是清简素朴、恬淡寡欲，是心理养生的免疫剂。淡泊是孔子视富贵如浮云，淡泊是庄子的"君子之交淡如水"，淡泊是诸葛亮的"鞠躬尽瘁、死而后已"，却不求闻达于诸侯。淡泊使内心世界宁静、清醒，使人真正体会到"采菊东篱下，悠然见南山"的意境，恬淡超然，宠辱不惊，去留无意，提升人格。

保持淡泊心态，是一种可爱的精神。面对社会的各种各样的诱惑，没有一份淡泊之心，就无法做到镇定自若。"身心转恬泰，烟景弥淡泊。"应当把党的事业摆在第一位，把个人利益摆在其次，淡泊名位，以平和之心待"名"，以淡泊之心待"位"，以知足之心待"利"，以敬畏之心待"权"。不过分在意得失，少一些计较之举，不很看重成败，不太在乎别人对你的看法，多一份淡泊之心。对于所拥有的，要珍惜，要知足，做到不为私心所扰，不为名利所累，不为物欲所惑，才能成就百毒不侵的自己。

吾以落第动心为耻

世间的事，纷至沓来，人生不如意十有八九，只有修得不动心的境界，才能得到真正超然物外的洒脱。王阳明认为，心的本体，原本就是不动的。心不动，即便有三千烦恼事缠身，亦能恬静自如。这就好比同样多的事情，有人为世事所叨扰，忙得焦头烂额，有人却能泰然自若地悉数处理完毕。生活的智者总是懂得在忙碌的生活之外，存一颗闲静淡泊之心，寄寓灵魂。后者虽因忙碌而身体劳累，却因为时时有着一颗清静、洒脱而无求的心，便很容易能找到自己的快乐。

王维一生诗作颇丰，"明月松间照，清泉石上流""行到水穷处，坐看云起时"……王维的山水诗"诗中有画，画中有诗"。《鸟鸣涧》一诗充分显示出诗人刻画景物方面纯熟的技巧。"人闲桂花落，夜静春山空。月出惊山鸟，时鸣春涧中。"诗中体现出"以静通幽，弃象取神"的美学特征。如果一个人在喧闹的都市中，仍保持一颗清静之心，就能像王维那样体验到生命中蕴含着的花落、月出、鸟鸣的美丽，就能拥有一个诗意的幸福人生。

王阳明的父亲王华曾是状元，所以家人对王阳明在科举上的成绩抱以厚望。弘治五年（1492），21岁的王阳明在浙江的乡试中举，开始有了功名。中举之后，王阳明于弘治六年、九年，参加两次会试，都没有成功，有的同学在发榜现场未见到自己的名字而痛哭流涕，王阳明却不以为然。大家以为他是伤心过度，于是都来安慰他。王阳明笑道："世人以考试落榜为耻辱，我却以因考试落榜动摇心性和气节、丧失勇毅为耻辱。"在王阳明看来，有上榜之事，就有落榜之事，不要过分在意。只有调整好心态，才能减轻痛苦。平凡之人往往在慌乱中悲戚，唯有修养深厚者能做到泰然处之。

王阳明给后人留下了不朽语录："人在事上磨，方能立得住；方能静亦定，动亦定。"越是遇到艰难困苦之日，越是对心性的最好磨砺。所以在两次落榜的时候，他选择从容面对。王阳明在挫折和磨难中深刻思索人生，不断追求真理，悟出了"心"能左右一切的道理。一直到弘治十二年（1499），第三次会试，28岁的王阳明在这次科举时，终于以会试第二、殿试第十的名次中了进士，榜上有名，从此进入仕途。

东晋的政治家谢安，有雅士的修养和风度，孝武帝时位至宰相。他曾统帅军队打赢一场以少胜多的保卫战——淝水之战，有一种举重若轻、指挥倜傥、谈笑间樯橹灰飞烟灭的气概。《晋书·谢安传》云："玄等既破坚，有驿书至，安方对客围棋，看书既竟，便摄放床上，了无喜色，棋如故。客问之，徐答曰：'小儿辈遂已破贼。'"谢安曾经在桓温的手下做事，在危急关头，谢安保持内心的宁静，"泰山崩于面前而不惊"，在气势上胜过了桓温，更是在内心上胜过他。

苏轼被贬谪到江北瓜洲时，和金山寺的高僧佛印交往甚密，常在一起参禅礼佛，谈经论道，成为好朋友。苏轼作了一首诗："稽首天中天，毫光照大千；八风吹不动，端坐紫金莲。"作完之后，觉得诗中含义深刻，颇得禅家智慧之大成。于是派了一个小书童将诗稿送过江去请佛印品鉴。

佛印见诗，即批上"放屁"两字。苏轼得知，气得坐船渡江跑到佛印处兴师问罪，见方丈室门上有佛印手书一纸："八风吹不动，一屁过江来。"苏轼见后犹如迎头棒喝。觉得自己错了！苏轼自称"八风"（称、讥、毁、誉、利、衰、苦、乐）吹不动，可是，只"放屁"两字之讥就肝火大炽，表明他没有修到真境界。

岂能事事尽如人意，但求时时无愧吾心。王阳明认为外物之所以存在，是因为心的存在。在面对人生中的诸多沉浮时，大可不必左右摇摆之，而是要以一种从容淡定之心处之，并以此修炼心灵。王阳明认为，一个有抱负、有修养的人学习的根本目的在于提升自己。要将毁誉荣辱磨炼自己的品性，不要被外来的各种毁誉荣辱影响自己内心的安定，修得不动心的境界，人的身体和言行才会遵从心灵的指引。才有一毫非礼萌动，便如刀割。没有内心"定盘针"的"贞定"与"指引"，鲜有不迷失自我、不迷失方向者。

阳明先生 说)))

你未看此花时，此花与汝同归于寂；你既来看此花，则此花颜色一时明白起来，便知此花不在你心之外。

走出虚名的泥沼

我们以赤子之身来世间，就应常怀赤子之心，留取清白和美誉在人间。在人的精神生活中，有时会出现烦恼、忧愁、苦闷，让心灵失去平衡感。人生缺少良知，贪慕虚名、沽名钓誉、急功近利，就会失去自我，暗中钩心斗角，明里翻脸不认人，失去对他人的尊重，无形中成为虚名的奴隶，因而得不到真正的名誉和真正的快乐。洪应明《菜根谭》有言："矜名不若逃名趣。"一个人喜欢夸耀自己的名声，倒不如避讳自己的名声显得更高明。

王阳明11岁时，就萌发出做第一等事的意识，认定自己读书成圣贤，为人生"第一等事"，正应了孟子"天降大任于是人也"之金言。

成圣贤意味着超越了物质与功利目标之境界，决定了他毕生所求不是虚名与纵情享乐。北宋理学家邵雍《一等吟》曰："欲出第一等言，须有第一等意。欲第一等人，须做第一等事。"（《邵雍集》，中华书局2010年版，第503页）少年王阳明曾向老师郑重地表明自己一生要做第一等事的志向。此第一等事之追求，充满了曲折与艰辛。然而，王阳明一直执着地恪守、践行这个初心，义无反顾，坚韧不拔，棒打不回头，"百死千难"依然无悔！

当一个人欲望太多时，这个人就会被各种贪欲左右。王阳明说："汝若于货、色、名、利等心，一切皆如不做劫盗之心一般，皆消灭了，光光只是心之本体，看有甚闲思虑？"一切私心的存在就好比心中之贼，弄到最后不光没有得到想要的，还丢失了自己原有的东西。有的人不能守住本分，为了攫取个人或小团体的私利，竟然不择手段，超过了道德规范，破坏了人生行为标准，活得太累，其重要原因是受其"名心"的驱使。历史上多少悲剧出于争名夺誉。人们只看到了虚名表面的好处，却不知道在虚名的背后，埋藏了多少辛酸和苦难。

王阳明"龙场晤道"后，开始在龙场讲学。他在《诸生》诗中写道：

> 富贵犹尘沙，浮名亦飞絮。
>
> 嗟我二三子，吾道有真趣。
>
> 胡不携书来，茅堂好同住。

这首诗展现了王阳明恬淡的情怀，表达了他对弟子的关爱之情。在王阳明看来，功名富贵犹如空中的浮尘、纷飞的柳絮一样飘忽不定。龙场的条件尽管非常艰苦，但在对求索和讲习圣人之道来说，却是苦中有乐。

王阳明家族数代淡泊名利，具有崇高的人格魅力。王阳明树立读书是为成圣贤，而不是为了当大官。王阳明被贬到龙场，从六品京官贬为不入品的驿丞。他住在山洞，吟出"古洞闲来日日游，山中宰相胜封侯"的诗句，表明他怡然自得，并不在乎这恶劣的条件。后来他平定叛乱有功，被朝廷封"新建伯"，乃正德、嘉靖之际政坛大典，王阳明一再推辞不受；朝廷决准其子孙世袭，他上疏谢绝。王阳明有言："世之人从其名之好也而竞以相高，从其利之好也而贪以相取，从其心意耳目之好也而诈以相欺，亦皆自以为'从吾所好'矣，而岂知吾之所谓真吾者乎！夫吾之所谓真吾者，良知之谓也。"

身在名利场，不为名利所累。先哲曾说："至人无己，神人无功，圣人无名。"王阳明有言："志于道德者，功名不是以累其心；志于功名者，富贵不足以累其心。"一个人如果立志于道德修养的话，不但后世的留名不放在心上，这辈子的功名利禄更是毫不考虑，这是第一等人。心灵空间需要自己去经营，如果心中装满势利、欲望、各种算计，在权力、地位、金钱中挣扎，透支体力、精力和生命，心灵哪里还有空间去承载别的呢？王阳明认为，一切私心的存在就好比做贼的心，弄到最后不光没有得到想要的，还丢失了本体。

世界总是不圆满的，需要内在的敬畏、实际的功效来填充。如同王阳明所言："名与实对，务实之心重一分，则务名之心轻一分。全是务实之心，即全无务名之心。若务实之心如饥之求食、渴之求饮，安得更有工夫好名！"名和实相互对应。多一分务实的心，就会少一分求名的心；心全在务实上，便没有求名的心思了。倘若务实之心如同饿了会寻找食物，渴了会找水，哪里会有时间去求好名！既要仰望星空，更要脚踏实地，一步一个脚印，切莫做事虚浮。

历代以来，有许多有志者都具备忘我、务实的品质。于谦（1398—

1457），字廷益，号节庵，浙江钱塘（今杭州）人，明代政治家。于谦出身于仕宦之家，祖父当过兵部主事。于谦从小对文天祥非常敬慕。23岁中举人，24岁中进士，官至兵部尚书。于谦之为官、为人，恤民公廉，品行高洁。在民族危难之际，于谦以兵部左侍郎奉诏进京，挺身而出，率领官兵保卫北京，砥砺狂澜，屹然不动，坐使社稷危而复安，使人民免遭侵略者的蹂躏。于谦在国家有难时挺身而出，扶危定鼎，永远值得人们讴歌。

钱财不嫌多，官位不嫌高，贪欲就会像干草一样，一旦引燃就很难扑灭。"也笑长安名利处，红尘半是马蹄翻。"如果一个人追逐虚荣之心、盲目地攀比，接踵而来的是把自己推向了痛苦的墙角，淡化人生本色、价值成色、境界底色，与踏实做人、认真做事渐行渐远，甚至为走向失败的深渊埋下伏笔。由此观之，虚名是人心灵上的大包袱，人一旦心里失去平衡，就会没有安全感，容易跌入人生的谷底。因为欲望过强而无法满足时，就会出现心灵失衡。其实，我们辛辛苦苦地奔波劳碌，最终什么也带不走。应当而且必须保持内心的平衡，抹平这个"名心"，不去刻意追求"名"。

"唯大英雄能本色，是真名士自风流。"邓稼先一生，"干惊天动地事，做隐姓埋名人"。邓稼先的风度气质有一种天然的亲和感，让那些矫饰作态的人相形失色。孟子说："大人者，不失其赤子之心者也。"邓稼先无疑就是科技界永怀赤子之心的大英雄、真名士。他甘当无名英雄，隐姓埋名28年，在茫茫戈壁上日夜兼程，付出了何等艰辛与努力。原子弹试验成功，他获奖励10元；氢弹试验成功，他获奖励10元。他一直坚守不改的初心、不变的信念、不懈的追求，默默无闻地奋斗；常常在关键时刻，不顾个人安危，出现在危险的岗位上。他使中国的核武器发展快步推进了10年。

"事了拂衣去，深藏功与名。"李白《侠客行》中的诗句，成了藏功者的生动写照。在他们心目中，祖国安宁富强就是最高的荣誉，人民幸福美满就是最大的功名。

"荣名利禄云过眼"，藏起功与名，立起天与地。甘祖昌将军于1927年加入中国共产党，次年参加红军，1935年参加长征，后又参加抗日战争和解放战争。1955年被授予少将军衔。他对中央军委评定他为少将军衔有意见，再三向中央军委申请降级。中央军委按照新民主主义革命时期他的功绩和一贯表现，还是实事求是、客观公正地坚持授予他少将军衔。他回家后对妻子说："比起那些为革命牺牲的老战友，我的贡献太少了，组织上给我的荣誉和地位太高了！"此后，他多次向组织打报告，请求批准自己回江西老家去，为农村发展做贡献，最终获组织批准。他回家乡后，谢绝了组织上配备一辆小车、给他安排住房等待遇，带领乡亲们修建水库，开垦荒田，创建农科所，改变了家乡落后的面貌。

人生本色在务实，"无我"方能成大我。坚持不懈的修身，清醒地认识自我，除去虚名，就可以使心灵蒙蔽的阴霾烟消云散，便能除去不必要的心理压力。习近平主席访问意大利时说："我将无我，不负人民。我愿意做到一个'无我'的状态，为中国的发展奉献自己。"这一话语，也给党员领导干部如何以人民为中心、履职尽责作了生动诠释。

阳明先生说)))

　　名与实对，务实之心重一分，则务名之心轻一分；全是务实之心，即全无务名之心。若务实之心如饥之求食、渴之求饮，安得更有功夫好名！

淡泊：一生的功课

淡泊，即恬淡寡欲，是对人生追求在深层次上的定位。陶渊明的"采菊东篱下，悠然见南山"，看似朴素自然、平淡无奇，实则精练传神、含蓄蕴藉，呈现出回归自然、内蕴真淳的人生态度，体现了平淡自然的豁达心态，生命在那一刻达到了物我两忘的超然境界。

淡泊是在遇到艰难困苦时仍有与花相悦的从容，是一种处世泰然，是一种宠辱不惊。有了淡泊的心态，就不会在世俗中随波逐流，就不会对世事他人牢骚满腹，攀比嫉妒，不为名利所累，不为物欲所惑，不为人情所困，堂堂正正做人。在人的生命历程中，只要怀有淡泊的心境，就能获得生活馈赠的幸福和快乐，拥有成功赋予的慰藉和乐趣。

淡泊名利是王阳明家族的"传家宝"，祖上王纲性情淡泊，文武皆通，但是为了躲避乱世，他便往来于山水之间。任何时候都不要让心兵慌乱，只需一种从容的淡定，一切便会豁然开朗。"静而后能安，安而后能虑，虑而后能得。"一颗平静而宽容的心能够令人体会到生活和工作的快乐。

面对龙场极为恶劣的生存条件，王阳明居于洞中，童仆有"但恐霜雪凝，云深衣絮薄"之忧，他的心态却恬淡平静，追求的目标是圣人气象，以住在简陋草庵的尧舜为榜样，像他们一样讲究礼仪，喜爱音乐。王阳明在《始得东洞遂改为阳明小洞天三首》中写道："涴矣箪瓢子，此心期与论。"诗中引用了颜回对待艰苦生活的态度，心怀安贫乐道的处事原则。

"夷居信何陋，恬淡意方在。岂不桑梓怀？素位聊无悔。"王阳明说：我相信居住在少数民族地区没有什么简陋的，只要自己的心态平和宁静，就能从简陋的环境中发现生活的意义。难道我不想念自己的家乡？但君子无往而不适，我也从来不为自己过去的行为而感到后悔。王阳明被廷杖四十，流放在蛮荒野岭之中，却以苦为乐，在淡泊人生中充实自己，写下了一篇篇珍贵诗文，收了许多志同道合、情投意合的学生。"大浪淘沙沙去尽，沙尽之时见真金。"浮华过后方显本色的可贵。王阳明《寻春》诗云：

> 十里湖光放小舟，谩寻春事及西畴。
>
> 江鸥意到忽飞去，野老情深只自留。
>
> 日暮草香含雨气，九峰晴色散溪流。
>
> 吾侪是处皆行乐，何必兰亭说旧游。

诗中由暮光、香草、雨气、山峰、溪流诸多意象构成一幅优美宁静的山林图，表达诗人幽雅清淡的心境；将白鸥的典故化入诗中，抒发淡泊情趣。

要做大事，实现远大理想，首先要学会做人，做一个宁静淡泊之人。若淡泊名利等身外之物，便可以真正明确自己的志向，否则到将来可能一事无成。若心无旁骛地投入某项你所钟爱的事业，并可以实现远大的目标。抛开利禄的功名本身何错之有？王阳明多次谢绝朝廷的封赏，多次请求辞官，表明他追求的不是利禄，而是在为朝廷、为民众尽君子之职责。

真正的智者永远知道自己需要什么和不需要什么，不会为了看似光鲜的声誉而明争暗斗。王阳明就是这样个人，七次擢升，他六次要求辞官，一次又一次地上书，恳恳求辞官；或者借体弱多病，恳请归里休养；或者恳求回乡探望亲人，离开朝廷。虽然不被皇帝批准，但是他始终知道自己要的是什么。曾有人说："石火光中争长竞短，几何光阴？蜗牛角上较雌论雄，许大世界？"人生就像用铁击石所发出的火光一闪即逝，在这短暂的光阴中何苦为争名夺利而浪费时间？人类在宇宙中生存的空间就像蜗牛角一样狭小，在这般有限的空间里又能争得多大的世界呢？

淡泊之人是要达到不为是非左右的境界，从而得到一种超然的自由。淡泊从容是以一颗平常心接受着现实的凝重、琐碎、磨难甚至屈辱。当你在山重水复中，体会着"行到山穷处，坐看云起时"的那份豁达。经历过灵魂上百转千回的"炼狱"，思想上会走向成熟，走进了"柳暗花明"的精神高地，这是一种恬淡悠然的精神境界。做人需要几分淡泊，才能豁达地面对人生的得失。淡定、从容的生活，如溪水静静地流淌，如花开花落的悠闲平淡。平淡是一种风，轻轻地来，轻轻地走，使心境自由的奔放。不必大喜大悲，不必惊诧万分，淡定、从容、恬静地善待每一件事。

淡泊是一种精神境界，淡泊之人不受外物羁绊，不慕名利。私欲犹如尘土，必须在清除上下功夫，使心如明镜无污染。保留人性中善良、质朴、单纯的东西，以本色示人，焕发本真个性。不论做什么事情，都应保持心灵上的安、心态上的乐，培养一种"不动心"的大丈夫品格。只要做到祛除私心障碍、安心淡泊，不让名利财物等外界东西左右心灵，都会收获一份美好的喜悦。

王阳明强调物由人的行为产生，"心外无物""心外无理"。他把目光聚焦在人的内心世界，他声称心是万物的主宰，一切都源于心，心是灵活多变的，你需要学会掌控。王阳明诗云："人人自有定盘针，万化根源总在心。却笑从前颠倒见，枝枝叶叶外边寻。"

阳明先生说）））

> 人生达命自消落，忧谗避毁徒啾啾。
>
> 诚意只是循天理，虽是循天理，亦着不得一分意。

无我自能谦

在成功的时候，要以一种冷静的心态去面对，有骨气而无傲气，存大气而无霸气，摆出谦逊平和的姿态，不自傲自负，平等地与别人交流，虚心听取别人的意见。托尔斯泰说："只有在谦卑的时候，才能领略到生活的安宁和欢乐。"

王阳明把无我看成是心本体之本然，是圣学之根本，看成是圣人的道德境界。他说："古先圣人许多好处，也只是无我而已。无我自能谦。谦者众善之基，傲者众恶之魁。"古代圣贤的优点很多，一言以蔽之"无我"而已。无我便能谦虚。谦乃万善之基，傲乃万恶之首。

王阳明在扫清四处作乱的匪寇后，把功劳全部归于赏识他、为他工作扫除障碍的兵部尚书王琼，为人们所称道。行走人生，祸福总是相伴相生。面对功劳，要先想到"无我"，亦即无私，懂得要礼让。遇到棘手事，要想到"有我"，勇于担当。

在王阳明看来，谦逊恭敬是修身立德、待人接物的根本原则，骄傲是人生的大敌，"今人病痛，大段只是傲。千罪百恶，皆从傲上来。"

不懂得功不倨傲、名不恃名的人，是不能自保甚至会陷入祸端的旋涡。一个骄傲的人，心中只有自己，是一种自私的表现。在王阳明眼中，骄傲是人类所有恶劣品质之最。"古先圣人许多好处，也只是无我而已，无我自能谦。谦者众善之基，傲者众恶之魁。"如果能做到忘我，那么人就会谦虚谨慎，更容易进步。

王阳明足迹遍布黔中，结交于苗彝，攀谈于乡里，施教于市井，办学于民间，一生以授徒讲学、研习学问为人生最大乐事。王阳明知识渊博，学富五车，从不高高在上，不把自己的观点强加于门人，崇尚教学有教无类，循循善诱，以理服人，教学中以谦虚、平等的姿态与门人探讨交流学问。

王阳明夏天讲课，在讲台上要摇着蒲扇驱汗，学生们遵守师生礼仪，不扇扇子。王阳明就说，天热嘛，大家都扇扇子，没有问题。大家不好意思扇，王阳明就每人送一扇，畅快扇之。每每读到此处，让人对这样一位和善的教书先生肃然起敬。在王阳明看来，圣贤不是表演出来的，学圣贤之思无邪，诚于中而形于外。他门下弟子众多，在与弟子探讨学问的过程中，建立了深厚的师生情谊。门人既是他的学生，也是他的朋友。

王阳明自谦地说，"不习军旅"，"将略平生非所长"。王阳明在兵学上的建树，并不亚于儒学领域。明朝正德十一年（1516），王阳明便开始奉命平定全国各地的大小叛乱，十几年来他经历了六次规模较大的叛乱和许多小的叛乱，每次都能以少胜多。这是由于王阳明在军事方面有很高的造诣，他的内心坚守一个信念——功不倨傲、名不恃名。《明史》有言："终明之世，文臣用兵制胜，未有如守仁者也。"

一个赢得多次战争的功臣，皇帝都会提拔升职，再赐予金银珠宝，但是王阳明根本不在乎权贵，他对这些功利看得很淡。他这一生加官晋爵七次，其中五次是因为他平定叛乱有功而得来的，但这五次他都找借口申请辞官，最后也都因为皇帝的挽留，他才勉强留下来继续为朝廷办事。在王阳明看来，傲气能够让一个人踌躇满志，也能让一个人走向末路。那些有大智慧的人，有较高的修为，总能够在声名显赫的时候急流勇退、藏锋敛迹。

谦虚是一种美德，是对自己不切实际的奢望的限制，它在一定程度上反映出一个人的优秀品质。党员干部不要把自己看得那么重要，因为你在别人心目中的地位，永远没有自己想象的那么重要，因为你并没有重要到非你莫属、无可替代的程度，因为不管你如何呼风唤雨，多么"好使"，总会有"人走茶凉"的时候。印度有句俗语："没有见过高山的骆驼，总以为没有比自己更高的东西。"殊不知世界上有才干而又谦虚的人多得很，而且根本没有离了谁地球就不转的事。在成功的时候，要以一种冷静的心态去面对，大气而没霸气、有骨气而无傲气，摆出谦逊平和的姿态，自尊自信，不自傲自负，虚心听取别人的意见，采纳别人好的建议。

阳明先生 说)))

　　古先圣人许多好处，也只是无我而已。无我自能谦。谦者，众善之基；傲者，众恶之魁。

　　知轻傲处，便是良知；除却轻傲，便是格物。

三年之功去一矜

立世为人，心可高，但气不能傲，需有谦卑的态度，敬人如师，不要随意自夸，保持心灵的纯净，开拓广阔心境，缔造完美人生。谦卑恭顺地为人处世，就意味着对别人的尊重，就会被人们喜欢。

人们大多喜欢谦让而豁达的人，讨厌那些狂妄自大、需要别人"抬轿子"、小看别人、常摆架子的人。孔子曾说："聪明圣知，守之以愚；功被天下，守之以让；勇力抚世，守之以怯；富有四海，守之以谦。此所谓挹而损之之道也。"聪明睿智的人，应保持敦厚虚心的态度；有所成就、造福天下的人，应保持谦逊恭敬的态度；武功盖世的人，应保持小心严谨的态度；家财万贯的人，应保持谦虚平静的态度。老子《道德经》有言："为而不恃，功成而弗居。"尽了力而不自以为了不起，做成了而不以为有功劳。"大浪淘沙沙去尽，沙尽之时见真金。"

在王阳明看来，做人当少傲多谦，太自满、太傲慢，以一副倨傲的面容对人，反而容易让人看不起，谦虚的人才会受尊敬。王阳明有言：人生最大的毛病就是傲慢，"傲则自高自是，不肯屈下人。故为子而傲，必不能孝；为弟而傲，必不能弟；为臣而傲，必不能忠。象之不仁，丹朱之不肖，皆只是一'傲'字，便结果了一生……"他劝诫正宪须去傲，唯如此，立志勤学才能有所进步，进德修业方能有所长进。王阳明说："终身可行惟一恕，三年之功去一矜。"终身可遵照力行的惟是一个宽恕，三年之功是去除一个自大。

　　孟源有自以为是、喜好虚名的毛病。有一天，王阳明刚刚批评过他，一个朋友来向先生请教修习心性方面的困惑。王阳明还没开口，孟源在旁边插话："你这个问题正是我经历过的……"王阳明说："你的毛病又犯了。"孟源满脸通红，想为自己辩解。

　　王阳明打个比方开导他说："这好比方圆一丈的地里种一棵大树，平时雨露的滋养、土壤的肥料都用来滋养这个树根了。如果你在大树旁边种些谷物，上面阳光被树叶遮盖，下面被树根盘结缠绕，谷物怎能生长成熟呢？必须将这棵树连根拔起，才能使这个地方的谷物成长。否则，任凭你耕耘培土，也只能仅仅滋养那个树根。"

　　王阳明在与弟子们讲学时，曾多次提起楚国名相孙叔敖。司马迁《史记·循吏列传》列其为第一人。在孙叔敖刚任令尹之时，文武百官纷纷前来祝贺，孙叔敖沉浸在喜悦之中。突然有一天，一个身着白衣白帽的老者走到孙叔敖的府邸前徘徊，孙叔敖出来询问。老者说道："老朽有三点忠告，算作给大人的贺礼。身份很高贵却骄傲自满的人，人民会远离他；地位很高且善于玩弄权术的人，君王会厌恶他；俸禄已经够多却仍不知足的人，灾难也会跟随着他。"孙叔敖听了此番话，赶忙向老人行礼非常感激老先生的教诲。从此以后，愈加谦虚谨慎，最终使楚国风调雨顺、国泰民安。在孙叔敖的辅佐下，楚庄王成为一代霸主。

　　卓越的领导者应以本色示人，焕发本真个性，保留人性中朴实、单纯、善良的东西。其实，不管我们有了多少智慧、多大的官职、多高的学位，如果不保持谦虚谨慎的态度，这些都只能如同黑夜中开败的花一样。因而做人、处世，千万不能骄傲自满，固步自封，自负张狂；切不可认为自己是领导，就恣意挥洒权威，视下属为草芥，贬损他人人格，懂得如何做平常人，不在众人面前翘尾巴，不在下属面前耍威风，不在酒桌上吹嘘自己如何发迹、怎样"过五关斩六将"的。富不奢淫，贵不骄纵，总是低调为人韬光敛慧，不争虚妄之名于人先。

曾国藩在给九弟的信中说："自古以来讲凶德致败的道理大约有两条：一是长傲，二是多言。"历代公卿，败家丧命，也多是因为这两条。凡是傲气凌人，有用言语表现的，也有以神气凌人的，有面色凌人的。伤害一个人其实非常简单，一个轻视的眼神，一个不中听的字眼。曾国藩深知"飞鸟尽、良弓藏、狡兔死、走狗烹"的道理，功高名大加剧了他的恐惧。一方面慈禧太后对他疑心重重，另一方面手下也的确有人想怂恿他夺取皇位，他只得处处小心行事。他还写了一首诗，劝诫他的弟弟："左列钟铭右谤书，人间随处有乘除。低头一拜屠羊说，万事浮云过太虚。"

诗的大意是说，得了皇上赏赐更要小心谨慎。我家中厅桌上左边摆着皇帝赐给的钟铭，右边陈列着攻击我有夺权野心的书信，为的是提醒自己不要居功自傲。一个人有功就有过，人世间的祸福得失是很难说得清楚的。还是虚心地拜古代的屠羊说为师吧，功过得失会像过眼烟云一样消失，又有什么值得计较的呢？

虚怀若谷、谦虚待人，就应放弃"我说这么做就这么做"的态度，放下清高、颐指气使的样子。"不以物喜，不以己悲"，身居要职而不显摆，取得政绩而不炫耀，不求闻达、不事张扬，蕴含着君子敦厚、质朴、木讷的聪明，圆融之中彰显厚道，糊涂之中隐藏聪明，不四处去出风头，不在众人面前显才华，同别人"合群"、融合到一起，真正的本心就会出现，就能够制伏这种浮夸的不良习气，心中的浩然之气就可以伸张出来，就不会变得浮躁不堪，不会有失落感，人生才会少一些羁绊，立于不败之地。

阳明先生说)))

　　终身可行惟一恕，三年之功去一矜。

　　大抵七情所感，多只是过，少不及者。才过，便非心之本体，必须调停适中始得。

驱除私欲遮蔽，不动于气

　　一个人的成功，智力因素当然很重要，而情感因素，如情绪、意志、性格、热情等也不可忽视，往往起着决定作用。因此，领导者需要具备高智商，运用良好的思维能力，及时采取正确决策，同时还要具有高情商，即有把握自己心态的能力，有效控制"喜""怒""忧""思""悲""恐""惊"等情绪，树立积极乐观向上的情感，越是遇到不喜欢的事情，越要"不动于气"，尤其是要在工作中寻找快乐，达到工作着并快乐着。

　　"不迁怒"语出《论语·雍也》，意在劝诫人们不顺心的时候，有什么烦恼和愤怒，不要将其发泄到别人身上，不要拿别人当出气筒。怒火就像一个扩大的肿瘤，挤压着生活中的快乐神经，使人们失去欢笑，带来不良后果。如果心中有怨恨等情绪，要学会自我调节，实现本体的中正平和。

　　孔子所有论理的核心就是：仁。樊迟曾经问老师：什么是仁？老师回答了两个字：爱人。子贡曾问孔子："老师，有没有一个字，可以作为终身奉行的原则呢？"孔子说："那大概就是'恕'吧！""恕"乃原谅、宽容。宽容，乃宽大有气量，不计较或不追究。以恕待人，则凡事都为别人留有余地，不独自居功，有过而不推卸责任。

人在世间，会遇到不如意的事，只有保持"此心不动"、每临大事有静气，才能明心无碍，为你带来柳暗花明，这正是心学的功夫所在。那些记住别人过失的人，心里积存别人的脏东西，自己又没有能力去净化处理，怎么能达到"此心不动"和自我和谐呢？南怀瑾在《论语别裁》中从脾气角度来品评人物：上等人有本事没脾气，中等人少本事有脾气，下等人没本事有脾气。此言有道理，恐怕也不绝对，与修养、涵养有关吧。

要保持从容镇定，心境平和，保持微笑，举重若轻，用平和的、协商的办法处理矛盾。如果你和对方发生矛盾，情绪出现程度不同的失控，你应首先换位思考，认真听对方发脾气时讲述的事实和道理。如果你先发火，伤害了别人，就要及时向对方道歉，求得谅解。王阳明追求内心的平和中正，因此他一再告诫人们不要动怒。一个人不该发怒时发怒，实际上是被"怒鬼迷住了心窍"。迁怒他人是许多人都会犯的过错，被迁怒的对象往往是人们身边最亲近的人——家人和朋友。这种怒就是因为自己内心的不快而迁怒于他人的行为。有所怨恨，心就难以保持正直。

人生不如意之事十有八九。办事失败了，被人嫉恨了，被降职了，让人不愉快了，等等。一日，王阳明问卧病的陈九川："病了之后，是不是觉得格物穷理更加困难了啊？"陈九川说："这个功夫确实太难。"王阳明告诉他："常快活便是功夫。"其实王阳明是在劝诫他，快活不快活与外物环境没有太大的关系，主要在于内心。在王阳明看来，保持快乐不是一种天赋，而是一种能力，是一种通过智慧和修行可以获得的能力。王阳明在逆境中保持了快乐的心境，在毒瘴之地生存了下来，而且修身治学，德业兼进。宠辱不惊，笑看庭前花开花落，是一种骤然临之而不惊、无故加之而不怒的智慧和淡定。把功名等泛泛之事都抛之脑后，总有一天会收获兴致，还有成功。

以淡定的胸怀待人处世，心存一份豁达，忘掉自我，与万物融为一体，从容应对，才能放下怨恨，重拾笑颜，便能在其中自由地翱翔。心有多大，世界就有多大。王阳明曾说，寻找快乐就是一个不断放下自我的过程。苏轼面临生命中的磨难，选择忘掉自我，以豁达、超然的心态返归自然。他在《前赤壁赋》中有言："惟江上之清风，与山间之明月，耳得之而为声，目遇之而成色，取之无禁，用之不竭，是造物者之无尽藏也，而吾与子之所共适。"苏轼把自己的生命融入自然，以此换来生命的快乐和洒脱。

一个有道德教养的人，一个有丰富心灵的人，一个有益于他人的人，才能保持一种"临清风、对朗月、登山泛水、肆意酣歌"的心境，陶陶然乐在其中，才能保持"千磨万击还坚劲，任尔东西南北风"的特立独行的风范，成就"八风吹不动"的精神境界，有效地防止沮丧和紧张的因素，充分享受工作和生活本身蕴涵的乐趣。

淡泊是心理养生的免疫剂，是人生历练的结晶。淡泊使内心世界宁静、清醒，真正体会到"采菊东篱下，悠然见南山"的意境。淡泊能保持平常的心态，凡事随遇而安，处之泰然自若，置身喧嚣的世界依然坚守心灵的一方净土，得意之时淡然，失意之时坦然。有了淡泊心态，面对"生活圈""交友圈""娱乐圈"的种种诱惑，保持理性和明智，耐住寂寞，甘于清廉，不计个人得失。有了淡泊心态，就能摈弃奴颜，待人平等，看人平视，对人平和，就不会患得患失、牢骚满腹、攀比嫉妒，保持心灵上的纯洁和精神上的愉悦。要按自己的生活方式，视富贵如浮云，淡化和消除官本位思想，老老实实做人，不必刻意渴求职位、权力，不要追逐一官半职而丧失人性中最本质的东西，不宜对上一级官员卑躬屈膝、刻意奉迎而丢了人格。

> 如今于凡忿懥等件，只是个物来顺应，不要著一分心思，便心体廓然大公，得其本体之正了。
>
> 圣人无善无恶，只是"无有作好"，"无有作恶"，不动于气。

按心兵不动，心境悠然

若想做"人中之龙"，就不要做好冲动的莽龙。周文王曾被关在羑里7年，时而演绎《周易》，好像没有羑里这块地方。孔子被围在陈国和蔡国，却弹琴唱歌，好像没有什么陈国和蔡国。颜回用竹筐吃饭，木瓢喝水，却仍然安之若素，保持快乐。

历史上的淝水之战，东晋的兵力不足十万，抵御前秦百万之师，之所以取得以少胜多的大捷，一个重要原因是主帅谢安有匡扶社稷之才，沉着镇定，冷静思考，拥有"泰山崩于前而色不变，麋鹿兴于左而目不瞬"的气度。

龙场悟道后，王阳明深得"孔颜之乐"的精髓，在他每一次陷入绝境时，都保持乐观主义精神，不气馁、不绝望，积极解决难题。这种状态下精力充沛，大脑思维灵活，有助于产生灵感，高效快捷地解决问题。

大事当前的静心功夫，能临事不惧，处变不惊。弱者易怒如虎，强者平静如水，真正厉害的人早已戒掉了不良情绪。多经历几番雨疏风骤的洗礼，耐得几回兴衰荣辱的打磨，修得不动心的境界，能够让你在困顿坎坷之中多一分主动，在车马喧嚣之中多一分理性，在名利劳形之中保持清醒，在奔波挣扎中保持尊严。

按心兵不动，注意力集中，就会使感官和脑筋灵动起来。王阳明说："扫除荡涤，勿使留积，则适然来遇，始不为累，自然顺而应之。"他强调的是一种心灵的模式，拥有一颗清净的心，完全沉浸、专注于当下所做的事情当中，摆脱外界环境的干扰，就会觉得精神很振奋，全身心来解决所面临的问题。谁能做到"不动心"，谁的内心就能在大荣大辱面前岿然不动，就可以用心的力量巧妙地解决问题。

在《王阳明年谱》中曾有这样一段记载："某之居此，盖瘴疠虫毒之与处，魑魅魍魉之与游，日有三死焉。而我居之泰然，盖在于我无动于心。"对于主动挑衅的人，王阳明"无动于心"。

在低谷和辉煌、失败和成功进行转化的过程中，都需要我们泰然自若，随机应变。王阳明认为，不要轻易起心动念。常人之所以和圣人有分别，完全因为起心动念。如果你的灵魂蠢蠢欲动，那么无论在何处都会焦躁难耐，迫不及待地想寻求下一片浮华。王阳明认为历事方能练心，真正的平静源于内心的强大，保持内心的安定，进入一种不为外物所动的状态，才能把事情做到完善的地步。

按心兵不动，就能够安稳如山，自在如风，不奢望金银成堆，不谋求权势显赫，不乞求声名鹊起。"每临大事有静气，不信今时无古贤"出自清朝三代皇帝的老师翁同龢之手，可以解释为，古今圣贤都具大气度，遇重大事件时，沉着淡定，举重若轻，应对裕如。其中表达的是作为社会的人，要逆着人的自然性而顺着人的社会性，以控制人的自然情绪达到实现人的社会目的的效果。

《明心宝鉴》里有一段话："心安茅屋稳，性定菜根香。世事静方见，人情淡始长。"如果心不安，就不会有稳的感觉。欲望太强，就不能安贫乐道，无法过古人那种咀嚼菜根却能津津有味的生活。只有真正安静下来，用心去体会，才会明白人事的奥妙，将多个美好的片刻积累起来，就会获得悠然自得的心情，遇到失意之事能治之以忍，遇到快心之事能视之以淡，遇到荣宠之事能置之以让，遇到怨恨之事能安之以忍，遇到烦乱之事能处之以静，遇到忧悲之事能平之以稳，涵养几分静气，多一些沉潜、少一些浮躁，多一些从容不迫、少一些进退失据。

悉心练习静坐，是一种东方独特的修身养性的传统方法。可以促使注意力集中，更好地面对自己的内心，调理身体的气息，开发潜在的智慧，感悟人生，认识自我，医治心灵的创伤。道学祖师周濂溪赋诗谈静坐的感受："书堂儿座万机休，日暖风和草自幽。谁到二千年远事，而今只在眼睛头。"

在修身实践上，王阳明此时提倡静坐"自悟性体"，认为这是开始修身的"用力处"，也是将来修身有成的"得力处"，他反复教诲弟子们要从静坐入手，"宜于此处着力"。澄然静坐，云兴而悠然共逝，雨滴而泠然俱清，鸟啼而欣然有会，花落而潇然自得。何地无真境，何物无真机。

按心兵不动，能够排除杂念，不为外物所累，提高人的人生境界。外物滋扰，思绪起伏即心动。心好动即妄动，妄动则心无定向，属修心之患。急功近利，疲惫不堪，不如心安，超然达观。在繁忙的日子里，抽出空闲时间，追求心灵的自由，随青山绿水而舞，见鱼跃莺飞而动，水流任急境常静，花落虽频意自闲，让心情放松。

按心兵不动，平心静气的心态，体现了一个人的心理成熟。"宠辱不惊，看庭前花开花落；去留无意，望天上云卷云舒"，也是表现了一种淡定从容的气度。静气是内心和谐的胸怀气度，是修身养性的精神追求，对领导干部而言，尤为重要。"经多实践心方静，看破浮名意自平。"平时应把静气当成一种情操去修炼、一种品质去磨砺、一种境界去追求。

越是在缤纷变幻、事情复杂的环境，越应善养静气，超然于物外。让焦虑的心境平和洒脱，使头脑保持冷静。古人说："安静则治，暴疾则乱。"如果心里先慌了，那么行动必然要乱。面对危机最重要的是要保持沉着冷静，处变不惊，才有可能化险为夷，转危为安。

要平心静气地对人、对事，控制自己的情绪和行为。有时候受到他人的误解、嘲笑，不应窘态毕露；对方若是侮辱，不必理睬，让他三分，不会被差错、焦虑而迁怒于他人。让人并不意味着欠人家的，那是有品位。让人不是怕对方，而是有修养。特别是在利益得失问题上，做到不为猝变所惊，不为诱惑所动，不为俗事所扰，体现静气、豪气、大气，控制浮躁、急躁、焦躁、暴躁情绪，久而久之就会知道你的为人，显现你的人格魅力。

阳明先生说

心之本体，原自不动。

夫妄心则动也，照心非动也；恒照则恒动恒静，天地之所以恒久而不已也。

述怀（节选）

魏徵

岂不惮艰险？深怀国士恩。

季布无二诺，侯嬴重一言。

人生感意气，功名谁复论。

简析 《述怀》是一首简劲慷慨的优秀抒情作品，题材重大，对仗妥帖，直抒胸臆，语言古朴刚劲。"岂不"两句，诗人坦言有所"惮"，增加了作者性格的立体感和温润感，反证了他为了完成特殊使命，是在用生命去拼搏，没有因惊而后退，表现了他竭忠报国的决心和"士为知己者死"的情志。"季布"两句，以两个典故表达对国家的忠贞，重申自己必欲完成此次使命的忠诚。最后两句表明作者不是为了个人的功名富贵，显示了重义轻利的人格力量。

参考书目

1.《千古一人王阳明》，方志远著，江西人民出版社，2017年版。

2.《灵魂徒步：阳明心学管理智慧》，李安著，北京大学出版社，2018年版。

3.《儒兵合一王阳明》，杨志武著，广东教育出版社，2019年版。

4.《读懂王阳明心学》，圣铎编著，四川人民出版社，2019年版。

5.《精读王阳明》，王春永著，浙江人民出版社，2019年版。

6.《跟王阳明学心学》，杨嵘编著，中国华侨出版社，2012年版。

7.《跟王阳明学心学》，文德编著，中国华侨出版社，2018年版。

8.《王阳明心学》，林沐编，中国华侨出版社，2018年版。

9.《五百年来王阳明》，郦波著，学林出版社，2020年版。

10.《王阳明的人生智慧——阳明心学百句解读》，吴光、张宏敏、金伟东著，中国方正出版社，2016年版。

11.《王阳明传》，张杰编著，中国书籍出版社，2017年版。

12.《一颗心的史诗：王阳明大传》，安之忠、林锋著，当代世界出版社，2018年版。

13.《王阳明：心学的力量》，方志远著，商务印书馆，2019年版。

14.《传习录一百句》，吴震解读，复旦大学出版社，2012年版。

15.《阳明语录》，王阳明撰，高邦仁编著，中国财富出版社，2017年版。